SAAME - CENTRO INTERUNIVERSITARIO
PER LA STORIA E L'ARCHEOLOGIA DELL'ALTO MEDIOEVO

Altomedioevo
(nuova serie)
10

collana diretta da Stefano Gasparri e Sauro Gelichi

SAAME
Dipartimento di Studi Umanistici
Università Ca' Foscari
Palazzo Malcanton Marcorà
Dorsoduro 3484
30123 - Venezia

Yuri A. Marano

Le fortune di un patriarca

Grado altomedievale e il "testamento" di Fortunato II

viella

Prima edizione: maggio 2022
ISBN 978-88-3313-897-8

Questo volume è stato stampato grazie al finanziamento PRIN 2017 per il progetto FOOD&S.T.O.N.E.S. (CUP H74I17000170003).

MARANO, Yuri A.
Le fortune di un patriarca : Grado altomedievale e il "testamento" di Fortunato II / Yuri A. Marano. - Roma : Viella, 2022. - 243 p. : ill., tab., c. geogr. ; 21 cm. (Altomedioevo. Nuova serie ; 10)
Bibliografia: p. [195]-231
Indice dei nomi e dei luoghi: p. [233]-243
ISBN 978-88-3313-897-8
1. Fortunato da Trieste <Patriarca di Grado> 2. Grado - Storia - Sec. 8.-9.
945.392560902 (DDC 23.ed) Scheda bibliografica: Biblioteca Fondazione Bruno Kessler

viella
libreria editrice
via delle Alpi, 32
I-00198 ROMA
tel. 06 84 17 758
fax 06 85 35 39 60
www.viella.it

Indice

A Jessica

Introduzione

Il protagonista di questo libro, il patriarca Fortunato di Grado, è vissuto nei decenni finali dell'VIII secolo e nel primo trentennio del IX secolo. Il che fa di lui uno spettatore di eventi storici di capitale importanza, quali la caduta del regno longobardo, la conquista della Penisola italiana da parte dei Franchi, il regno di Carlo Magno e di suo figlio Ludovico il Pio e quello di almeno cinque imperatori bizantini (Niceforo I, Stauracio, Michele I, Leone V, Michele II), dei quali il patriarca era, almeno nominalmente, suddito. Le fonti storiche a lui contemporanee o immediatamente posteriori citano Fortunato in maniera spesso solo cursoria, ma attestano al contempo il ruolo attivo da lui svolto negli avvenimenti dell'epoca.

Certo, Fortunato è solo uno dei tanti protagonisti secondari della "grande storia" del periodo. Egli deteneva, tuttavia, il titolo di patriarca di una delle Chiese più antiche e influenti dell'Occidente cristiano, quella di Aquileia-Grado. Ancora all'inizio dell'età carolingia, Grado manteneva una notevolissima rilevanza politica e religiosa, inversamente proporzionale alle ridottissime dimensioni del suo *castrum*, all'interno del quale i predecessori di Fortunato avevano cercato rifugio alla fine del VI secolo per sottrarsi all'invasione longobarda. Non stupisce dunque che, già all'indomani della conquista del *regnum Langobardorum* da parte di Carlo Magno, considerazioni di carattere strategico e simbolico abbiano indotto i Franchi a concentrare l'attenzione su Grado, compresa all'interno di quel ducato di Venezia che rappresentava l'ultimo baluardo bizantino nei territori dell'Italia nord-orientale e che in prospettiva poteva fungere da base operativa per l'espansione carolingia nell'Adriatico e nei Balcani.

In questo contesto, Fortunato fu scaltro e rapido nel presentarsi come prezioso punto di riferimento nel confronto politico e diplomatico tra l'Impero carolingio e l'Impero romano d'Oriente. Dunque, l'unico modo possibile per scriverne una biografia – per quanto peculiare nell'impostazione come quella che qui si propone – è collocare il patriarca all'interno della sua epoca e cercare di ricostruirne la figura attraverso la trama degli eventi nei quali egli ebbe parte attiva.

Nell'introduzione al suo *King and Emperor. A New Life of Charlemagne*, Janet L. Nelson afferma che anche per scrivere la biografia, di un personaggio come Carlo Magno, di ben altro rilievo rispetto a Fortunato di Grado, occorrano un certo coraggio e fonti numericamente e qualitativamente adeguate.[1] Lasciando al lettore il compito di giudicare se il presente libro sia frutto di coraggio o avventatezza, non vi sono dubbi circa il fatto che, rispetto agli standard altomedievali, le fonti relative a Fortunato di Grado costituiscano un insieme numericamente rilevante, tale da permettere di ricostruirne la vita secondo un'impostazione biografica tradizionale e una narrazione di tipo sequenziale. La raccolta e la ricomposizione delle singole notizie contenute in testi di origine e natura differenti rende possibile delineare lo spazio geografico e temporale delle azioni del patriarca, le relazioni e le alleanze che ne scandirono la carriera e l'opera di committente artistico. Sotto questo punto di vista, il caso di Fortunato può essere assimilato a quello dei re, regine, santi uomini, vescovi e abati, le cui «scarne biografie» sono quanto di più dettagliato – afferma Robin Fleming – si possa sperare di scrivere per l'alto medioevo.[2]

Rispetto a questi personaggi, dei quali non si conoscono i pensieri intimi, le speranze e i timori, Fortunato ha però lasciato un documento al quale si può attribuire un peculiare carattere "autobiografico": il cosiddetto "testamento", cui questo libro è dedicato. Già interpretato come una vera e propria disposizione testamentaria, il documento rappresenta piuttosto una "memoria difensiva", approntata dal patriarca per rispondere dinanzi al papa delle accuse di tradimento e di malversazione che gli erano state rivolte nell'824, al ritorno dal suo esilio-

1. Nelson, *Writing*; Eadem, *King and Emperor*, pp. 1-3. Sui limiti delle biografie altomedievali, si vedano anche Borri, *Alboino*, pp. 9-16, e Gasparri, *Desiderio*, pp. 26-29.

2. Fleming, *Writing Biography*, pp. 606-614.

prigionia a Costantinopoli. Alla mancanza di qualsiasi direttiva per il suffragio dell'anima e per la distribuzione agli eredi dei beni fa infatti riscontro l'orgogliosa e puntuale elencazione delle benemerenze di Fortunato nei confronti della Chiesa di Grado che, oltre a rispondere a una evidente necessità difensiva, consente non solo di leggere "in filigrana" le motivazioni delle azioni del patriarca, ma di coglierne anche le speranze e i sentimenti di rivalsa verso i suoi accusatori.

Nel "testamento", Fortunato dedica uno spazio notevolissimo, quasi preponderante, alla propria attività di committente. I manufatti e gli edifici descritti dal patriarca rimandano, da un lato, all'oggettività della materia con cui essi erano realizzati e, dall'altro, all'intangibilità dei loro significati. Al pari del *Liber Pontificalis* di Roma e del *Liber Pontificalis Ecclesiae Ravennatis* di Andrea Agnello, il "testamento" offre la possibilità di indagare la "biografia" di oggetti che appaiono in costante movimento: al centro di commerci, scambi, bottini e furti, questi manufatti furono utilizzati da Fortunato durante tutto l'arco della sua carriera nella costruzione e nel consolidamento di alleanze politiche.[3]

Anche a fronte di questa ricchezza documentaria, sono, tuttavia, diversi gli aspetti della vita e della personalità di Fortunato che restano ignoti. La data e il luogo di nascita del patriarca, per esempio, sono sconosciuti, mentre le uniche informazioni riguardanti il suo aspetto fisico sono fornite dal *Liber de Sancti Hildulfi successoribus in Mediano monasterio*, opera dell'XI secolo in cui sono raccolte le *vitae* degli abati del monastero di Moyenmoutier, che il patriarca di Grado resse durante il suo esilio in *Francia*. L'anonimo autore del *Liber* descrive il «Domini famulus» come «recalvaster [...] corpore exilis et exiguus, facie et conversatione angelicus, barba sublonga, canisque respersa decoratus».[4] Un ritratto probabilmente convenzionale, in cui l'austerità dell'aspetto fisico del patriarca e la dolcezza della sua parola risultano appropriati alla dignità della carica patriarcale.[5]

3. Per il concetto di "biografia degli oggetti", l'ovvio riferimento è al saggio di Kopytoff, *The Cultural Biography*, pp. 64-92.

4. *Liber de Sancti Hildulfi* 3, p. 88.

5. Sull'aspetto fisico e sull'immagine dei vescovi nella letteratura tardoantica e altomedievale, si vedano Squatriti, *Personal Appearance*, pp. 191-202, e Neri, *La bellezza*, pp. 181-186.

All'indomani della sua elevazione alla cattedra di Aquileia-Grado, le fonti su Fortunato si moltiplicano e permettono di seguirne nel dettaglio la carriera e le alterne fortune. Questa circostanza privilegiata è resa possibile dalla ricomparsa della documentazione scritta, che, pressoché assente nel VII secolo, ridiviene abbondante nel corso del secolo successivo, in particolare dopo la conquista dell'Italia longobarda da parte dei Franchi.[6] Con l'età carolingia, la parola scritta torna a essere uno strumento fondamentale della pratica amministrativa e di governo.[7] Il nome di Fortunato compare in due diplomi, prodotti dalla cancelleria carolingia al tempo di Carlo Magno, e anche le fonti annalistiche dell'epoca non mancano di dare notizia dell'attività del patriarca nei decenni a cavallo tra l'VIII e il IX secolo. Allo stesso modo, Grado e Fortunato compaiono nella corrispondenza tra i papi di Roma e i sovrani franchi, in cui si dà notizia del comportamento (spesso tutt'altro che irreprensibile) di Fortunato e, più in generale, della vita delle Chiese dell'area altoadriatica. A una prospettiva prettamente locale rimanda il cosiddetto Placito di Risano, nel quale Fortunato compare accanto ai *missi* scelti da Carlo Magno per risolvere i conflitti sociali e politici provocati in Istria dall'annessione franca; nel *placitum* appaiono chiaramente i contrasti e le tensioni tra l'amministrazione carolingia e i maggiorenti locali che, ancora legati alla tradizione bizantina, lamentano i soprusi perpetrati ai loro danni dal duca Giovanni e, in una certa misura, anche dallo stesso Fortunato.

A questi materiali si aggiungono quelli in lingua greca, che propongono la "versione" bizantina degli avvenimenti narrati dalle fonti occidentali, integrandone talvolta il resoconto.

Mancano – è vero – documenti ufficiali riferibili all'amministrazione della Chiesa di Grado, ma una eco di questi si coglie proprio nel "testamento" di Fortunato, che in alcuni casi sembra citare carte conservate nell'archivio ecclesiastico.

In passato, si è più volte tentato di attribuire a Fortunato alcuni degli arredi liturgici di età carolingia rinvenuti nel corso degli scavi e del restauro delle basiliche di Grado, senza però giungere

6. Everett, *Literacy*, pp. 197-234.
7. McKitterick, *The Carolingians*.

a conclusioni definitive in proposito. Paradossalmente, è proprio il "testamento" a consentire una valutazione della committenza del patriarca. Fortunato elenca infatti, con scrupolosa precisione, gli interventi edilizi e gli oggetti da lui fatti realizzare negli edifici di culto del *castrum* e dei suoi immediati dintorni. Quello descritto nel "testamento" è un patrimonio andato pressoché interamente perduto e, ferma restando l'impossibilità di un riscontro diretto, sono proprio le sue parole a colmare questa "assenza".[8]

Le potenzialità insite nell'analisi delle fonti scritte per lo studio della produzione artistica e della cultura materiale tardoantica e altomedievale erano già ben chiare a Julius von Schlosser che, autore di *Schriftquellen zur Geschichte der Karolingische Kunst* (Wien 1892), se ne servì nelle sue ricerche dedicate all'arte carolingia, misurando così l'enorme vuoto prodotto dalla perdita delle opere originali.

Ovviamente, un simile approccio non è privo di rischi e qualsiasi tentativo di ristabilire una «corrispondenza tra i nomi e le cose, intese come edifici o parti di essi, decorazioni architettoniche, arredi liturgici, lumi e suppellettili, statue, immagini e ancora, metalli preziosi, tessuti e *alia*» risulta ostacolata, come osserva Antonella Ballardini con riferimento al *Liber Pontificalis*,

> da una casistica limitata e lacunosa delle opere e degli artefatti giunti fino a noi, ma in primo luogo dal materiale linguistico del *Liber* che, complesso e stratificato, richiede una lettura lenta e continua, uno sguardo sinottico e una certa cautela. Quella tra i nomi e le cose è infatti una relazione che abita il corpo vivo della lingua e che a distanza di secoli occorre accertare, caso per caso nel rispetto della fonte e di una sua lettura che, solo se piana e coerente al testo, si dimostra fruttuosa anche per l'archeologo e lo storico dell'arte.[9]

L'obiettivo che ci si propone è, dunque, quello di condurre una indagine stratigrafica, simile a quella compiuta da Herman Geertman sulle *vitae* del *Liber Pontificalis*, di cui lo studioso olandese è riuscito a dipanare la fitta trama di problemi filologici, storiografici e archeologici che ne compongono il tessuto.[10] Questo approccio

8. Sul concetto di "assenza" nella valutazione della produzione artistica si rimanda alle stimolanti osservazioni metodologiche di Toscano, *Vademecum*.

9. Ballardini, Stat Roma, pp. 381-382, Gandolfo, *Cosa è giunto*, pp. 33-76.

10. Geertman, More Veterum, pp. 1-2.

ha guidato anche gli studi condotti da Henri L. Gonin, da Claudia Nauerth e, più di recente, da Deborah Mauskopf Deliyannis, alla quale si deve il glossario dei termini artistici e architettonici compilato in appendice alla traduzione inglese dell'opera di Andrea Agnello.[11] La medesima impostazione, del resto, ha ispirato il lavoro di Giordano Brunettin sul "testamento" di Fortunato di Grado, che costituisce un imprescindibile punto di riferimento per questo libro.[12]

La metafora stratigrafica si rivela particolarmente appropriata sotto una molteplicità di punti di vista. Al di là dei problemi legati alla trasmissione dei testi e agli usi lessicali altomedievali, è necessario stabilire il carattere precipuo della fonte che si intende utilizzare e i moventi e le circostanze che sono alla base di esso.

Il puntiglio con cui Fortunato elenca le proprie benemerenze nei confronti della Chiesa di Grado risponde alla necessità di provvedere alla propria difesa e offre anche l'opportunità di comprendere le motivazioni che ne avevano ispirato l'operato e la stessa attività artistica.

Secondo un'abile strategia pubblicistica, Fortunato presenta il restauro, la fondazione e l'addobbo delle basiliche di Grado come un'attività intimamente connessa con il suo impegno pastorale e con la conservazione dell'identità, della autorappresentazione e delle prerogative della sua Chiesa. Le informazioni fornite da Fortunato riguardo alle somme e all'oro e l'argento impiegati nella realizzazione del suo programma artistico e edilizio gettano luce sulle capacità economiche del patriarca e confermano quanto ripetutamente osservato dagli specialisti dell'arte tardoantica e medievale circa l'uso della materia preziosa come strumento per l'evocazione del divino e l'esaltazione della funzione episcopale.[13]

In questo senso, il "testamento" rappresenta un'eccezione nel contesto delle fonti italiane dell'VIII e IX secolo, nelle quali sono

11. Gonin, Excerpta Agnelliana; Nauerth, *Agnellus von Ravenna*; Mauskopf Deliyannis, *Agnellus of Ravenna*, pp. 309-347.

12. Brunettin, *Il cosiddetto testamento*, pp. 31-123.

13. Come osserva Sible de Blaauw, «la povertà non si addiceva né alla tavola mistica del Signore né alla prestigiosa funzione del vescovo di Roma. La liturgia pertanto non poteva essere considerata separatamente dall'edificio, dall'arredo e dalla decorazione [...]» (de Blaauw, Cultus, p. 104).

del tutto assenti quegli elementi legati alla personalità e alla vita interiore che consentono di scrivere una biografa, aspetti che per gli individui dell'epoca sono destinati a restare del tutto sconosciuti. Come sottolineato da Stefano Gasparri, l'attribuzione di progetti, desideri, ambizioni e passioni ai protagonisti della storia dei secoli altomedievali può essere considerata una operazione non del tutto illegittima, finché si è consapevoli del fatto che si tratta di pure e semplici ipotesi, dedotte dal concatenarsi degli eventi.[14] Similmente, è possibile determinare gli obiettivi di un'opera d'arte, ovverosia il messaggio che si voleva che questa veicolasse, solo se si considerano le condizioni politiche, economiche e culturali in cui essa fu creata. Identificare il contesto storico di un'opera implica anche interrogarsi sulle intenzioni del suo ideatore e committente. A questo proposito, nell'analisi dell'attività artistica di Fortunato si può fare riferimento allo schema tripartito che si è da qualche tempo consolidato nello studio dell'arte medievale e che permette di individuare le diverse soggettività che guidavano il processo creativo di un'opera: il promotore, ovvero colui che commissionava un manufatto; l'intellettuale che la concepiva; l'artefice, ovverosia colui che lo realizzava materialmente e che, salvo rare eccezioni, era destinato all'oblio.[15] È chiaro che nell'ambito di questo modello Fortunato recita il primo e il secondo ruolo, quello di promotore e "ideatore" degli interventi e degli oggetti da lui illustrati nel "testamento", che possono essere considerati la materializzazione e la trascrizione visiva degli obiettivi politici del patriarca, di cui riflettono altresì i modelli e l'orizzonte culturale di riferimento.[16] In questo senso, il "testamento" riveste un carattere genuinamente autobiografico e impone una lettura che tenga conto del contesto complessivo, anche materiale, della sua redazione.

Allo stesso modo, non si può fare a meno di ravvisare nell'intera parabola di Fortunato il riflesso della storia del *castrum* di Grado. Collocata nelle lagune dell'alto Adriatico, all'interno dei

14. Gasparri, *Desiderio*, p. 28.

15. A questo proposito, si rimanda ai contributi raccolti nei tre volumi *Artistes, artisans et production artistique au Moyen Age*.

16. Analoghi presupposti ispirano l'analisi del programma artistico ed edilizio di papa Pasquale I a Roma proposta da Mancho, *Pasquale I*, pp. 31-48.

territori rimasti in mano bizantina dopo la conquista longobarda della terraferma, Grado fu sede patriarcale e rivendicò sempre il proprio diritto esclusivo a dichiararsi tale contro le pretese del vescovo di Aquileia, trasferitosi prima a Cormons e poi a Cividale, sotto la tutela (non sempre gradita) dei duchi del Friuli. Crocevia culturale non meno che geografico tra Oriente e Occidente, Grado rivestì un ruolo fondamentale nelle relazioni tra i Bizantini e i Longobardi prima e i Bizantini e i Franchi poi. Tale importanza strategica si andò però affievolendo durante l'ultima fase della vita di Fortunato, il quale cercò di opporsi alla progressiva marginalizzazione di Grado, che fu però suggellata dalle deliberazioni del concilio di Mantova dell'827, celebrato a due soli anni di distanza dalla scomparsa del patriarca.

L'importanza religiosa di Grado trova una chiara dimostrazione nelle grandi basiliche che ne affollano la superficie di soli 3 ettari compresa entro le sue mura. L'architettura paleocristiana gradese è al centro di una lunga stagione di studi,[17] ma solo di recente il *castrum* è stato oggetto di indagini stratigrafiche che, esplorandone il patrimonio sepolto, hanno permesso di ricostruirne nel dettaglio lo sviluppo urbanistico.[18] Queste indagini sono peraltro coincise con una serie di ricerche che ha interessato anche altri siti dell'area altoadriatica, primi tra tutti Venezia, Ravenna-Classe e Comacchio, dove le scoperte archeologiche degli ultimi anni hanno consentito il recupero di una messe di dati che, al di là della banalità di questa immagine un po' abusata, gettano nuova luce sull'evoluzione delle strutture insediative, economiche e culturali della regione nel periodo compreso tra la tarda antichità e l'alto medioevo.[19]

Le trasformazioni politiche intervenute nei Balcani sud-occidentali nell'ultimo trentennio hanno aperto nuove prospettive di ricerca e opportunità di collaborazione tra gli studiosi dell'Europa occidentale e quelli dell'ex "Cortina di Ferro", rendendo possibile

17. Cuscito, Signaculum, pp. 317-352.

18. I risultati di queste indagini sono esposti in Brogiolo, Cagnana, *Nuove ricerche*, pp. 79-108, e Idem, *Le fortificazioni*, pp. 467-507.

19. Per un bilancio di queste ricerche, Gelichi, *The Northern Adriatic*, pp. 111-132.

la ricostruzione delle reti di scambio che dalla metà dell'VIII secolo tornarono a unire le sponde dell'Adriatico. I risultati delle importanti campagne di scavo condotte a Comacchio, Butrinto e Otranto delineano uno spazio economico complesso, esteso tra l'Italia nord-orientale, il Salento e l'Epiro e a sua volta collegato con l'Egeo e il Mediterraneo orientale.[20]

L'immagine dell'Adriatico altomedievale che si offre oggi alla comunità degli storici e degli archeologi è quella di uno spazio che, nel suo aspetto caleidoscopico di mosaico in cui le tessere si intersecano più che combaciare le une con le altre, trova la sua unità o *koinè*. È appunto all'interno di questa unione di "mari corrotti", per riprendere il titolo di un fortunatissimo saggio comparso nell'ormai non più troppo vicino anno Duemila,[21] che Fortunato di Grado si mosse, quasi freneticamente, nel corso della propria parabola storica e umana, agendo ora da tramite ora da catalizzatore e detonatore delle tensioni tra i grandi "attori" che sull'Adriatico si affacciavano e che su questo spazio marittimo proiettavano le proprie ambizioni "internazionali".

20. Gelichi, *Mari chiusi*, pp. 9-14.
21. Horden, Purcell, *The Corrupting Sea*.

Ringraziamenti

La lunga genesi di questo libro attraverso luoghi e tempi diversi ha fatto sì che maturassi un debito di riconoscenza nei confronti di un ampio numero di persone e istituzioni.

A Sauro Gelichi devo ben più della già generosa offerta di pubblicare questo libro nella collana da lui diretta assieme a Stefano Gasparri, cui va ugualmente il mio più sentito riconoscimento.

Ho iniziato le mie ricerche presso l'Institut für Mittelalterforschung der Österreichischen Akademie der Wissenschaften di Vienna, dove ho potuto contare sull'appoggio offertomi dal suo Direttore, Walter Pohl, e da Maximilian Diesenberger e Katharina Winckler, grazie ai quali ho partecipato al Progetto *Der Ostalpenraum in Frühmittelalter*. A Vienna mi sono avvalso anche dell'aiuto di Francesco Borri, che è stato spesso il mio "pilota" lungo le rotte dell'Adriatico altomedievale, e di Cinzia Grifoni, che si è pazientemente prestata a controllare la mia traduzione del "testamento". A Parigi, presso l'Institut d'histoire et civilisation de Byzance, ho avuto la fortuna di confrontarmi con Cécile Morrisson, che mi ha letteralmente aperto le porte di casa, e con Vivien Prigent, che ha risposto a un'infinità di domande, senza farmi mai mancare il suo buonumore e la sua amicizia. A Dumbarton Oaks ho incontrato studiosi di eccezionale valore umano e scientifico e, non potendoli purtroppo citare tutti, voglio ricordare Leslie Brubaker, Brad Hostetler e Michael Maas. Desidero inoltre rivolgere un pensiero a Gian Pietro Brogiolo, dal quale spero di avere appreso almeno parte del rigoroso metodo che ne ispira le ricerche.

Una menzione particolare spetta a Monica Ibsen, prodiga di consigli sugli aspetti più propriamente storico-artistici della mia ricerca. Sono grato a Barbara Carè, che ha realizzato le cartine e le piante riprodotte nel libro. Ho inoltre tratto grande giovamento e nuovi spunti dal confronto con Jean-Pierre Caillet, Salvatore Cosentino, Giuseppe Cuscito, Margherita Ferri, Andreas Fischer, Judith Herrin, Giovanna Assunta Lanzetta, Federico Marazzi, John Mitchell, Claudio Negrelli, Janet L. Nelson, Magdalena Skoblar, Andrea Tilatti, Chris Wickham. Inutile dire che sono l'unico responsabile delle opinioni espresse nelle pagine che seguono e degli eventuali errori in esse presenti.

Questi ringraziamenti non sarebbero ovviamente completi se non rivolgessi un affettuoso pensiero alla mia famiglia, senza il cui sostegno non avrei portato a termine questo progetto. Il contributo di mia madre

Grazia è difficilmente quantificabile, avendole addirittura chiesto di indossare i panni di correttrice di bozze; mio fratello Manuel ha scattato le foto che corredano il volume; i miei suoceri Franco e Silvana hanno rappresentato un utile richiamo al quotidiano, sottraendomi al tempo storico per quello presente; le mie nipoti Lahja e Viola, vicine e lontane, sono state spesso una gioiosa distrazione dalle incombenze della ricerca e della scrittura. È infine a mia moglie Jessica che dedico questo libro: non credo, infatti, che nessuno l'abbia desiderato più di lei.

1. Fortunato di Grado: un profilo biografico

Come si è avuto modo di osservare nell'introduzione, Fortunato di Grado è una delle poche personalità dell'alto medioevo per le quali è possibile ricostruire una biografia sufficientemente dettagliata. Nel caso del patriarca si dispone, infatti, di materiali di natura e di origine differenti, che permettono di collocarne la carriera nel contesto degli avvenimenti della fine dell'VIII e degli inizi del IX secolo. In questo periodo, Grado e la *Venetia* lagunare si trovarono al centro dello scontro tra l'espansionismo franco nell'Italia nord-orientale e nei territori contermini e l'Impero bizantino, deciso a conservare la propria sfera di influenza nell'Adriatico (fig. 1).[1]

È noto che la conquista del regno dei Longobardi da parte dei Franchi nel 774 ebbe conseguenze anche sulla *Venetia* lagunare, poiché i nuovi padroni si dimostrarono immediatamente più aggressivi dei loro predecessori.[2] Le mire espansionistiche franche sul *ducatus* di Venezia (fig. 2) trovano una prima, esplicita attestazione nel 785, quando Carlo Magno si rivolge a papa Adriano I (772-795) per chiedere l'espulsione dei mercanti venetici da Ravenna e dalla Pentapoli e il sequestro delle terre che questi posse-

1. *Origo civitatum Italie seu Venetiarum*, p. 125: «Fortunatus patriarcha, qui fuit nacione Tergestine civitatis, eiusdem Iohannis patriarchae consanguineus, vixit. ann. XXVII».

2. Sugli avvenimenti che interessarono la *Venetia* e l'alto Adriatico nel corso dei primi decenni del IX secolo, cfr. Gasparri, *Venezia tra i secoli VIII e IX*, pp. 3-18; Krahwinkler, *Friaul*, pp. 179-192; Ortalli, *Il ducato*, pp. 725-790; Azzara, Venetiae, pp. 121-135; Rando, *Una Chiesa*, p. 54; Berto, *La* Venetia, pp. 189-202; Borri, *L'Adriatico*, pp. 1-56; Berto, *Under*, pp. 1-24.

Fig. 1. Principali località citate nel testo (elaborazione Barbara Carè).

devano nell'area di pertinenza della Chiesa ravennate.[3] L'annessione franca dell'Istria, avvenuta a circa un quindicennio di distanza dalla caduta del regno longobardo (791), strinse ulteriormente la morsa attorno a Venezia.[4] A essere però minacciati da questi avvenimenti erano anche i patriarchi di Grado: il delinearsi di un confine politico-militare tra il *ducatus*, nominalmente sottoposto all'autorità bizantina, e i territori controllati dai Franchi ne pregiudicava, infatti, il ruolo primaziale sulle Chiese della Penisola istriana, che nel recente passato avevano manifestato pulsioni autonomistiche. Tra il 770 e il 772 papa Stefano III (768-772) era intervenuto a favore del patriarca gradese Giovanni I contro quei presuli che, approfittan-

3. *Codex Carolinus* 86, p. 622: «Ad aures clementissimae regalis excellentiae vestrae intimantes innotescimus, quia, dum vestra regalis in triumphis victoria precipiendum emisit, ut a partibus Ravennae seu Pentapoliis expellerentur Venetici ad negotiandum, nos ilico partibus illis emisimus, vestram adinplentes regalem voluntatem; insuper et ad archiepiscopum praecipiendum direximus, ut, in qualibet territorio nostro iure sanctae Ravennate ecclesiae ipsi Venetici presidia atque possessiones haberent, omnino eos exinde expelleret et sicuti ecclesiae suae iura manibus suis tenere». Il provvedimento era senz'altro finalizzato a colpire gli interessi dei *Venetici*, che fondavano le proprie fortune sulla complementarità tra attività commerciali e possesso fondiario (Ortalli, *Il ducato*, p. 727).

4. Sulla conquista franca dell'Istria e sulla sua organizzazione in provincia dell'Impero carolingio, Štih, *Istria*, pp. 212-225; Idem, *Imperial Politics*, pp. 57-72.

do dell'occupazione longobarda dell'*Histriensi provincia*, avevano cominciato a consacrarsi reciprocamente. Il pontefice non si limitò a privare della dignità episcopale quanti erano stati eletti in maniera irregolare, ma confermò il proprio appoggio a Grado, ricordando a Giovanni I l'aiuto offertogli dal suo predecessore Stefano II (752-757) che, sulla base di un patto tra Romani, Franchi e Longobardi, aveva già riconosciuto la «Istriarum provincia» come «confirmata atque annexa simulque et Venetiarum provincia». Nel tutelare le prerogative del metropolita di Grado, sancite dalla «canonica traditione» che poneva i vescovi dell'Istria «sub iuris districtione ac consecratione sanctae Gradensis ecclesiae archiepiscopatus»,[5] Stefano III intese affermare le pretese pontificie sulla regione, reclamata alla giurisdizione papale assieme a Ravenna e agli altri territori già bizantini e longobardi.[6]

Le profonde trasformazioni occorse negli equilibri complessivi dell'area veneto-istriana durante gli ultimi decenni dell'VIII secolo determinarono, dunque, una obiettiva concomitanza di interessi tra i pontefici e i patriarchi di Grado, i quali fin dal VI secolo avevano del resto rappresentato i principali referenti di Roma nell'alto Adriatico.[7] L'obiettivo di Grado era quello di conservare l'unità della propria metropoli, minacciata dalla rinnovata importanza di Aquileia,

5. *Epistolae Langobardicae collectae* 20, p. 714: «Itaque pervenit ad nos nuncio precurrente, quod vos omnes episcopi ipsius Istriae provinciae constituti, qui canonica traditione a priscis temporibus sub iuris districtione ac consecratione sanctae Gradensis ecclesiae archiepiscopatus esse videmini, nunc, quod cum magno cordis dolore dicimus, sęcularibus convolantes auxiliis ab eadem episcopatus sede protervo spiritu inflati recedere presumpsistis et inter vos, quod numquam auditum est, unus alterutrum vosmet ipsos consecratis».

6. Fu proprio Stefano III a estendere le pretese papali alla *Venetia et Histria*. Il *Liber Pontificalis* parla esplicitamente della *promissio* o *donatio* fatta da Carlo Magno al pontefice nel 774. Il quadro territoriale che essa disegna è molto interessante, perché rivela le linee guida dell'azione papale, intesa a limitare la stabile presenza franca nelle regioni settentrionali del regno longobardo. Il testo riportato dal *Liber Pontificalis* (I, 97, ed. Duchesne, p. 498) colloca i confini dei territori assegnati al pontefice lungo una linea estesa tra Luni e Monselice, a comprendere l'«universum exarchatum Ravennatium, sicut antiquitus erat, atque provincias Venetiarium et Istria», cui si aggiungono i ducati di Spoleto e Benevento, quest'ultimo ancora in mano longobarda (Azzara, Venetiae, pp. 115-119; sulla *ordinatio*, cfr. anche Gasparri, *Italia longobarda*, pp. 126-130).

7. Azzara, Venetiae, p. 118.

dove nel 787 fu creato patriarca Paolino (787-802), il primo di una serie di presuli, tra cui Orso (802-811) e Massenzio (811-838), strettamente legati ai sovrani franchi.[8]

Sebbene non priva di rischi e di contraddizioni, la convergenza sull'asse franco-papale fu per Grado una scelta obbligata: la preoccupazione per la salvezza della propria metropoli fornisce, infatti, una chiave di lettura per il comportamento dei patriarchi gradensi del primo trentennio del IX secolo, il quale apparirebbe altrimenti contradditorio, se non schizofrenico.[9] Non stupisce, quindi, che all'indomani della caduta del regno longobardo la scelta di campo del patriarca di Grado Giovanni I sia stata rapida e risoluta: nell'autunno del 775, papa Adriano I riferisce a Carlo Magno di avere ricevuto una lettera dello stesso Giovanni, in cui questi lo informava delle trame ordite contro i Franchi e il papato dall'arcivescovo Leone di Ravenna e dal duca Arechi di Benevento.[10]

A inquietare il patriarca di Grado erano anche i recenti sviluppi in materia di politica religiosa interni al *ducatus*, dove, secondo una tradizione accreditata da Giovanni Diacono e non smentita dai dati documentari, nel 774-776 fu istituito il vescovato di Olivolo,

8. Ortalli, *Il ducato*, pp. 726-727; Azzara, Venetiae, pp. 124-125. Sulla figura di Paolino e sul ruolo di Aquileia nella compagine politica, religiosa e culturale carolingia, si vedano Cuscito, *Prospettive ecclesiologiche*, pp. 223-263; Idem, *Paolino di Aquileia*, pp. 145-160; Idem, *Aquileia*, pp. 37-75; Mor, *S. Paolino*, pp. 65-81; Bratož, *La cristianizzazione*, pp. 145-190; Everett, *Paulinus*, pp. 115-154.

9. Azzara, Venetiae, p. 125.

10. *Codex Carolinus* 54, pp. 576-577: «Itaque innotescimus excellentiae vestrae, suscepisse nos epistolam directam nobis a Iohanne patriarcha Gradense. Vicesima septima enim die Octobrii mensis ipsa ad nos pervenit epistola, et protinus – nec potum nec cibum sumsimus neque nos neque huius scriptor nostrae apostolice relationis, sed eadem hora eodemque momento ipsam antefati patriarchae epistolam cum his nostris apostolicis syllabis vobis transmisimus. Itaque valde tristes effecti sumus, quoniam sifoniatas bullas eiusdem epistolae repperimus: a Leone archiepiscopo primitus relecta nobis directa est. Et in hoc conprobare potest excellentissima christianitas vestra, qualis est fraudulenta fides ipsius Leonis archiepiscopi, quia non pro alio praesumsit eandem epistolam primitus reserare ac relegere, nisi ut omnia, quae ibi ascripta sunt, ut certe omnibus manifestum est, adnuntiaret tam Arghis duci Beneventano quamque reliquis nostris vestrisque inimicis; et dubium non est, cuncta iam praelatis emulis ab eodem archiepiscopo esse adnuntiata».

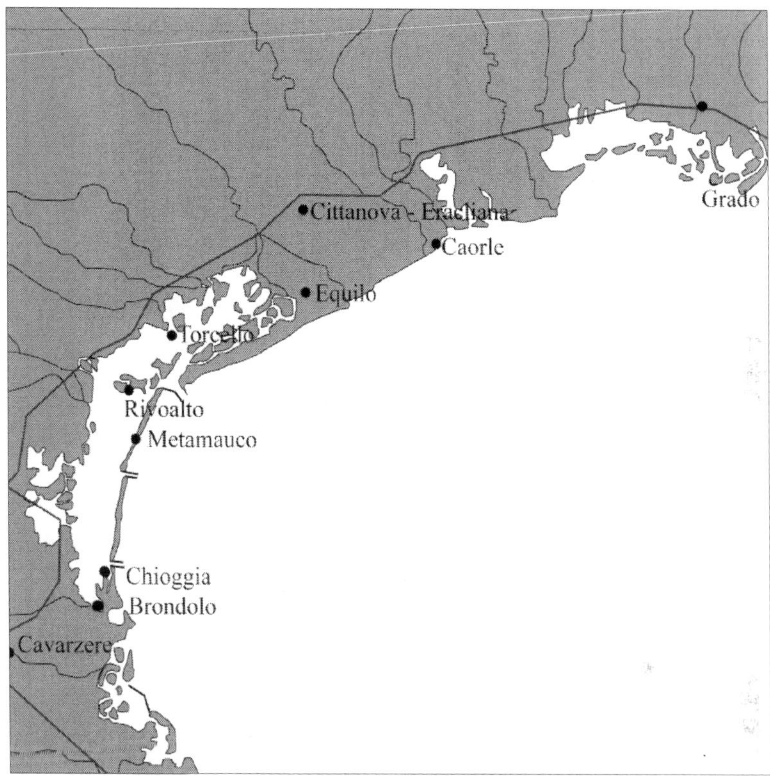

Fig. 2. Il *ducatus* di Venezia: centri principali ed estensione territoriale (elaborazione Barbara Carè).

posto in una delle isole interne alla laguna, a breve distanza da Malamocco, scelta come residenza ducale nel 742.[11] Il vescovo di Olivolo rappresentava una minaccia per Grado e, proprio per la

11. Gli scavi condotti presso la chiesa di San Pietro di Castello, già sede dell'episcopio, sembrano peraltro dimostrare che Olivolo sia stata legata al potere politico fin dal VI secolo-metà del VII secolo. È a questo periodo che risalgono non solo gli edifici e le strutture spondali rinvenuti nell'area, ma anche un *tremissis* di Eraclio e tre sigilli in piombo, riferibili a funzionari dell'amministrazione bizantina, attivi o, più probabilmente, in missione nella laguna di Venezia (Gelichi, *La storia*, pp. 72-78).

sua vicinanza al centro del potere politico, costituiva un nuovo, pericoloso concorrente per quei patriarchi alla cui autorità il ducato di Venezia era, almeno in linea teorica, sottoposto.[12] Attorno al 795 il duca Giovanni designò quale secondo vescovo di Olivolo, in successione di Obeliebato, un certo Cristoforo, cui fonti più tarde attribuiscono un'origine greca.[13] Possibile indizio della presenza bizantina in alcune regioni dell'Adriatico, questa scelta dovette certo rinsaldare gli orientamenti filo-franchi di Giovanni I di Grado.[14]

La delicata situazione internazionale venutasi a delineare con l'incoronazione imperiale di Carlo Magno nell'800 e il formarsi all'interno della stessa Venezia di uno schieramento favorevole ai Franchi non fecero che acuire le tensioni tra il vertice del *ducatus* e il patriarca gradese, tanto da spingere nell'802 il duca Giovanni a inviare «nella città di Grado suo figlio Maurizio con una flotta per uccidere sua signoria Giovanni, il santissimo patriarca. Appena arrivò, eseguendo gli ordini paterni, uccise crudelmente il santissimo uomo» (trad. Luigi A. Berto).[15]

12. Sulla fondazione del vescovato di Olivolo e sull'origine degli episcopati lagunari, cfr. Cuscito, *La Chiesa aquileiese*, pp. 379-382, e Rando, *Una Chiesa*, pp. 21-34.

13. Giovanni Diacono non fa alcun riferimento alle origini greche di Cristoforo e si limita a ricordarne l'elezione alla carica episcopale (*Istoria Veneticorum* II, 21, pp. 106-107: «Mortuo vero Obeliebato episcopo, qui Olivolensem episcopatum rexerat annis XX et III, Christoforus extitit ei successor»). La notizia è invece riportata da Andrea Dandolo (*Chronica,* p. 124: «Christophorus episcopus olivolensis, nacione grecus, sedi annis XII») e dal *Chronicon Altinate*, che ricorda l'improbabile parentela del vescovo con Narsete e con il prefetto di Ravenna Longino (*Chronicon Altinate*, pp. 21-22: «Christoforus, qui fuit nacione Grecorum, consanguineus Narsis patricius, frater Longinum Ravenne perfectum»). Su Cristoforo, cfr. Berto, *In Search*, pp. 448-449 e Cosentino, *Prosopografia, A-F*, p. 291.

14. Borri, *L'Adriatico*, p. 32.

15. Giovanni Diacono, *Istoria Veneticorum* II, 22, p. 106: «Anno vero vigesimo tercio ducatus predicti Iohannis, comperta occasione, suum filium Mauricium navali exercitu ad Gradensem urbem, ut domnum Iohannem, sanctissimum patriarcham, interficeret, destinavit. Ubi illuc pervenit, paternis iussionibus optemperare studens, eundem sanctissimum virum crudeliter interfecit». Su questi avvenimenti, Cessi, *Venezia,* I, pp. 130-133; Ortalli, *Il ducato*, pp. 727-728; Azzara, Venetiae, pp. 125-126; Berto, *La* Venetia, pp. 190-192; Borri, *L'Adriatico*, pp. 36-37; Berto, *Under*, pp. 2-4.

A succedere a Giovanni I fu il nipote Fortunato, appartenente con ogni evidenza a una delle famiglie più in vista del ducato.[16]

Una volta assunta la carica patriarcale, Fortunato proseguì con ancora maggiore determinazione la politica filo-franca del suo predecessore. Allo stesso tempo, la decisione di papa Leone III (795-816) di conferire il *pallium* al patriarca attesta il rinsaldarsi del legame tra Roma e Grado.[17]

Non a caso, Giovanni Diacono segnala la presenza di Fortunato tra quei *maiores* venetici che all'inizio dell'803 lasciarono il ducato per dissidi con i *duces* Giovanni e Maurizio, riparando a Treviso, in territorio franco.[18] A differenza di questi, tra cui era anche il futuro duca Obelerio, il patriarca di Grado proseguì la propria fuga e, valicate le Alpi, raggiunse Carlo Magno a Salz (l'odierna Bad Neustadt), ai confini nord-occidentali tra la Franconia e la Baviera. L'arrivo di Fortunato sulle sponde della Saale coincise con quello degli ambasciatori di Niceforo I che, spodestata Irene, era assurto al trono imperiale di Bisanzio.[19] La delegazione era accompagnata

16. Come si è già avuto modo di osservare, il luogo di nascita di Fortunato resta ignoto e nulla autorizza ad accogliere la tradizione tarda che attribuisce origini triestine al patriarca (Dellagiacoma, *Fortunato da Trieste*, p. 347).

17. *Documenti relativi alla storia di Venezia* I, n. 37, pp. 56-58; *Cronica de singulis patriarchis Nove Aquileie*, p. 14: «Post hunc successit Fortunatus patriarcha, qui a Leone papa privilegium cum benedictione pallei iuxta suorum decessorum exemplar consecutus est». Sul conferimento del *pallium* a Fortunato, Cessi, *Venezia*, pp. 133-134 e Rando, *Una Chiesa*, pp. 44-46.

18. Giovanni Diacono, *Istoria Veneticorum* II, 24, p. 106: «Prelibatus siquidem Fortunatus patriarcha acriter dolens interfectionem sui decessoris et parentis, insidias adversus Mauricium et Iohannem duces composuit et, relicta sede et urbe, ad Italiam perexit. Quem etiam secutus est quidam tribunus, Obellierius nomine, Metaumacensis, Felix tribunus, Dimitrius, Marianus seu Fuscarus Gregorii et nonnullii alii Veneticorum maiores, ex quibus solus patriarcha in Franciam ivit».

19. *Annales regni Francorum*, annum 803, p. 118: «[...] et missi domni imperatoris de Constantinopoli reversi sunt, et venerunt cum eis legati Nicifori imperatoris, qui tunc rempublicam regebat – nam Herenam post adventum legationis Franciae deposuerunt, – quorum nomina fuerunt Michahel episcopus, Petrus abbas et Calistus candidatus. Qui venerunt ad imperatorem in Germania super fluvium Sala, in loco qui dicitur Saltz, et pactum faciendae pacis in scripto susceperunt. Et inde dimissi cum epistola imperatoris Romam regressi atque Constantinopolim reversi sunt». Sulla legazione bizantina, si vedano Lounghis, *Les ambassades*, pp. 158-159, e Niavis, *The Reign*, pp. 172-177.

dai rappresentanti franchi di ritorno da Costantinopoli, dove, oltre alla questione del riconoscimento da parte bizantina del titolo imperiale di Carlo Magno, le due parti avevano discusso il problema della giurisdizione su Venezia e sull'Istria. Alla fine di un incontro dall'esito in parte interlocutorio, la legazione bizantina fu congedata con una proposta di pace in base alla quale le due parti avrebbero dovuto impegnarsi al reciproco riconoscimento delle rispettive sfere di influenza in Italia.[20]

Non pare esservi correlazione alcuna tra l'arrivo a Salz di Fortunato e quello della delegazione di Niceforo I, ma che Grado, per la sua posizione "al crocevia" tra la sfera di influenza franca e quella bizantina, costituisse un tassello di fondamentale importanza strategica nello scacchiere internazionale è provato dai privilegi che Carlo Magno riconobbe al patriarca. In un diploma datato al 13 agosto dell'803, il sovrano franco conferma a Fortunato, «Gradensis patriarcha, sed sancti Marci evangelistę, et sancti Hermacorę episcopus», le immunità per i suoi «sacerdotes et reliqui nec non servi et coloni [...] in Istria, Romandiola seu in Longobardia».[21] Un secondo diploma attesta, invece, la concessione a Fortunato dell'esenzione dai dazi per quattro delle sue navi, fornendo così un'interessante notizia circa l'attivo coinvolgimento della Chiesa di Grado in quelle attività commerciali[22] che l'archeologia docu-

20. È questo quanto sembra suggerire Eginardo nella *Vita Karoli* 16, pp. 451-452: «Imperatores etiam Constantinopolitani, Niciforus, Michahel et Leo, ultro amicitiam ac societatem eius expectentes, complures ad eum misere legatos. Cum quibus tamen propter susceptum a se imperatoris nomen et ob hoc eis, quasi qui imperium eis eripere vellet, valde suspectus, foedus firmissimum statuit, ut nulla inter partes cuiuslibet scandali remaneret occasio». È quindi possibile che tra le richieste avanzate da Carlo Magno vi fosse il riconoscimento da parte bizantina dell'autorità franca sull'Istria (Krahwinkler, *Patriarch*, pp. 67-68; Štih, *Istria*, pp. 14-17). Per un'analisi di questi avvenimenti dalla prospettiva bizantina, si veda Chrysos, *Καρλομάγνος*, pp. 835-837.

21. *Documenti relativi alla storia di Venezia* I, n. 38, pp. 58-59; *Die Urkunden Pippins, Karlmanns und Karls des Grossen*, n. 200, pp. 269-270.

22. *Documenti relativi alla storia di Venezia* I, n. 39, pp. 59-60; *Die Urkunden Pippins, Karlmanns und Karls des Grossen*, n. 201, p. 270: «Omnibus fidelibus nostris presentibus et futuris notum sit, quia petiit celsitudinem nostram vir venerabilis Fortunatus, Venetiarum et Istriensium patriarcha, ut teloneum de navibus suis quatuor ei concedere deberemus [...]. Precipientes enim iubemus, ut nullus quislibet de fidelibus nostris de suprascriptis navibus quatuor Fortunati

menta in sensibile crescita durante la seconda metà dell'VIII secolo.[23] Nello stesso diploma, il sovrano rivolge a Fortunato l'appellativo di «Venetiarum et Istriensium patriarcha», riconoscendo sia la legittimità del suo titolo sia la sua autorità sulle Chiese istriane, cioè sulle Chiese che nei decenni precedenti avevano manifestato tendenze secessioniste.[24] Carlo Magno decise poi di affidare a Fortunato il monastero di Moyenmoutier nei Vosgi, sedando così il *litigium* scoppiato tra i monaci per la scelta del successore del defunto abate Madalwinus.[25] È verosimile che il re franco abbia voluto insignire il patriarca di Grado dell'abbaziato quale ricompensa per il ruolo da questi rivestito nelle manovre politiche che, tra la fine dell'805 e gli inizi dell'806, avevano portato alla sottomissione all'autorità carolingia dei *duces Venetiae* Beato e Obelerio e del *dux* di Dalmazia Paolo e del vescovo Donato di Zara.[26] Allo stesso tempo, non si può escludere che l'ordinazione abbaziale sia avvenuta in seguito alla spedizione bizantina nell'Adriatico dell'806 (*infra*), quando, costretto alla fuga in territorio franco, Fortunato trovò rifugio proprio a Moyenmoutier.[27]

patriarchę ullum teloneum nec siliquaticum nec laudaticum nec cispitaticum neque ullas redibitiones ab hominibus suis pro hoc exigere vel exactare presumat, nisi liceat ei suprascriptis navibus quatuor ubicumque in regno, Christo propitio, nostro negociando pro utilitate sanctę suę ecclesię absque ullius detentione vel contradictione, ubicumque voluerit, pergere et iterum in dei nomine ad propria remeare».

23. Gelichi, *Local*, pp. 228-232; Idem, *La storia*, pp. 291-297.

24. Rando, s.v. *Fortunato*, p. 237.

25. *Liber de Sancti Hildulfi* 3, p. 88: «Extimplo in electione successoris [Madalwini] multitudini fratrum surrepsit discordiae bilis, sed praevalentibus beati viri huius meritis, insperato divinae clementiae iubar ab oriente destinatur illis. Nam cum bifariam scinderentur mutuae dissensionis pertinatia ducti, ambarum partium priores pariter ad principem pervenere Karolum. Ubi pacificus princeps sedatu difficile monachorum persensit litigium, concordiae providere gestiebat quam plurimum. Mira autem dispositione divinitatis repertus est ibidem Fortunatus patriarcha venerabili». La data di morte di Madalwinus resta purtroppo ignota.

26. *Annales regni Francorum*, annum 806, pp. 120-121: «Statim post natalem Domini venerunt Willeri et Beatus duces Venetiae necnon et Paulus dux Iaderae atque Donatus eiusdem civitatis episcopus legati Dalmatarum ad praesentiam imperatoris cum magnis donis. Et facta est ibi ordinatio ab imperatore de ducibus et populis tam Venetiae quam Dalmatiae».

27. Brunettin, *Il cosiddetto testamento*, p. 78.

Anche per Grado è dunque possibile osservare quanto documentato altrove in Italia, dove, nell'immediato della conquista franca, Carlo Magno cercò di assicurarsi la fedeltà e il favore delle istituzioni ecclesiastiche tramite la concessione o la conferma di beni o privilegi di varia natura a Chiese e monasteri.[28] A beneficiare di questa strategia furono soprattutto le sedi episcopali e le fondazioni monastiche collocate nelle zone di confine o in prossimità di importanti vie di comunicazione, come per esempio i valichi alpini.[29] Come si è già avuto modo di osservare, l'evolversi degli equilibri internazionali agli inizi del IX secolo assicurò a Grado il ruolo di "cerniera" tra le principali aree geo-politiche dell'epoca. Se tale ruolo rendeva auspicabile la cooptazione di Grado all'interno del sistema carolingio, da parte sua Fortunato cercò di sfruttare le tensioni tra i Franchi e Bisanzio per tutelare la propria autorità primaziale e l'integrità della Chiesa gradese. Si venne così a verificare una singolare concomitanza di spinte diverse, ma convergenti, che operavano su piani diseguali, rispondendo le une a progetti di politica internazionale, le altre a ben più modeste – ma non meno rilevanti per chi ne era coinvolto – manovre in ambito locale, entrambe però capaci di incidere su assetti ancora in via di definizione.[30]

28. Davis, *Charlemagne's Practice*, pp. 215-238.

29. La carta di distribuzione dei diplomi italiani di Carlo Magno è particolarmente esplicita in tal senso. Oltre la metà di questi documenti (24 su 39) risulta essere stata promulgata a favore di istituzioni religiose collocate in prossimità dei confini del regno o in territorio "straniero", ma nelle immediate vicinanze dei domini franchi: Aquileia (*Die Urkunden Pippins, Karlmanns und Karls des Grossen*, nn. 174, 175, 214, pp. 233-234, 234-236); Benevento (n. 156, pp. 211-212); Ceneda (n. 177, pp. 238-239); Como (n. 202, pp. 271-272); Farfa (nn. 98, 99, 111, 146, 160, 171, 172, 199, pp. 141-143, 156-157, 198-199, 229-230, 230-231, 267-268); Milano, Sant'Ambrogio (n. 164, pp. 221-222); Montecassino (n. 158, pp. 213-216); Novalesa (nn. 74, 125, pp. 106-108, 174-175); San Vincenzo al Volturno (nn. 157, 159, pp. 212-213, 216-217), Sesto al Reghena (n. 134, pp. 184-185). Ai due diplomi gradesi già citati, si aggiunge un documento relativo alla risoluzione della disputa tra Orso di Aquileia e Arno di Salisburgo (n. 211, pp. 282-283): Davis, *Charlemagne's Practice*, pp. 219-224. Allo stesso modo, Carlo Magno cercò di consolidare il proprio controllo sull'Italia tramite la donazione a istituzioni monastiche franche di terre situate in "zone strategiche" della Penisola (Nelson, *The Setting*, pp. 121-126).

30. Azzara, Venetiae, p. 125.

Le notizie relative alla visita di Fortunato a Salz contengono, inoltre, una interessante annotazione riguardante i doni offerti dal patriarca a Carlo Magno, tra cui gli *Annales Mettenses Priores* ricordano «duas portas eburneas, mirifico opere sculptas».[31]

Le fonti carolinge fanno frequente riferimento alla circolazione di avori nell'ambito delle aristocrazie laiche ed ecclesiastiche.[32] Senza potere escludere che gli avori in questione fossero formelle da applicare ai battenti di una porta,[33] l'ipotesi più verosimile è quella che riconosce in questi oggetti una coppia di pannelli destinati alla legatura di un manoscritto.[34] Resta però da chiarire quale ne fosse l'origine: la limitata disponibilità di avorio nell'Italia dell'VIII e del IX secolo rende improbabile la realizzazione delle *portae* a Grado, suggerendo invece una loro manifattura bizantina o l'appartenenza a un oggetto più antico, forse un dittico.[35]

L'eccezionale pregio delle *portae* offerte da Fortunato a Carlo Magno dovette esercitare una notevole impressione sugli osservatori franchi, che infatti non mancarono di registrare l'episodio. Del resto, l'intera carriera di Fortunato fu scandita, nelle sue alterne vicende, dallo scambio di doni e contro-doni tra il patriarca e i suoi

31. *Annales Mettenses Priores*, annum 803, pp. 89-90: «Venit quoque Fortunatus patriarcha de Grecis, afferens secum inter cetera donaria duas portas eburneas, mirifico opere sculptas». L'espressione "de Grecis" va probabilmente considerata un errore del copista per "de Gradis". Sulle *portae*, cfr. Marano, *At the Crossroad*, p. 301.

32. Holcomb, *The Function*, pp. 39-42.

33. Durante l'alto medioevo, l'esistenza di porte decorate in avorio è testimoniata, per esempio, dalla *Descriptio Basilicae Sancti Dyonisii*, in cui si ricordano le quattro «portas paratas de auro et argento», l'«hostium paratum I de iborio et de argento» e gli «alia hostia IV, parata de argento» che decoravano la chiesa abbaziale di Saint-Denis nel primo venticinquennio del IX secolo (Stoclet, *La* Descriptio, pp. 114-115). Le fonti di età bizantina descrivono invece la ἐλεφαντίνη πύλη del Grande Palazzo di Costantinopoli (Guilland, *Sur quelques termes*, pp. 328-350).

34. L'uso carolingio di rivestire d'avorio i libri trova riscontro non solo nell'ampio numero di legature eburnee superstiti, ma anche nelle fonti, che per indicare tali rivestimenti utilizzano solitamente il termine *tabula*/*tabulae* (Holcomb, *The Function*, pp. 55-59).

35. Sulla rarità dell'avorio nell'Italia di età carolingia, Caillet, *Gli avori*, pp. 399-412; sulla presunta provenienza costantinopolitana delle *portae* di Fortunato, cfr. Weitzmann, *The «Ivories»*, p. 88, e Bergmann, *The Salerno Ivories*, pp. 104-105.

interlocutori, fornendo così una dimostrazione dell'importanza della pratica del dono per la creazione, gestione e manipolazione delle relazioni politiche e sociali tra le *élites* altomedievali.[36]

Il rinsaldarsi del legame tra Fortunato e i Franchi emerge in tutta evidenza già all'indomani dell'incontro di Salz. Il patriarca partecipò, infatti, al placito tenutosi con ogni probabilità nell'804 presso Cittanova d'Istria, lungo il fiumicello Risano (Rižana). In tale occasione, gli abitanti della provincia esposero agli inviati di Carlo Magno e del *rex Italiae* Pipino le proprie lamentele nei confronti del duca Giovanni, di Fortunato e dei vescovi locali.[37] Tra le principali accuse che i rappresentanti delle *civitates* e dei *castella* dell'Istria rivolsero a Giovanni vi era quella di trattenere per sé i tributi che spettavano invece al palazzo. A ciò si aggiungevano la soppressione di svariati diritti, primo tra tutti quello dei notabili di andare in guerra con un seguito di uomini liberi, e l'imposizione di *corvées* lavorative e di trasporto, tra cui l'obbligo di navigare per conto del duca e dei suoi familiari a Venezia, a Ravenna, in Dalmazia e lungo i fiumi; vessazioni, queste, che venivano ad aggiungersi alla riscossione di tasse sullo sfruttamento dell'incolto e sui diritti di pesca.[38] Gli Istriani lamentavano soprattutto la perdita di privilegi e la violazione di consuetudini radicate, con riferimento ai mutati rapporti con Costantinopoli. Con la conquista franca, i *primates Ystrie* si erano infatti visti privati della possibilità di recarsi nella capitale d'Oriente per ottenere quelle cariche e quegli

36. Su questi aspetti, cfr. da ultimo Nelson, *The Setting*, *passim*.

37. Sul documento esiste oggi una ricca bibliografia. Già inclusi nei *Placiti del* Regnum Italiae I, n. 17, pp. 48-56, gli atti del placito sono stati oggetto dell'ottima edizione e commento di Guillou, *Régionalisme et indépendence*, pp. 294-307, cui si può fare riferimento per la letteratura precedente. Tra i lavori più recenti si vedano Petranović, Margetić, *Il Placito*; Ferluga, *L'Istria*, pp. 182-184; Gasparri, *Venezia*, pp. 14-18; Krahwinkler, *Friaul*, pp. 199-243; Cammarosano, *Nobili e re*, pp. 130-134; Esders, *Regionale Selbstbehauptung*, pp. 49-112; Krahwinkler, *The Church(es)*, pp. 65-72; Idem, *Patriarch*, pp. 63-78; Borri, *Neighbors*; Idem, *Gli Istriani*.

38. *Documenti relativi alla storia di Venezia* I, n. 40, pp. 62-63: «De herbatico, vel glandatico numquam aliquis vim tulit inter vicora, nisi secundum consuetudinem parentorum nostrorum [...]. Mare vero publica, ubi omnis populus communiter piscabant, modo ausi non sumus piscare, quia cum fustibus nos cedunt et retia nostra concidunt».

onori da cui avevano fino ad allora derivato il proprio prestigio e il proprio potere in seno alla società locale.[39]

Anche Fortunato fu accusato di violare una serie di usanze ben radicate, soprattutto in materia fiscale: sembra, infatti, che il patriarca non versasse né l'*adiutorium* né le altre contribuzioni dovute dalla Chiesa alle autorità civili, facendone ricadere il peso sulle spalle dei possidenti e della popolazione dell'Istria.[40] Come se ciò non bastasse, i termini dei contratti di enfiteusi e di permuta venivano stravolti a favore dei proprietari ecclesiastici, mentre i conduttori erano oppressi da canoni più onerosi rispetto al passato.[41]

La situazione generale dell'Istria, che i Franchi utilizzavano come retroterra logistico per le loro campagne militari in Pannonia e lungo il medio corso del Danubio, deve avere reso queste vessazioni intollerabili, tanto più che gli *homines ecclesiae* non esitavano a ricorrere alla violenza e alle intimidazioni per fare valere le proprie "ragioni".[42] Nonostante il tono conciliatorio assunto da Fortunato nei confronti dei suoi accusatori, cui egli ricorda l'impegno profuso per fare valere le loro istanze presso Carlo Magno, risulta evidente che gli Istriani considerassero il patriarca e i suoi vescovi agenti a tutti gli effetti del potere carolingio.[43] Del resto,

39. Ivi, p. 64: «Ab antiquo tempore, dum fuimus sub potestate Grecorum imperii, habuerunt parentes nostri consuetudinem habendi actus tribunati, domesticos, seu vicarios, nec non locoservatores, et per ipsas honores ambulabant ad communionem et sedebant in congressu, unusquique per suum honorem, et, qui volebant meliorem honorem habere de tribuno, ambulabat ad Imperium, quod ordinabat illum ypato. Tunc ille, qui imperialis erat ypatus, in omni loco secundum illum magistrum militum procedebant».

40. Ivi, p. 61: «Et ipsi detulerunt breves nobis per singulas civitates vel castella, quos tempore Constantini seu Basilii magistri militum, fecerunt, continentes, quod a parte ecclesiarum non haberent adiutorum nec suas consuetudines».

41. Ivi, p. 62: «Quaecumque cartulae emphitheoseos aut libellario iure, vel non dolosae commutationes numquam ab antiquum tempus corruptae fuerunt, et ita ut nunc fiunt». Sugli aspetti socioeconomici del placito, Krahwinkler, *Friaul*, pp. 239-243.

42. Štih, *Istria*, pp. 216-221.

43. Borri, *L'Adriatico*, pp. 32-33. Sull'immissione di ecclesiastici franchi o legati al potere franco quale strumento della penetrazione carolingia in Italia, si veda Tabacco, *L'avvento dei Carolingi*, pp. 459-465. Sulla specificità dei rapporti tra Carlo Magno e l'episcopato italiano, Davis, *Charlemagne's Practice*, pp. 229-238.

già pochi anni prima del Placito di Risano, il vescovo Maurizio di Cittanova d'Istria era andato incontro a un tragico destino perché sospettato di collusione con i Franchi: incaricato di raccogliere le «pensiones beati Petri» in Istria, il presule era stato accecato dagli abitanti della provincia e dai *nefandissimi Greci* che vi risiedevano, convinti che lo sventurato tramasse per consegnare la regione a Carlo Magno.[44]

Anche le vicende successive dimostrano che i Franchi intendessero appoggiarsi a Fortunato per tessere la propria rete di alleanze nella *Venetia* lagunare. Tuttavia, nonostante gli sviluppi politici interni al *ducatus* sembrassero favorevoli al patriarca, questi non poté comunque fare ritorno immediato in patria. Collegandosi ai loro fautori rimasti a Venezia, i *maiores* filo-franchi riparati a Treviso avevano rovesciato i duchi Giovanni e Maurizio, eleggendo al loro posto Obelerio e suo fratello Beato.[45] Lo schieramento filo-franco era però tutto fuorché compatto e una divergenza di opinioni in materia di politica religiosa divideva Fortunato dal nuovo duca. Secondo quanto riportato da Giovanni Diacono, Obelerio negò al patriarca il permesso di fare rientro nella *Venetia*, trattenendolo per «qualche tempo nella chiesa di San Cipriano, ossia nella pieve dell'episcopato di Altino» (trad. Luigi A. Berto).[46] A Fortunato si era peraltro associato il vescovo Cristoforo di Olivolo,

44. La vicenda di Maurizio, in cui va riconosciuto il committente del ciborio per il rinnovato fonte battesimale di Cittanova d'Istria della fine dell'VIII secolo (Cuscito, *Ancora sul ciborio*, pp. 109-113), è narrata nella lettera inviata nel 776/780 da papa Adriano I a Carlo Magno perché faciliti il rientro del vescovo in Istria tramite il duca del Friuli Marcario (*Codex Carolinus* 63).

45. Giovanni Diacono, *Istoria Veneticorum* II, 24, p. 108: «Ceteri vero remanserunt in quadam civitate non procul a Venecia, nomine Tarvisio, ibique non diutius degentes, consilio illorum ammoniti qui in Venetia morabantur, Obellierium tribunum ducem elegerunt». Su questi avvenimenti, cfr. Cessi, *Venezia*, pp. 134-140; Ortalli, *Il ducato*, pp. 728-729; Berto, *La* Venetia, p. 193; Borri, *L'Adriatico*, p. 42.

46. Giovanni Diacono, *Istoria Veneticorum* II, 25, p. 108: «Post aliquod vero tempus Fortunatus patriarcha cum Christoforo episcopo de Francia repedavit. Quibus cum fas non esset Veneciam penetrare, in sancti Cipriani ecclesia, plebe scilicet Altinatis episcopii, quae scita est apud Mistrinam, ospitati et aliquamdiu commorati sunt». Il soggiorno di Fortunato presso la pieve di Altino, situata nel territorio sottoposto alla giurisdizione del vescovo di Torcello, cui Carlo Magno riconobbe un diploma tra l'806 e l'813, fa ritenere che questi fosse assestato su posizioni filo-franche (Rando, *Una Chiesa*, pp. 45-46).

allineatosi alle posizioni del patriarca dopo l'iniziale sostegno ai duchi Giovanni e Maurizio. Di questa inedita intesa è testimonianza il fallito tentativo di arresto da parte di Fortunato ai danni del diacono Giovanni, che aveva sostituito Cristoforo alla guida della Chiesa olivolese.[47] Fuggito dalla prigionia, Giovanni denunciò l'accaduto a Obelerio, il quale, nonostante tutto, pervenne a un accordo con il patriarca e con Cristoforo, acconsentendo al loro reintegro nelle sedi di appartenenza.[48]

Il ritorno di Fortunato a Grado fu però di breve durata. Come si è visto, gli *Annales regni Francorum* ricordano il viaggio intrapreso al principio dell'806 da Obelerio e Beato a Thionville, dove – assieme ai *legati Dalmatarum*, il duca Paolo e il vescovo Donato di Zara – ricevettero l'*ordinatio* con cui Carlo Magno sancì ufficialmente l'ingresso della *Venetia* e della *Dalmatia* nell'orbita franca.[49] L'istituzionalizzazione dei rapporti tra i Franchi e i ducati venetico e dalmata suscitò la repentina reazione di Niceforo I. Nella primavera dell'806, la flotta del patrizio Niceta raggiunse l'Adriatico con il compito di ristabilire il controllo bizantino sull'area.[50] La spedizione

47. Su Cristoforo, Berto, *In Search*, pp. 448-449.

48. Giovanni Diacono, *Istoria Veneticorum* II, 25, pp. 108, 110: «Verum postquam domnus Fortunatus Christofori episcopi sedem a Iohanne diacono iniuste usurpatam didicit, prorsus doluit, et tractare studiosissime cepit qualiter sibi faveret ut eum ad propriam sedem restituere posset. Iohannes siquidem predictus diaconus quadam die cum incautus iret, a Fortunato patriarcha captus et diu detentus est. Sed ubi excogitaret quid de illo agere deberet, nocte fuga lapsus evasit et instanter Obellierium ducem adivit. Cui cum ea que passus a Fortunatus fuerat ordine recitaret, pocius ducis animum adversus eundem patriarcham in odium quam antea esset excitavit. Tamen, consulente patriarcha, Christoforus sedem suam tandem recepit; Iohannes vero diaconus reversus est ad propriam domum. Igitur Fortunatus patriarcha, cum per aliquanta temporum spacia exsul a propria sede maneret, Gradensem disposuit reciprocare urbem».

49. Cfr. n. 26. Sull'*ordinatio*, cfr. Cessi, *Venezia*, pp. 141-142; Niavis, *The Reign*, pp. 179-180; Krahwinkler, *Friaul*, pp. 180-181; Ortalli, *Il ducato*, pp. 728-729; Azzara, Venetiae, p. 128; Berto, *La* Venetia, pp. 193-194; Chrysos, *Καρλομάγνος*, p. 836; Borri, *L'Adriatico*, p. 44; Berto, *Under*, p. 5.

50. *Annales regni Francorum*, annum 806, p. 122: «Classis a Niciforo imperatore, cui Niceta patricius praeerat, ad reciperandam Dalmatia mittitur». Sulla spedizione di Niceta, Cessi, *Venezia*, pp. 140-146; Niavis, *The Reign*, pp. 180-182; Borri, *L'Adriatico*, pp. 45-48; Berto, *Under*, pp. 5-7. Forse imparentato con l'imperatrice Irene, Niceta va identificato con l'omonimo eunuco che rappresentò la

conseguì un immediato successo: Obelerio si affrettò a riconoscere l'autorità bizantina sul *ducatus*, mentre Fortunato si diede alla fuga in territorio franco.[51] Concluso un accordo con Pipino, Niceta fece quindi ritorno a Costantinopoli già nell'807.[52]

La questione era però lungi dal potersi considerare chiusa: nell'809 il *Cefalaniae praefectus* Paolo fu infatti inviato nell'Adriatico al comando di navi, con le quali raggiunse prima la Dalmazia e poi Venezia.[53] Le fonti disponibili forniscono versioni discordanti dell'episodio, ma sono concordi nel far risalire l'intervento di Paolo a un tentativo di annessione del *ducatus* di Venezia da parte di Pipino.[54] Secondo gli *Annales regni Francorum*, il *rex Italiae* sarebbe stato istigato all'attacco dalle *insidiae* e *fraus* dei

sovrana al concilio di Nicea II nel 787, assumendo poi la carica di stratego di Sicilia nel 796-798. Queste esperienze gli valsero la fiducia di Niceforo I che, dopo avere detronizzato Irene, gli affidò il comando della spedizione navale in Adriatico dell'806 (Nichanian, Prigent, *Les stratèges de Sicile*, pp. 122-125). Dopo avere svolto questo incarico, Niceta indossò l'abito monastico e raggiunse la santità (Papachryssanthou, *Un confesseur*, pp. 309-352).

51. Giovanni Diacono, *Istoria Veneticorum* II, 25-25, p. 110: «Et quia valde Nicetae patricii adventum prestolari formidabat, qui tunc missus ab imperatore cum exercitu in partes Dalmaciarum atque Veneciarum veniebat, relicta sede et propria urbe, [Fortunatus] iterum Franciam petiit. Iohannes vero diaconus, qui electus fuerat in episcopatu Olyvolensi, ordinatus est patriarcha. Obellierius siquidem dux per Nicetam patricium spatharii honorem suscepit. Beatus vero, frater eius, cum predicto Niceta Constantinopolim, ivit secumque deferens Veneticorum obsides et Christoforum episcopum et Felicem tribunum, quos augustus exilio dampnavit». Va rilevato come il titolo di *spatharios* riconosciuto a Obelerio, il primo a esserne insignito in ambito lagunare, fosse una carica dal prestigio nettamente superiore a quelle fino ad allora concesse dagli imperatori bizantini ai *duces* venetici (Ravegnani, *Dignità bizantine*, pp. 19-20).

52. *Annales regni Francorum*, annum 807, p. 124: «Niceta patricius, qui cum classe Constantinopolitana sedebat in Venetia, pace facta cum Pippino rege et indutiis usque ad mensem Augustum constitutis statione soluta Constantinopolim regressus est».

53. L'organizzazione del *théma* di Cefalonia va fatta risalire, con ogni probabilità, alla fine degli anni 760 e trova spiegazione nell'esigenza di contrastare i progressi dell'influenza franca nella Penisola italiana e nei Balcani nord-occidentali (Zakythinos, *Le Thème de Céphalonie*, pp. 303-312; Prigent, *Notes*, pp. 393-402; Tsatsoulis, *Some Remarks*, pp. 153-172).

54. Berto, *Under*, pp. 8-13 fornisce l'analisi più recente e dettagliata di questi avvenimenti.

duchi Obelerio e Beato, che avevano probabilmente illuso Pipino della volontà di Venezia di tornare sotto l'egida franca.[55] Giovanni Diacono sostiene, invece, che Pipino avesse deliberatamente infranto «il patto (*foedus*) che da tempo il popolo dei Venetici aveva con il re italico», il quale fu poi respinto, assieme a un «grande esercito di Longobardi» ad Albiola, presso Pellestrina.[56] Una versione confermata, nella sostanza, da Costantino Porfirogenito, secondo il quale, dopo avere bloccato il nemico a Malamocco, i Venetici siglarono un accordo con i Franchi, impegnandosi a versare loro un tributo annuale, purché questi ultimi accettassero il loro desiderio di essere sudditi dell'imperatore bizantino.[57]

55. *Annales regni Francorum*, annum 809, p. 127: «Classis de Constantinopoli missa primo Dalmatiam, deinde Venetiam appulit; cumque ibi hiemaret, pars eius Comiaclum insulam accessit commissioque proelio contra praesidium, quod in ea dispositum erat, victa atque fugata Venetiam recessit. Dux autem, qui classi praeerat, nomine Paulus, cum de pace inter Francos et Grecos constituenda, quasi sibi hoc esset iniunctum, apud domnum Pippinum Italiae regem agere moliretur, Wilhareno et Beato Venetiae ducibus omnes inchoatus eius impedientibus atque ipsi etiam insidias parantibus, cognita illorum fraude discessit».

56. Giovanni Diacono, *Istoria Veneticorum* II 27, pp. 110, 112: «Interea foedus quod Veneticorum populus olym cum Italico rege habebat, illo tempore, Pipino agente rege, disruptum est et hisdem rex ingentem exercitum Longobardorum ad Veneticorum provinciam capiendam promovit. Qui cum magna difficultate portus, qui dividunt insularum littora, pertransisset, tandem ad quendam locum, qui Albiola vocatur, pervenit. Nulla racione in antea pertendere gressum valuit, ibique duces, stipati magna Veneticorum expedicione, eundem regem audacter aggressi sunt et divinitus datum est Veneticis de inimicis triumphum, sicque predictus rex confusus recessit».

57. Costantino Porfirogenito, *De administrando imperio* 28, p. 120: «Τοῦ δὲ ῥηγὸς Πιπίνου ἐλθόντος κατὰ τῶν Βενετίκων μετὰ δυνάμεως καὶ λαοῦ πολλοῦ, παρεκάθισεν διὰ τῆς ξηρᾶς ἐκεῖθεν τού περάματος τῶν νήσων τῆς Βενετίας εἰς τόπον λεγόμενον Ἀειβόλας. Οἱ οὖν Βενέτικοι ιδόντες τὸν ῥῆγα Πιπῖνον μετὰ τῆς ἑαυτοῦ δυνάμεως κατ᾽ αὐτῶν ἐπερχόμενον καὶ μέλλοντα μετὰ τῶν ἵππων ἀποπλεῦσαι πρὸς τὴν νῆσον τοῦ Μαδαμάκου (ἔστιν γὰρ αὕτη ἡ νῆσος, πλησίον τῆς ξηρᾶς), βαλόντες κερατάρια, ἅπαν τὸ πέραμα ἐναπέφραξαν. Εἰς ἀμηχανίαν οὖν ἐλθὼν ὁ τοῦ ῥηγὸς Πιπίνου λαὸς (οὐδὲ γὰρ ἦν δυνατὸν αὐτοὺς ἀλλαχοῦ περᾶσαι), παρεκάθισαν αὐτοῖς διὰ τῆς ξηρᾶς μῆνας ἕξ, πολεμοῦντες καθ᾽ ἑκάστην ἡμέραν μετ᾽ αὐτῶν. Καὶ οἱ μὲν Βενέτικοι εἰσήρχοντο εἶς τὰ πλοῖα αὐτῶν, καὶ ἵσταντο ὄπισθεν τῶν παρ᾽ αὐτῶν ῥιφέντων κεραταρίων, ὁ δὲ ῥὴξ Πιπῖνος ἵστατο μετὰ τοῦ λαοῦ αὐτοῦ ἐν τῷ αἰγιαλῷ. Καὶ οἱ μὲν Βενέτικοι μετὰ τοξείας καὶ ῥιπταρίων ἐπολέμουν, μὴ ἐῶντες αὐτοὺς πρὸς τὴν νῆσον διαπερᾶσαι. Ἀπορήσας οὖν ὁ ῥὴξ Πιπῖνος, εἶπεν πρὸς τοὺς Βενετίκους, ὅτι· «Ὑπὸ τὴν ἐμὴν χεῖρα καὶ πρόνοιαν γίνεσθε, ἐπειδὴ ἀπὸ τῆς ἐμῆς χώρας καὶ

Sullo sfondo di questi avvenimenti, Fortunato fu insignito da Carlo Magno della diocesi di Pola, in sostituzione del defunto vescovo Emiliano. In una lettera al re franco, papa Leone III non nasconde il suo disappunto per questa decisione, acconsentendo a ratificare la nomina purché, una volta rientrato a Grado, Fortunato rinunci a qualsiasi pretesa economica e giurisdizionale sulla *Polana ecclesia*.[58] Il pontefice coglie poi l'occasione per esortare Carlo Magno a preoccuparsi del bene spirituale, oltreché temporale, di Fortunato, che a suo dire godeva di cattiva fama sia in Italia sia in *Francia*.[59] Tali insinuazioni, che bene si accordano con la spregiudicatezza del personaggio, sembrano trovare conferma nell'indagine istituita,

ἐξουσίας ἐστέ». Οἱ δὲ Βενέτικοι ἀντέλεγον αὐτῷ, ὅτι· «Ἡμεῖς δοῦλοι θέλομεν εἶναι τοῦ βασιλέως 'Ρωμαίων καὶ οὐχὶ σοῦ.» Ἐπὶ πολὺ δὲ βιασθέντες οἱ Βενέτικοι ἀπὸ τῆς γεγονυίας ὀχλήσεως πρὸς αὐτούς, ἐποιήσαντο εἰρηνικὰς σπονδὰς πρὸς τὸν ῥῆγα Πιπῖνον τοῦ παρέχειν αὐτῷ πλεῖστα πάκτα. Ἔκτοτε δὲ καθ' ἕκαστον χρόνον ἠλαττοῦτο τὸ πάκτον, ὅπερ καὶ μέχρι τῆς σήμερον διασώζεται».

58. *Leonis III. papae epistolae X* 5, pp. 94-95: «Dum vestrae imperiales syllabae de civitate in civitatem ad nos pervenissent, quae et a nobis susceptae ac relectae fuissent, repperimus in eis, quatenus a Gradense insula, ubi Fortunatus archiepiscopus suam propriam sedem habere videbatur, propter persecutionem Grecorum seu Veneticorum exsul esse dinoscitur, et si congrue nobis apparuisset, pro causa necessitatis in Pola, ubi iam dudum Emilianus quidam episcopus praefuit, quae et diocesis praedicti Fortunati archiepiscopi exsistit, illic suam sedem haberet; et qualiter vestra a Deo protecta imperialis potentia sine consultu apostolatus nostri nequaquam eum aliubi conlocare voluit. Nos vero de hac re pertractantes praevidimus, ut, secundum qualiter vestrae imperiali clementiae complacuit, ut in Polana ecclesia persisteret, ita maneat, sub eo prorsus tenore, ut, si Domino annuente et beato Petro apostolo protegente per vestram in triumphis victoriam ipsa sua sedis illi restituta fuerit, secundum qualiter praedicta Polana ecclesia integra cum omnia sibi pertinentia susceperit, sic iterum ea restituatur, et non de rebus eius aut pecunia ad suam debeat subtrahere sedem, sed neque cuiquam ex ipsis rebus seu pecuniis atque speciebus dare quoquo modo praesumat, ut ipsa ecclesia semper inrefragabiliter cum suo antistite salva existere possit».

59. *Leonis III. papae epistolae X* 5, p. 95: «Et hoc vestrae serenitati intimare curavimus de praefato Fortunato, ut, sicut semper pro illius honore temporale laboratis, ita et de anima eius curam ponatis, ut per vestrum pavorem suum ministerium melius expleat. Quia non audivimus de eo, sicut decet de archiepiscopo, neque de partibus istis, neque de partibus Franciae, ubi eum beneficiastis. Tamen gratias agimus Deo, quia omnia vobis incognita non erunt. Interrogate quidem fideles vestros, et omnia vobis nota fiant; eo quo dilli, qui vobis eum conlaudant, hoc per munera et calciaria faciunt. [...] Potestis interrogare fratrem nostrum Hildibaldum archiepiscopum et Ercanbaldum cancellarium».

dopo la morte del patriarca, dal suo successore Venerio, che si trovò costretto a rivendicare l'appartenenza alla Chiesa di Grado di alcune proprietà indebitamente cedute da Fortunato al nipote Domenico.[60]

Di queste accuse non vi è, invece, traccia nel *Liber de Sancti Hildulfi successoribus in Mediano monasterio*. Questo attribuisce a Fortunato legami strettissimi con Carlo Magno, per conto del quale avrebbe visitato addirittura Gerusalemme. Durante il viaggio, il patriarca non solo avrebbe incontrato il califfo Hārūn al-Rashīd, ottenendo la libertà di culto per i cristiani in Terrasanta, ma sarebbe entrato anche in possesso di alcune reliquie della Vera Croce, poi fatte giungere a Carlo Magno.[61]

Il carattere encomiastico del *Liber*, nel quale sono presenti anche elementi favolistici, induce quantomeno alla cautela nell'accettare queste notizie che, pur collocate sullo sfondo di avvenimenti reali, non sono altrimenti attestate. Le relazioni diplomatiche tra Carlo Magno e il califfato abbaside sono un fatto ben noto, così come ampiamente documentata è l'indagine condotta in Terrasanta dagli inviati di Carlo Magno per verificare lo stato dei luoghi di culto cristiani.[62] Per contro, nessuna delle fonti contemporanee a Fortunato, nemmeno il cosiddetto "testamento", fa il benché minimo riferimento a una missione del patriarca in Oriente. Un'eccezione potrebbe essere, però, rappresentata dall'iscrizione incisa su alcuni frammenti di ciborio rinvenuti nel 1924 durante i lavori di restauro della basilica di Santa Maria delle Grazie a Grado, ma che, data la vicinanza tra i due edifici di culto, potrebbero anche essere appartenuti all'arredo di Santa Eufemia.[63] Il testo, molto lacunoso, è di non facile interpretazione. Tuttavia, Maurizio Buora ha di recente

60. *Documenti relativi alla storia di Venezia* I, n. 47, p. 82: «de rebus ecclesiae tuae, quas antecessor tuus Fortunatus Dominico nepoti suo dederat». Su Venerio, Berto, *In Search*, p. 433.

61. *Liber de Sancti Hildulfi* 3, p. 88: «Fortunatus patriarcha venerabilis, qui gratia salutandi famosum principem, visendique loca sanctorum, quos fama excurrente didicerat, ab Hierosolimis in peregre digressus erat».

62. McCormick, *Charlemagne's Survey*.

63. I frammenti sono stati rinvenuti nel pavimento di Santa Maria delle Grazie, dove furono utilizzati come materiale di reimpiego. Sul ciborio, Brusin, Zovatto, *Monumenti paleocristiani*, pp. 443-444; Lavers, *I cibori*, pp. 153-156; Gaberscek, *La scultura dell'alto Medioevo*, pp. 387-390; Tagliaferri, *Le diocesi*, pp. 402-403; Skoblar, *Patriarchs as Patrons*, pp. 129-132.

avanzato una proposta di lettura in cui Fortunato stesso farebbe riferimento ad alcune reliquie (*munera*) da lui traslate a Grado dalla Terrasanta (*Sion*): GLORIO(sis) TEMPORIB(u)S TER B – caput – EATI M(VN)ER(a) Q(uae) E SION [DVX]IT SE(cum).[64]

L'ipotesi è affascinante e non può essere certo scartata *a priori*. Che reliquie di origine orientale circolassero nella *Venetia* degli inizi del IX secolo è dimostrato non solo dall'episodio del trafugamento del corpo di san Marco ad Alessandria, ma anche dalla traslazione dei resti dei martiri gerosolimitani Genesio ed Eugenio, giunti a Treviso attorno all'800 per interessamento del conte Gebeardo.[65] Inoltre, le fonti citano il transito nei porti dell'alto Adriatico di individui e di merci originari del Mediterraneo orientale.[66] È dunque possibile che l'eventuale arrivo a Grado di *munera* della Terrasanta sia avvenuto per il tramite di intermediari e non per mano dello stesso Fortunato, la cui missione in Oriente resta tutt'altro che sicura. Del resto, anche l'attribuzione allo stesso Fortunato del ciborio da Santa Maria delle Grazie è incerta poiché si basa esclusivamente su un arbitrario quanto inconsistente collegamento tra i caratteri stilistici dell'arredo, che rimandano al repertorio carolingio, e le istanze filofranche del patriarca.[67] Nulla esclude poi che il ciborio sia da riferirsi alla committenza di Giovanni II, il patriarca "usurpatore" che, dopo avere occupato la sede di Olivolo in assenza di Cristoforo, prese il posto di Fortunato durante la fuga di questi in *Francia*.[68]

Giovanni Diacono fa durare quattro anni il patriarcato dell'usurpatore, poi deposto per decisione sinodale. L'esilio di Fortunato si collocherebbe quindi tra l'806 e l'810, periodo al termine del quale

64. Buora, *Fortunato II*, pp. 35-38.

65. Sulla vicenda del trafugamento del corpo di san Marco, si veda, da ultimo, Colombi, *Storie di cronache e reliquie*, pp. 16-63; sulla traslazione delle reliquie di Genesio ed Eugenio a Treviso, cfr. Veronese, In Venetiarum, pp. 218-226.

66. Così sarebbe avvenuto, infatti, con le reliquie di Genesio, giunte nelle *Venetiarum partes* al seguito di alcuni *negotiatores* che, dopo averle ottenute dal patriarca di Gerusalemme, le cedettero al conte Gebeardo (Veronese, In Venetiarum, pp. 223-224). Sulla mobilità di uomini e merci nell'Adriatico dell'VIII e IX secolo, si veda McCormick, *Origins*, pp. 523-530.

67. A questo proposito, si vedano le opportune osservazioni di Tagliaferri, *Le diocesi*, p. 403.

68. L'attribuzione del ciborio a Giovanni II è stata riproposta da Skoblar, *Patriarchs as Patrons*, p. 131, cui si rimanda per la bibliografia precedente.

lo stesso Giovanni Diacono fa risalire la gran parte dell'attività edilizia del patriarca.[69]

Successivamente al suo rientro in patria, Fortunato scompare dalle fonti per circa un decennio. L'unica eccezione è rappresentata dal diploma, verosimilmente datato all'815, con cui Ludovico il Pio conferma le deliberazioni del Placito di Risano.[70]

Il patriarca torna però prepotentemente alla ribalta nell'821, quando il presbiterio della Chiesa di Grado Tiberio lo denuncia all'imperatore per il sostegno da lui fornito alla ribellione del *dux Pannoniae inferioris* Liudewit, sollevatosi tre anni prima contro i Franchi.[71] Gli *Annales regni Francorum* attribuiscono lo scoppio della rivolta alla crudeltà e all'arroganza del *comes* della marca del Friuli Cadolah, senza però chiarire le ragioni specifiche del malcontento di Liudewit.[72] La notizia va collocata sullo sfondo delle

69. Giovanni Diacono, *Istoria Veneticorum* II, 28, p. 112: «Iohannes siquidem patriarcha, qui per quattuor annorum spacia Gradensem sedem vivente pastore usurpavit, sinodali censura depositus est. [...] Fortunatus dehinc ad propriam sedem reversus est. [...] Ecclesiarum namque altaria Gradensis urbis lamminis argenteis condecoravit et supra altaria martyrum argentea templa composuit. Ecclesiam vero sanctae Agathe martyris a fundamentis ipse edificare devotissime fecit, ubi martyrum quadraginta et duo corpora in eiusdem ecclesiae cripta recondivit. Ceterum vero quicquid in thesauris seu in ecclesiarum ornamentis peregit, nemo nominatim exprimere potest».

70. Il documento, conservato in un'unica copia nel *Codex Trevisaneus* (fol. 27r), è certamente autentico, sebbene risulti interpolato in alcune sue parti (Krahwinkler, *Patriarch*, p. 71).

71. *Annales regni Francorum*, annum 821, pp. 155-156: «Fortunatus patriarcha Gradensis, cum a quodam presbitero, suo nomine Tiberio apud imperatorem fuisset accusatus, quod Liudewitum ad perseverandum in perfidia, qua coeperat, hortaretur eumque ad castella sua munienda artifices et murarios mittendo iuvaret et ob hoc ad palatium ire iuberetur, primo velut iussionem impleturus in Histriam profectum est, inde simulato reditu ad Gradum civitatem nullo suorum praeter eos, cum quibus hoc tractaverat, suspicante nanctus occasionem clam navigavit, veniensque Iaderam Dalmatiae civitatem Iohanni praefecto provinciae illius fugae suae causas aperuit, qui eum statim navi impositum Constantinopolim misit». Su Tiberio, Berto, *In Search*, p. 230.

72. *Annales regni Francorum*, annum 818, p. 149: «Imperator per Ratumagum et per Ambianos et Camaracum Aquasgrani ad hibernandum reversus, cum Heristallium venisset, obvios habuit legatos [...] Liudewiti, duci Pannoniae inferioris, qui res novas moliens Cadolaum comitem et marcae Foroiuliensis praefectum crudelitatis atque insolentiae accusare conabatur».

relazioni che i Franchi intrattenevano con i loro turbolenti vicini dell'area pannonico-danubiana, dove si confrontavano con una costellazione di principi slavi, debolmente inquadrati nelle strutture di potere carolinge, sui quali i funzionari dell'Impero più periferici cercavano di esercitare un difficoltoso controllo.[73] Sebbene Liudewit non sia affatto l'eroe "nazionale" a lungo tratteggiato da una certa storiografia, è indubbio che la sua vicenda rappresenti una tappa fondamentale del processo di consolidamento delle strutture etniche e politiche degli Slavi occidentali.[74] Le capacità militari e organizzative dispiegate dal *dux Pannoniae inferioris*, che riuscì ad aggregare attorno a sé un ampio schieramento di gruppi diversi, trovano peraltro dimostrazione nelle grandi difficoltà incontrate dai Franchi nel reprimerne la rivolta. Le fonti insistono sulla tattica di guerriglia adottata da Liudewit, che faceva fruttare la propria posizione di superiorità grazie a una rete di insediamenti fortificati (*castella*), nei quali trovava rifugio dopo avere compiuto le incursioni contro il nemico.[75] È appunto alla luce di questa strategia che le accuse rivolte a Fortunato assumono una particolare gravità: secondo il presbitero Tiberio, il patriarca aveva sostenuto Liudewit inviandogli «artifices et murarios» perché provvedessero alla fortificazione dei *castella* del *dux*.[76] Convocato a corte per essere sottoposto a giudizio, For-

73. Il titolo di *dux Pannoniae inferioris* che le fonti riconoscono a Liudewit sottintende un qualche riconoscimento da parte franca del controllo che questi esercitava sui territori del medio Danubio. Ciò non implica però che Liudewit fosse sottomesso all'autorità carolingia. Del resto, la guerra che i Franchi combatterono contro di lui è definita *Bellum Liudewiticum* e non *rebellio*, termine riservato invece alle rivolte scoppiate all'interno dell'Impero, come quella di Rotcauso in Friuli e di Widuchind in Sassonia (Borri, Francia *e* Chroatia, p. 95).

74. Sul *bellum Liudewiticum*, cfr. Krahwinkler, *Friaul*, pp. 186-192; Bowlus, *Franks, Moravians, and Magyars*, pp. 60-70; Lienhard, *Les combattants francs*, pp. 253-266; Borri, Francia *e* Chroatia, pp. 94-96.

75. Negli *Annales* franchi dell'VIII e IX secolo, il termine *castellum* è impiegato, assieme a *castrum*, per indicare i centri fortificati tanto dei territori franchi quanto di quelli slavi (Rossignol, *Die Burgen*, pp. 31-33). L'unica località che gli *Annales* qualificano come *civitas* è Sisak, l'antica *Siscia*, già capitale della provincia romana di *Savia* e il centro più importante del territorio controllato da Liudewit (Borri, *Towns and Identities*, pp. 85-86).

76. Le difficoltà incontrate dai Franchi nell'opporre un'efficace risposta a Liudewit erano dovute anche al blocco della Sava e della Drava operato dai *Carantani*, che ostacolavano il trasporto dei rifornimenti e degli equipaggiamenti, tra cui

tunato fece invece rotta sull'Istria e, dopo avere simulato il ritorno a Grado, si diresse a Zara, cercando rifugio in territorio bizantino. Qui, il patriarca fu accolto dal *praefectus provinciae* Giovanni, con ogni verosimiglianza lo stratego del *théma* di Cefalonia, che lo fece trasferire a Costantinopoli.[77]

Il comportamento di Fortunato, che potrebbe altrimenti apparire un inspiegabile voltafaccia, va collocato nel contesto internazionale delineatosi all'indomani della Pace di Aquisgrana dell'812, che aveva visto Franchi e Bizantini pervenire a un accordo riguardo alle rispettive sfere di influenza nell'alto Adriatico.[78] Ottenuto il riconoscimento del titolo imperiale assunto nell'800, Carlo Magno aveva infatti rinunciato a qualsiasi pretesa sui territori del *ducatus* e della Dalmazia, impegnandosi al rispetto della sovranità di Costantinopoli sulla regione. L'accordo aveva finito per sottrarre qualsiasi possibilità di iniziativa a Fortunato, che fino ad allora aveva sfruttato le frizioni tra Franchi e Bizantini per tutelare il proprio ruolo primaziale e l'integrità della metropoli di Grado.[79] L'appoggio fornito a Liudewit appare, dunque, un ultimo, disperato tentativo da parte di Fortunato di individuare un interlocutore che potesse aprirgli un nuovo spazio di manovra politica. Nonostante la fuga del patriarca in territorio bizantino possa suggerire il coinvolgimento, sia pure indiretto, di Costantinopoli nella ribellione di Liudewit, il destino di Fortunato era ormai segnato.[80]

Il patriarca rimase nella capitale d'Oriente fino all'824, quando gli *Annales regni Francorum* ne segnalano l'arrivo a Rouen, al seguito degli ambasciatori inviati da Michele II (820-829) per discutere con Ludovico il Pio il rinnovo degli accordi di Aquisgrana. In questa oc-

erano anche le macchine ossidionali destinate agli eserciti impegnati in Pannonia (Bowlus, *Franks*, p. 61).

77. L'identificazione di Giovanni con lo stratego del *thèma* di Cefalonia è suggerita dalla carica di *praefectus* che gli *Annales regni Francorum* attribuiscono al personaggio e che designa anche Paolo, il comandante della flotta imperiale intervenuta nell'alto Adriatico nell'809 (Prigent, *Notes*, p. 409).

78. Cessi, *Venezia*, 180-182; Ortalli, *Il ducato*, pp. 730-732; Azzara, Venetiae, pp. 130-135.

79. Azzara, Venetiae, pp. 131-132.

80. Sul possibile coinvolgimento di Costantinopoli nella ribellione di Liudewit, cfr. Bowlus, *Franks*, pp. 70-71.

casione, gli emissari dell'imperatore d'Oriente non spesero nemmeno una parola in difesa di Fortunato, che fu quindi liquidato e rimesso al giudizio del papa, Pasquale I (817-824) o, più probabilmente, Eugenio I (824-827).[81] Con ogni probabilità, la redazione del cosiddetto "testamento" va riferita al periodo immediatamente successivo al ritorno di Fortunato in Occidente, prima del suo trasferimento a Roma; trasferimento che non ebbe però luogo per la sopravvenuta morte del patriarca, che sembra doversi collocare nell'825.[82]

La parabola politica di Fortunato si era peraltro esaurita ben prima della sua scomparsa. La difesa dei diritti, del ruolo e della

81. *Annales regni Francorum*, annum 824, p. 165: «Nam et illuc legatos Michahelis imperatoris, qui ad eum mittebantur, sibi occurrere iussit cum quibus et Fortunatus patriarcha Veneticorum regressus ad eius venit praesentiam. Sed legati imperatoris litteras et munera deferentes, pacis confirmandae causa se missos esse dicentes pro Fortunato nihil locuti sunt; [...] Fortunatum etiam de causae fugae ipsius percontatus ad examinandum eum Romano pontifici direxit». Sull'ambasceria di Michele II a Ludovico il Pio, attestata esclusivamente dalle fonti occidentali, Lounghis, *Les ambassades*, pp. 164-165.

82. Purtroppo, le coordinate cronologiche della morte di Fortunato non sono sicure (Brunettin, *Il cosiddetto testamento*, pp. 76-79). Al riguardo esistono, infatti, due tradizioni: l'una elaborata presso l'abbazia di Moyenmoutier, l'altra nell'ambito venetico-gradese. Secondo quanto riportato nel *Liber de Sancti Hildulfi*, Fortunato si sarebbe spento, «aetate consummatus [...] atque ad perpetem flantium dierum infirmitatem perductus», dopo un ventennio esatto di abbaziato. Pur fissando la data di morte del patriarca alle idi di marzo (vale a dire al 12 del mese), l'autore non ne specifica l'anno, che non compare peraltro in nessuna altra fonte. Il dato va dunque desunto altrimenti, incrociando gli indizi, non conclusivi, offerti da materiali diversi. Una fonte tarda come Andrea Dandolo precisa che Fortunato sarebbe morto poco tempo dopo la partenza dell'ambasceria bizantina che lo aveva ricondotto in Occidente nel dicembre dell'824. Per quanto improvvisa, la morte di Fortunato non può essersi verificata entro la fine di quell'anno ed è quindi probabile che sia avvenuta durante quello seguente, trovando così una corrispondenza con gli anni di abbaziato. La tradizione cronachistica venetico-gradese fornisce invece datazioni difficilmente compatibili con quanto riportato altrove. Giovanni Diacono attribuisce a Fortunato 27 anni di patriarcato, una notizia che, trasmessa anche dalla *Cronaca de singulis patriarchis* e dal Dandolo, non può essere però ritenuta fededegna (Rando, s.v. *Fortunato*, p. 237). Del resto, Venerio, il successore di Fortunato, risulta attestato già nell'826, anno al quale risale la lettera con cui gli imperatori Ludovico il Pio e Lotario informano il nuovo patriarca dell'apertura di una indagine volta a stabilire l'appartenenza alla Chiesa di Grado delle proprietà che il suo *antecessor* aveva indebitamente ceduto al nipote Domenico. Un dato che consente, dunque, di collocare la scomparsa del patriarca nell'825, confermando quanto desumibile dalle fonti precedentemente citate.

primazia patriarcale di Grado, un progetto realizzabile solo all'interno della grande politica internazionale, aveva spinto il patriarca alla continua ricerca di nuovi alleati che potessero appoggiarne le pretese parallelamente al rapido mutare delle condizioni generali. È tuttavia chiaro che il programma di Fortunato, costruito su una realtà di piccola scala, come appunto quella gradese, si rese impraticabile successivamente alla Pace di Aquisgrana e al riavvicinamento tra Franchi e Bizantini. In questo contesto, il ruolo del patriarca era diventato superfluo e rappresentava anzi una minaccia per il mantenimento degli equilibri internazionali. Dunque, l'incapacità di rinunciare a un disegno fattosi inattuale dopo l'812 fece di Fortunato, per dirla con Gherardo Ortalli, «un sopravvissuto: a se stesso e ai tempi».[83]

83. Ortalli, *Il ducato*, p. 735.

2. Il *castrum* di Grado: archeologia e storia di un insediamento altomedievale

Collocata a pochi chilometri di distanza da Aquileia, Grado rivestì un ruolo di primo piano nelle vicende dell'Italia nord-orientale e dell'Adriatico fra il VI e il IX secolo.

Nel corso degli ultimi cent'anni, il problema delle origini del *castrum* è stato oggetto di numerosi studi archeologici, che hanno però teso a confermare quanto riferito dalle fonti scritte, in cui il destino di Grado è accomunato a quello degli altri centri sorti nelle lagune altoadriatiche all'indomani della scomparsa di molte città di antica fondazione della terraferma veneta. Come noto, assieme all'attuale Piemonte, i territori della *Venetia et Histria* costituiscono la regione dell'Italia settentrionale dove il fenomeno dell'abbandono e della scomparsa delle città di origine romana si verificò con maggiore frequenza tra tarda antichità e alto medioevo.[1] Questo settore della Penisola si contraddistingue per la notevole trasformazione degli equilibri territoriali e funzionali che risultano, specie nella fascia costiera, in una sostanziale discontinuità insediativa e istituzionale rispetto al periodo romano: un grande numero di *municipia*, già sedi vescovili, scomparve, sostituito da centri di nuova fondazione che si proponevano innanzitutto come luoghi di residenza episcopale.

Il processo di dissoluzione dell'organizzazione territoriale antica e la creazione di nuovi modelli insediativi sono al centro di una ricchissima tradizione cronachistica che, utilizzando materiali più antichi, a partire dall'XI secolo ha costruito una vera e propria me-

1. La Rocca, Castrum, pp. 545-554; Eadem, *Città scomparse*, pp. 287-307.

moria regionale, basata sul mito della migrazione.[2] Nelle cronache medievali, la nascita degli insediamenti tardoantichi e altomedievali è invariabilmente ricondotta alla fuga verso le lagune della popolazione delle città della terraferma, scacciate dalle loro sedi originarie dall'incedere dei barbari: gli abitanti di Padova avrebbero trovato rifugio a Malamocco, quelli di Altino a Torcello, quelli di Oderzo a Cittanova e quelli di Aquileia a Grado.[3] Proprio Aquileia è considerata la vittima più illustre degli Unni di Attila che, prima di essere sostituiti dai Longobardi, fino alla metà dell'VIII secolo sono unanimemente riconosciuti dalle fonti come i principali responsabili dell'abbandono delle città adriatiche.[4]

Tale paradigma narrativo, elaborato per la prima volta da Paolo Diacono nella *Historia Romana*,[5] ha profondamente influenzato anche l'interpretazione delle evidenze archeologiche di età tardoan-

2. Sul mito delle origini degli insediamenti lagunari, cfr. da ultimo Gasparri, *The Formation*, pp. 35-50.

3. Delle dodici città di età romana documentate nei territori delle attuali regioni di Veneto e di Friuli Venezia-Giulia, soltanto Este non assurse al rango di sede episcopale, nessun centro cambiò nome, ma quattro centri risultano privati della dignità episcopale (Oderzo, Adria, Aquileia, Concordia Sagittaria), venendo sostituiti e ampliati di numero nel corso dello scisma aquileiese. Dal patriarcato di Grado (610) dipendevano i vescovi filo-papali di Jesolo, Olivolo, Parenzo, Pola, Torcello, Caorle, Chioggia, Eraclea; mentre da quello cividalese, erede della scismatica Aquileia, dipendevano Mantova, Padova, Treviso, Trento, Verona, Vicenza, Altino, Asolo, Belluno, Ceneda, Como, Concordia Sagittaria e Feltre. Se nessuna delle sedi episcopali dipendenti da Grado risulta collocata in *municipia* di origine romana, tra gli episcopati scismatici solo Ceneda è un centro di nuova fondazione. Dal punto di vista istituzionale, il rapporto tra fallimenti e persistenze è, dunque, a vantaggio dei territori longobardi: qui a fallire fu la sola *Opitergium*, mentre cinque furono i fallimenti dell'area adriatica: Este, Altino, Adria, Aquileia e Concordia Sagittaria (La Rocca, Castrum, p. 547).

4. La Rocca, *Città scomparse*, pp. 288-290.

5. Il lungo capitolo (XIV, 7) che Paolo Diacono dedica alla fine di Aquileia si basa sul *De origine actibusque Getarum* di Giordane, a sua volta in larga parte copiato dalla perduta opera di Prisco. Rispetto alla sua fonte, Paolo Diacono distingue le *urbes Venetiarum* che Attila avrebbe raso al suolo (Concordia Sagittaria, Altino e Padova) da quelle solo saccheggiate e, dunque, sopravvissute alla sua azione devastatrice (Vicenza, Verona, Brescia, Bergamo, Milano e Pavia). Il passaggio degli Unni diviene così un fondamentale spartiacque cronologico nell'evoluzione degli assetti urbani della regione e serve a introdurre un criterio gerarchico tra le singole città, in cui il discrimine principale è rappresentato dal diverso trattamento loro

tica e altomedievale, determinando una sorta di processo circolare attraverso il quale le fonti scritte e quelle materiali hanno ricevuto una conferma reciproca della loro attendibilità. Inoltre, storici e archeologi hanno spesso accolto in maniera acritica l'impostazione teleologica della cronachistica medievale, che individua nella nascita di Venezia il coronamento o, meglio, il "lieto fine" dell'esodo della popolazione romana nelle lagune, dove questa avrebbe trasferito le proprie residenze, istituzioni e "vocazioni", conferendo alla città un *pedigree* di eccezionale antichità e nobiltà.[6]

Anche le origini di Grado vanno ricondotte agli stravolgimenti dell'assetto insediativo provocati dalle invasioni barbariche, ai quali fecero riscontro lo sdoppiamento del patriarcato di Aquileia e il conseguente conflitto di legittimità tra le Chiese dell'area.

Avvenuta nel pieno dello scisma dei Tre Capitoli,[7] la fuga del patriarca aquileiese Paolo «ad Gradus insulam» in seguito all'invasione longobarda del 568-569 non intese probabilmente segnare un trasferimento definitivo della sede episcopale nel *castrum*.[8] Del resto, secondo quanto riferito da Paolo Diacono, il successore di Paolo, Probino (569-570), sarebbe morto ad Aquileia.[9] Lo sdoppiamento dell'episcopato si verificò solo un cinquantennio più tardi, quando su pressione delle autorità bizantine Grado abbandonò le posizioni scismatiche rientrando in comunione con Roma: nel 610, alla

riservato da Attila, che avrebbe risparmiato quei centri che al tempo dello stesso Paolo Diacono erano sede di ducato (La Rocca, *Città scomparse*, pp. 589-590).

6. Sul mito delle origini di Venezia e sui suoi risvolti archeologici, si veda Gelichi, *Paesaggio e insediamenti*, pp. 164-184; per una lettura delle evidenze archeologiche relative alla nascita degli insediamenti lagunari più aderente al resoconto delle fonti, Brogiolo, *Dai castelli*, pp. 293-313.

7. Sulla complessa questione dello scisma dei Tre Capitoli e sui suoi presupposti teologici, cfr. Fedalto, *Organizzazione*, pp. 303-314; Azzara, *Il regno longobardo*, pp. 209-222.

8. Paolo Diacono, *Historia Langobardorum* II, 10, p. 78: «Hoc etiam temporem Romanam ecclesiam vir sanctissimus Benedictus papa regebat. Aquileiensi quoque civitati eiusque populis beatus Paulus patriarcha praeerat. Qui Langobardorum barbariem metuens, ex Aquileia ad Gradus insulam confugiit secumque omnem suae thesaurum ecclesiae deportavit».

9. Paolo Diacono, *Historia Langobardorum* III, 14, p. 100: «Mortuo vero apud Aquileiam patriarcha Probino, qui ecclesiam unum rexerat annum, eidem ecclesiae sacerdos Helias praeficitur».

morte del vescovo Marciano, il clero gradese del territorio rimasto bizantino elesse patriarca Candidiano, cui il clero aquileiese della terraferma, persistente nello scisma, oppose Giovanni, *abbas* di un monastero non identificato, eletto con il sostegno del duca Gisulfo II del Friuli e del re longobardo Agilulfo.[10]

Questo sdoppiamento fu all'origine dell'aspra contesa che oppose la Chiesa di Aquileia a quella di Grado, testimoniata da un groviglio di fonti, in cui le notizie "rimbalzano" da una testimonianza all'altra, più o meno modificate, senza che se ne possa determinare con sicurezza la cronologia relativa e assoluta.[11] Questo esorta a una valutazione autonoma delle testimonianze archeologiche relative alla nascita e allo sviluppo del *castrum* di Grado, svincolata dal resoconto che ne danno le antiche cronache. I risultati delle ricerche multidisciplinari condotte negli ultimi decenni nel territorio della laguna di Grado ispirano peraltro una lettura di questi fenomeni più complessa e articolata rispetto alla versione della cronachistica medievale e della storiografia tradizionale, pervenendo al contempo a una migliore caratterizzazione delle strutture insediative delle lagune altoadriatiche tra la tarda antichità e l'alto medioevo.

1. *Le origini della laguna, la nascita del* castrum

Comprese tra le foci dell'Isonzo e del Tagliamento, le lagune di Grado e di Marano sono delimitate verso il mare da un cordone litoraneo di isole (Grado, Marina di Macia e dei Manzi, Buso, S. Andrea, Martignano) e da banchi sabbiosi, che si allungano parallelamente alla costa per circa 20 km, a coprire una superficie di circa 16.000 ettari per una lunghezza di 32 km e una profondità di 5 km.[12] Le indagini geologiche, stratigrafiche, bioecologiche e cronologiche eseguite negli ultimi decenni dall'Università di Trieste hanno stabilito che questo sistema di zone umide si è formato in tempi relativamente recenti, successivamente al VI secolo, in seguito a un

10. Una sintesi degli avvenimenti in Rando, *Una Chiesa*, pp. 13-15.
11. Colombi, *Storie*, pp. 9-13.
12. Sulle caratteristiche geologiche e ambientali della laguna di Grado, Marocco, *La laguna*, pp. 31-64.

esteso fenomeno di ingressione delle acque marine. Questo interessò un'ampia piana alluvionale, solcata da un antico ramo dell'Isonzo che, alimentato a nord di Aquileia dalle acque del *Natiso cum Turro*, sfociava in mare in un delta di cui alcuni degli attuali canali lagunari ricalcano parzialmente il percorso.[13]

Verosimilmente frequentato fin dal periodo paleoveneto,[14] questo territorio risulta fortemente antropizzato solo dal I secolo, quando le evidenze archeologiche consentono di delineare un paesaggio disseminato di abitazioni, magazzini, installazioni produttive, aree sepolcrali e luoghi di culto. La carta di distribuzione dei ritrovamenti permette di ricostruire l'organizzazione topografica dell'area ora lagunare come un sistema organico formato da due fasce parallele alla costa: la più meridionale, occupata prevalentemente da magazzini, metteva in comunicazione il mare con l'entroterra; la seconda, caratterizzata sia da impianti artigianali sia da zone di abitazione e da necropoli, può essere considerata una sorta di diaframma tra l'area costiera, destinata prevalentemente all'accumulo delle merci, e quella più vicina alla città e al resto del suo territorio, dove si svolgevano le attività produttive.[15]

Questo tipo di occupazione si mantenne pressoché inalterato fino al V secolo, mentre nei secoli successivi nessun insediamento lagunare sembra mostrare tracce di continuità.[16]

Tale fenomeno è stato ricondotto alla distruzione di Aquileia da parte degli Unni di Attila, che assediarono e saccheggiarono la città nel 452. Gli studi più recenti, tuttavia, hanno riconsiderato la portata distruttiva di questi avvenimenti, collocando il ridimensionamento politico ed economico di Aquileia nel contesto più generale delle trasformazioni che interessarono l'Italia settentrionale durante il V

13. Marocco, *Evoluzione*, pp. 39-45.

14. Labili indizi di una possibile frequentazione preromana sono stati individuati anche a Grado, dove i carotaggi effettuati nell'area del sagrato della basilica di Santa Maria delle Grazie hanno intercettato livelli contenenti rari materiali ceramici risalenti a un periodo antecedente la deduzione della colonia di Aquileia nel 181 a.C. (Marocco *et al.*, *Il sottosuolo*, pp. 143-145).

15. Gaddi, *Approdi*, pp. 17-40.

16. Solo i siti individuati presso canale delle Mee e Montaron hanno restituito qualche sporadica attestazione di frequentazione successiva al V secolo (Gaddi, *Approdi*, p. 270).

secolo.[17] In seguito al trasferimento della capitale imperiale da Milano a Ravenna nel 402, Aquileia si trovò infatti progressivamente marginalizzata rispetto al nuovo baricentro politico della regione, verso cui convergevano gli itinerari terrestri e fluviali della valle del Po, che dai valichi alpini giungevano alla costa adriatica per congiungersi alle direttrici stradali provenienti da Roma. La città venetica vide inoltre ridimensionato il proprio ruolo economico: alla concorrenza di Classe, il porto di Ravenna, divenuto rapidamente il principale centro di redistribuzione delle merci mediterranee in Italia settentrionale,[18] si aggiunse la fuoriuscita dall'orbita romana del Norico e della Rezia, che erano stati i più importanti sbocchi commerciali di Aquileia fin dall'età repubblicana.[19]

A questi fattori di ordine prettamente storico, si aggiunsero i fenomeni di dissesto idrogeologico che compromisero la piena funzionalità del porto fluviale di Aquileia. Alimentato dalle acque della *Natisa cum Turro*, il porto fu organizzato nella prima età imperiale con la messa in opera di banchine e la costruzione di edifici e strutture per la movimentazione e lo stoccaggio delle merci. Al porto vero e proprio si affiancavano il Canale Anfora, alla cui funzione di *fossa* per il drenaggio delle acque di superficie doveva unirsi anche quella di via di trasporto, e le banchine e gradinate di sbarco messe in luce nei pressi del Museo Archeologico Nazionale.[20] Il funzionamento di questo complesso sistema portuale richiedeva una costante opera di manutenzione che, nonostante alcuni sporadici indizi di degrado ambientale datati ai decenni centrali del III secolo,[21] fu eseguita con continuità per tutto il secolo seguente. Del resto, la centralità del quartiere del porto nella città tardoantica trova riscontro non solo

17. Sotinel, *Identité civique*, pp. 234-270; Marano, *Urbanesimo*, pp. 581-582.

18. Augenti, Cirelli, *Classe*, pp. 609-610.

19. Sotinel, *Identité civique*, pp. 258-261; Marano, *Urbanesimo*, pp. 581-582.

20. Sul sistema portuale di Aquileia, cfr. da ultimo Carre, Maselli Scotti, *Il porto*, pp. 211-243; Maselli Scotti, Rubinich, *I monumenti*, pp. 103-106; Buora, *Water*, pp. 563-575.

21. Documentato a livello epigrafico, il ripristino della via Annia e della via Gemina a opera di Massimino il Trace denota, con ogni verosimiglianza, un certo allentamento nel controllo del territorio circostante la città e, in particolare, del suo settore occidentale, caratterizzato dalla presenza di ampie zone depresse che richiedevano efficaci e costanti opere di drenaggio per garantire il mantenimento del loro delicato equilibrio ambientale (Tiussi, *L'impianto urbano*, pp. 76-77).

nell'edificazione degli *horrea* tetrarchici del patriarcato e in quella del mercato costruito nel IV secolo in prossimità degli stessi, ma anche e soprattutto nella fondazione e nel successivo sviluppo del complesso episcopale, sorto all'indomani della Pace della Chiesa e presto divenuto il centro gravitazionale della città.[22]

Le prime avvisaglie di una trasformazione del sistema portuale di Aquileia si colgono a partire dalla metà del IV secolo, con la costruzione di un'opera difensiva sulla sponda occidentale del porto e il conseguente restringimento del suo bacino. La datazione di quest'opera, che fa parte della cinta muraria tarda della città, è oggi riferita agli avvenimenti del 361, quando Giuliano l'Apostata attaccò la città dal *Natiso*, deviandone il corso. È a questo episodio che si è tentati di ricondurre, almeno in parte, anche il restringimento dell'alveo del fiume, osservabile ugualmente nella zona meridionale del porto, dove si riscontra la presenza di un fronte avanzato creato mediante scarichi di terreno contenenti materiali del IV-V secolo.[23]

Secondo quanto suggerito dalle indagini geognostiche, questi avvenimenti potrebbero avere contribuito all'impaludamento del *Natiso* che, sino ad allora caratterizzato da un elevato idro-dinamismo, dopo tale data conobbe una fase di stagnazione, perdurata fino al VII secolo.[24] Si deve tuttavia sottolineare come questi sviluppi non abbiano affatto decretato la completa eclissi del ruolo commerciale di Aquileia, che – secondo quanto suggerito dalle fonti scritte e confermato dall'evidenza archeologica – continuò a ricevere merci dal bacino del Mediterraneo fino agli inizi del VII secolo, seppure in quantità significativamente inferiori rispetto al passato.[25] Sull'esempio di quanto attestato nell'Oriente medi-

22. Cfr. Villa, *Edifici*, pp. 501-510; Cuscito, Signaculum, pp. 110-129; Marano, *Genesi*, pp. 15-17 (tutti con bibliografia precedente).

23. Sotinel, *Identité civique*, pp. 55-59; Maselli Scotti, Rubinich, *I monumenti*, p. 106.

24. Carre, Maselli Scotti, *Il porto*, pp. 236-238.

25. La frequentazione delle coste della *Venetia et Histria* da parte di mercanti di probabile origine orientale trova riscontro in due lettere di Cassiodoro (*Variae* II, 2 e XII, 22) che, rispettivamente datate al 507-511 e al 536-537, menzionano la presenza in queste zone di «naues peregrinae» e di «emptores extranei» (Sotinel, *L'utilisation*, pp. 62-64). Per quanto generiche, queste notizie sembrerebbero trovare conferma nei contesti ceramici recuperati nel corso delle indagini condotte presso i fondi ex-Cossar ad Aquileia, dove a partire dalla secon-

terraneo, si può inoltre ipotizzare che durante la tarda antichità le attività commerciali fossero condotte utilizzando imbarcazioni dalla stazza ridotta e dalle limitate capacità di carico, che non richiedevano più le grandi infrastrutture portuali del periodo romano e che potevano essere, quindi, ospitate all'interno di bacini di modeste dimensioni.[26] Un quadro compatibile con quanto recentemente proposto circa la possibilità di riconoscere il porto bizantino di Aquileia nell'area antistante l'attuale municipio, dove la documentazione dell'età del patriarca Poppone (1019-1042) colloca le 30 *stationes* da questi donate ai canonici del Capitolo e dove ancora oggi attraccano le imbarcazioni da diporto.[27]

Il porto si sarebbe dunque trovato all'esterno delle mura a salienti triangolari, costruite dai Bizantini all'indomani della guerra greco-gotica. Le fortificazioni disegnavano un grande ridotto difensivo che, secondo una soluzione riscontrata in numerosi centri dell'Impero d' Oriente tra V e VI secolo, escludeva dal proprio perimetro i quartieri settentrionali della città antica, solo sporadicamente occupati.[28] L'importanza del progetto fornisce una dimostrazione lampante della centralità di Aquileia nel programma di riorganizzazione amministrativa e militare della *Venetia* approntato dalle autorità bizantine dopo la vittoria sui Goti, la cui realizzazione fu però bruscamente interrotta dall'arrivo dei Longobardi.[29]

È in tale contesto che il sito di Grado assunse forma e consistenza demica (fig. 3). Del resto, il V-VI secolo sembra avere rappresentato un punto di svolta anche nell'occupazione del settore settentrio-

da metà del IV secolo si osserva una presenza crescente di anfore, ceramiche fini da mensa e da cucina prodotte nelle regioni del Levante mediterraneo (a Cipro, in Cilicia e nell'area siro-palestinese), che vengono ad affiancarsi e a sostituirsi alle merci di origine africana. Questa tendenza, che raggiunge il proprio apice agli inizi del VI secolo, accomuna Aquileia ad altre città dell'Adriatico, come Trieste e Ravenna-Classe (Dobreva, Riccato, *Aquileia*, pp. 111-139).

26. Marano, *Urbanesimo*, pp. 580-581; sull'evoluzione delle modalità del commercio nel Mediterraneo orientale durante l'età tardoantica, cfr. Kingsley, *Shipwreck Archaeology*.

27. Buora, *Ipotesi*, pp. 16-18.

28. Sulle mura a salienti triangolari, si vedano – da ultimo – Groh, *Forschungen zur Urbanistik*, pp. 67-97, e Villa *Aquileia*, pp. 606-614 (con ampia bibliografia precedente).

29. Su Aquileia bizantina, Sotinel, *Identité civique*, pp. 295-305.

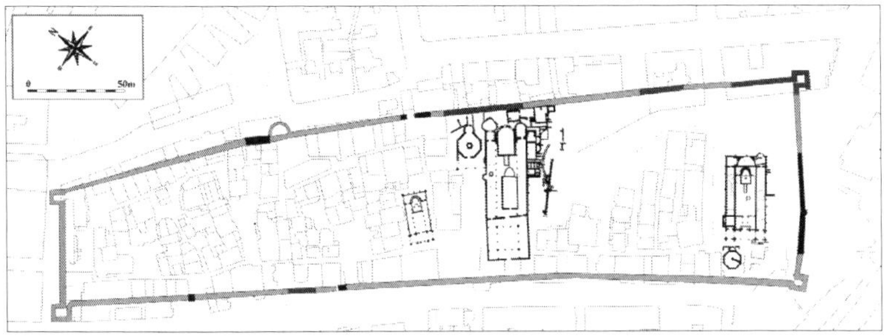

Fig. 3. Il *castrum* di Grado: cinta difensiva ed edifici di culto (da Marano, *At the Crossroad*).

nale della laguna di Venezia, dove le evoluzioni registrate sul piano geomorfologico, demico e politico-amministrativo posero i presupposti per la proliferazione di insediamenti dalla specifica funzione commerciale e itineraria, dislocati lungo la via endolagunare che fin dall'età imperiale aveva raccordato la fascia costiera nord-adriatica tra Aquileia e Rimini.[30]

Nel caso di Grado, i risultati degli scavi condotti pochi anni fa in proprietà Fumolo, tra la cattedrale di Sant'Eufemia e la basilica di Santa Maria delle Grazie, permettono di ricostruire i tempi e le

30. La formazione di insediamenti stabili nella laguna di Venezia (Rivo Alto, San Francesco nel Deserto, San Lorenzo di Ammiana, Torcello) va considerata la risposta a una molteplicità di fattori naturali e umani. Il peggioramento climatico che si registra nel V-VI secolo innescò senz'ombra di dubbio fenomeni di dissesto idrogeologico, che nel caso di Altino provocarono l'interro dei canali che attraversavano la città depotenziandone le strutture portuali. Al tempo stesso, però, l'ingressione delle acque del mare sulla terraferma e il conseguente ampliamento del bacino lagunare posero i presupposti per lo sfruttamento intensivo delle risorse marine (pesca ed estrazione del sale). Inoltre, se davvero il porto di Altino entrò in crisi in questo periodo, lo spostamento degli insediamenti e delle infrastrutture portuali nella laguna potrebbe avere risposto all'esigenza di un trasferimento di funzioni verso zone più favorevoli, anche in ragione dell'importanza assunta dagli itinerari endolagunari nelle reti di traffico e di approvvigionamento gravitanti su Ravenna. In generale, sui processi formativi dell'insediamento nella laguna nord di Venezia, si vedano Gelichi, *Paesaggio e insediamenti*, pp. 166-170, e Gelichi, Moine, *Isole fortunate?*, pp. 47-51. Un'evoluzione analoga è riscontrabile anche a Comacchio, dove lo sviluppo dell'insediamento non sembra però anteriore agli inizi del VII secolo (Gelichi, *Comacchio*, pp. 142-167).

Fig. 4. Grado, basilica di Piazza della Corte: veduta degli scavi (foto Manuel Marano).

modalità di formazione dell'insediamento precedente alla fondazione del *castrum*.[31]

Dopo una fase di I-II secolo non connotata sul piano architettonico, tra il III e il IV secolo l'area in oggetto fu interessata dalla costruzione di un edificio abitativo, formato da due ambienti pavimentati in tessellato e rimasto in uso per tutto il IV secolo. Risale a questo periodo anche l'attigua aula mononave (m 4 x 2,5) che, individuata sotto la navata centrale di Sant'Eufemia, è ritenuta l'edificio di culto più antico di Grado.[32] Attorno a questa struttura si estendeva, inoltre, un ampio cimitero frequentato fino al VII secolo.[33]

Pur con qualche incertezza, sembra potersi riferire al periodo compreso tra la fine del IV e gli inizi del V secolo anche la basilica

31. Sulle origini e sullo sviluppo dell'insediamento di Grado, cfr. Brogiolo, Cagnana, *Nuove ricerche*, e Idem, *Le fortificazioni*, pp. 467-507.

32. Mirabella Roberti, *La più antica basilica*, pp. 105-112.

33. Brogiolo, Cagnana, *Nuove ricerche*, pp. 92-98.

di Piazza della Corte (fig. 4), solitamente identificata con l'antica chiesa di San Giovanni Evangelista ricordata dalle fonti.[34] Preceduta da un nartece, la basilica (m 30 x 11) si rifà senz'altro alla tradizione aquileiese delle aule di culto rettangolari con muro di fondo rettilineo, ma se ne discosta per la peculiare articolazione del presbiterio, contraddistinto da una profonda abside iscritta e dai due ambienti annessi che si dispongono ai lati di questa (fig. 5). Questa soluzione è stata da tempo ricondotta a influssi di matrice orientale, anche se accolti ed elaborati con una certa autonomia: lo schema della chiesa mostra, infatti, evidenti analogie con forme diffuse fin dal IV secolo in Siria, dove però l'abside iscritta accompagna impianti a tre navate, dunque differenti, anche nei rapporti proporzionali, dall'edificio mononave di Grado.[35]

Permangono invece dubbi circa la datazione al V secolo anche del battistero ottagonale rinvenuto a ovest della basilica, a breve distanza dalle mura del *castrum*, dove presumibilmente si apriva un accesso all'abitato (fig. 6).[36]

La coesistenza della basilica di Piazza della Corte, dalla possibile funzione battesimale,[37] con l'aula funeraria sottostante Sant'Eufemia sembra connotare la Grado del IV-V secolo come un insediamento ancora sparso. Questo spiegherebbe la presenza all'interno

34. Sulla basilica di Piazza della Corte, si vedano Zovatto, *La basilica*; Brusin, Zovatto, *Monumenti*, pp. 503-510; Bertacchi, *Architettura*, pp. 301-305; Marchesan-Chinese, *La basilica*, pp. 309-323; Caillet, *L'évergétisme*, pp. 192-200; Villa, *Edifici*, pp. 518-522; Cuscito, Signaculum, pp. 337-346. La datazione dell'edificio, sterrato agli inizi del Novecento, è necessariamente vincolata alla valutazione stilistica dei suoi mosaici pavimentali, variamente attribuiti all'inoltrato IV secolo (Bertacchi, *Architettura*, p. 304; Tavano, *Aquileia*, pp. 416, 419; Caillet, *L'évergétisme*, p. 200; Villa, *Edifici*, pp. 519-521) o ai primi decenni di quello seguente (Mirabella Roberti, *La più antica basilica*, p. 110).

35. Un aspetto, questo, su cui per primo ha portato l'attenzione Mirabella Roberti, *Apporti orientali*, pp. 393-409; ulteriori considerazioni sul rapporto con l'ambito greco-orientale delle esperienze architettoniche e artistiche gradesi in Cantino Wataghin, *Fra tarda antichità*, pp. 343-350.

36. Marocco, *Il battistero*, pp. 35-81; Villa, *Edifici*, pp. 521-522.

37. Dubbi sull'effettiva datazione al V secolo del battistero sono espressi da Luca Villa, che giustamente osserva come la collocazione dell'edificio sia fortemente condizionata dalla topografia del *castrum*, un fatto che rende poco plausibile la convivenza con il primo impianto della basilica (Villa, *Edifici*, p. 522).

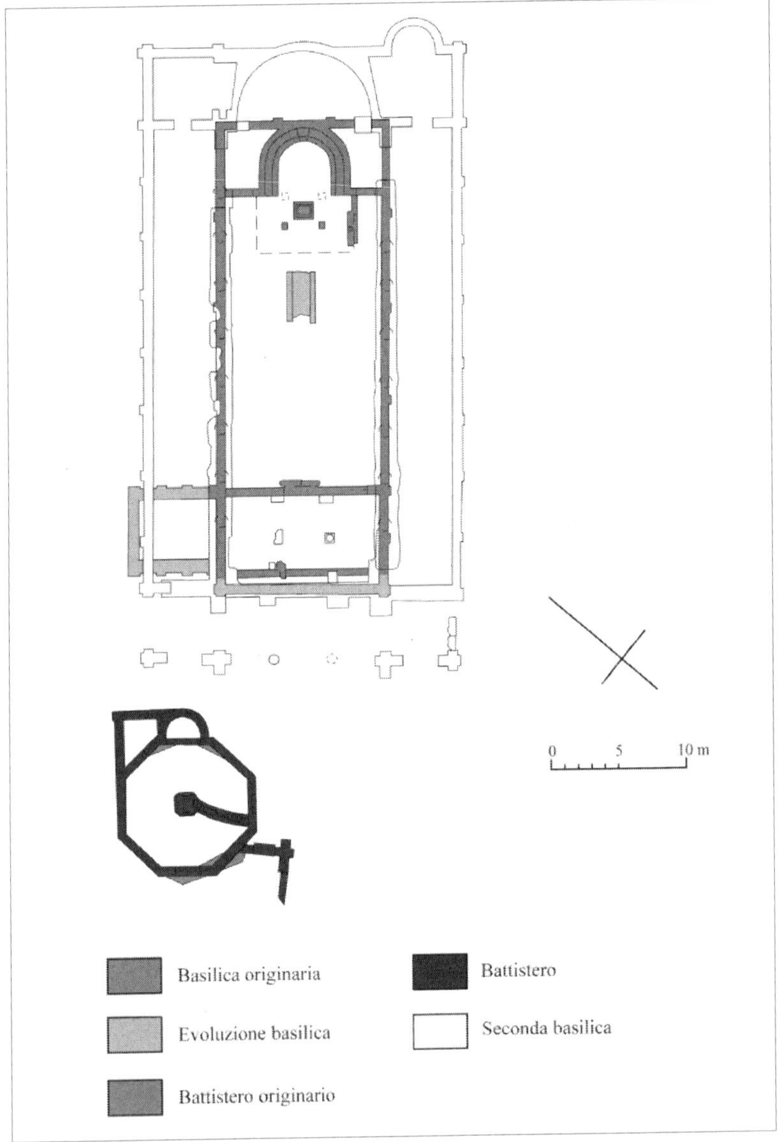

Fig. 5. Grado, basilica di Piazza della Corte (rielaborazione di Barbara Carè da Villa, *Edifici*).

dell'abitato di un cimitero, la cui esistenza in un'area urbanizzata porrebbe altrimenti qualche problema.[38]

Al carattere "aperto" dell'insediamento fa peraltro riscontro la qualità architettonica e monumentale acquisita da Grado nel corso della tarda antichità, ancora prima della fondazione del *castrum*.

L'aula funeraria di Sant'Eufemia fu presto trasformata in una basilichetta che, detta "di *Petrus*" dal nome dell'ebreo converso sepolto al suo interno, presentava una profonda abside poligonale ed era affiancata sul lato nord-est da un vano battesimale, al quale apparteneva forse l'absidiola successivamente riutilizzata nelle strutture della cattedrale (fig. 7).[39]

Alla basilica "di *Petrus*" si affiancò la chiesa di Santa Maria delle Grazie.[40] L'esatta cronologia di questo edificio rappresenta una *vexata quaestio*, cui non è oggi possibile fornire una risposta definitiva. Variamente datata tra la prima o la seconda metà del V secolo e gli inizi di quello successivo,[41] la chiesa presenta una pianta a tre navate con abside iscritta, che segue più fedelmente i modelli siriani già evocati per la basilica di Piazza della Corte (figg. 8, 9). Espressione di una cultura architettonica singolare e senza precisi paragoni nell'area aquileiese e adriatica, l'edificio si caratterizza per l'altezza contenuta dei suoi muri perimetrali e per uno sviluppo longitudinale limitato (m 11,20 x 18,90), non compensato dalla presenza di un nartece verso occidente.[42]

In un secondo momento, l'interno della basilica fu sottoposto a un radicale rifacimento, in occasione del quale si provvide all'allestimento di un presbiterio rettangolare, compreso nella navata

38. Brogiolo, Cagnana, *Nuove ricerche*, p. 85.

39. Sulla basilichetta "di *Petrus*", cfr. Bertacchi, *Architettura*, pp. 279-280; Tavano, *Aquileia*, pp. 319-322; Villa, *Edifici*, p. 518.

40. Brusin, Zovatto, *Monumenti*, pp. 419-449; Bertacchi, *Architettura*, pp. 295-298; Caillet, *L'évergétisme*, pp. 200-214; Villa, *Edifici*, pp. 522-525; Cortelletti, *Santa Maria*, pp. 333-337.

41. Le varie proposte sono esaminate da Caillet, *L'évergétisme*, pp. 211-213, e Cortelletti, *Santa Maria*, pp. 357-358.

42. Villa, *Edifici*, pp. 522-523. La limitata altezza dell'edificio è stata confermata dall'analisi stratigrafica degli elevati, in cui i fori per l'alloggio delle travi del tetto si aprivano a una altezza di m 3,30 dal pavimento musivo. L'altezza si riferisce alle navate laterali, ma la basilica doveva comunque avere una copertura a salienti simile a quella attuale (Cortelletti, *Santa Maria*, p. 340).

Fig. 6. Grado, battistero di Piazza della Corte (foto Manuel Marano).

principale di fronte all'abside, definito da una recinzione presbiteriale in plutei e pilastrini e dal pavimento in tarsie marmoree del catino absidale, entro cui trovava posto un altare rettangolare a mensa sormontato da un ciborio.[43] La cronologia di questo intervento si basa essenzialmente sulle caratteristiche dei *sectilia* pavimentali, che collocano la ristrutturazione della basilica in un momento non anteriore alla prima metà del VI secolo.[44] È probabile che l'allestimento di un presbiterio in Santa Maria delle Grazie, come del resto quello di *subsellia* e di una cattedra nell'abside

43. Villa, *Edifici*, pp. 523-525; Cortelletti, *Santa Maria*, pp. 344-352.

44. I *sectilia* denunciano, infatti, una almeno parziale influenza culturale bizantina, che si esprime sia nel gusto cromatico sia nella scelta del motivo degli esagoni, dei rettangoli e dei triangoli non tripartiti, realizzato utilizzando marmi colorati per i toni chiari e il calcare nero per i toni scuri (Guidobaldi, Sectilia pavimenta, pp. 382-383, 412-413).

della basilichetta "di *Petrus*", attestino una più assidua presenza vescovile a Grado, che nulla autorizza però a ritenere stabile.[45]

Scarso significato riveste in tal senso la fossetta per reliquie identificata al di sotto dell'altare maggiore della basilica, di recente collegata alla notizia del trasferimento a Grado delle reliquie delle sante vergini Eufemia, Dorotea, Tecla ed Erasma che, come si precisa nel *Chronicon Gradense* e nel *Chronicon Altinate*, sarebbero state deposte in Santa Maria delle Grazie dal patriarca Paolo nel 569, al tempo della conquista del Friuli da parte dei Longobardi.[46] La veridicità di tale testimonianza è, infatti, inficiata non solo dalla notevole recenziorità delle due fonti rispetto agli avvenimenti in esse narrati, ma anche e soprattutto dal fatto che le prime testimonianze riguardanti la diffusione del culto delle quattro martiri nel territorio aquileiese non sono anteriori al XII secolo.[47]

La cronachistica veneziana attribuisce all'iniziativa vescovile anche la fondazione del *castrum*. Stando ad Andrea Dandolo, il castello di Grado sarebbe stato infatti costruito dal vescovo Agostino (407-434) al tempo delle incursioni di Alarico tra il 408 e il 410.[48] Successivamente alla distruzione di Aquileia da parte di Attila, il vescovo Niceta (454-485) avrebbe trasferito a Grado le reliquie e il tesoro della Chiesa.[49] Infine, come già ricordato, è appunto all'interno delle mura del *castrum* che trovò rifugio il patriarca Paolo in fuga dinanzi alla minaccia longobarda.

Le più recenti acquisizioni della ricerca archeologica e il riesame dei dati già disponibili hanno permesso di verificare la fondatezza di queste tradizioni, storicamente plausibili nella datazione del *castrum* agli inizi del V secolo, ma poco convincenti nell'attribuirne la fondazione all'iniziativa di un vescovo, il cui intervento non è verosimile prima dell'età gota.[50]

45. Brogiolo, Cagnana, *Nuove ricerche*, p. 84.
46. Cortelletti, *Santa Maria*, pp. 358-359.
47. Tutta la questione è esaminata in Colombi, *Storie*, pp. 159-161.
48. Andrea Dandolo, *Chronica per extensum descripta*, 8-10, p. 54: «urbis Aquileiae proceres ad Aquas veniunt Gradatas et in litore castrum spectabile construxerunt, quod adb aquarum nomine Gradus appellatur». Cfr. Mirabella Roberti *Il* castrum, c. 567; Bertacchi, *Architettura*, p. 276; Cuscito, In castro Gradensi, p. 394.
49. Andrea Dandolo, *Chronica per extensum descripta*, 24, p. 58.
50. Brogiolo, Cagnana, *Le fortificazioni*, p. 495.

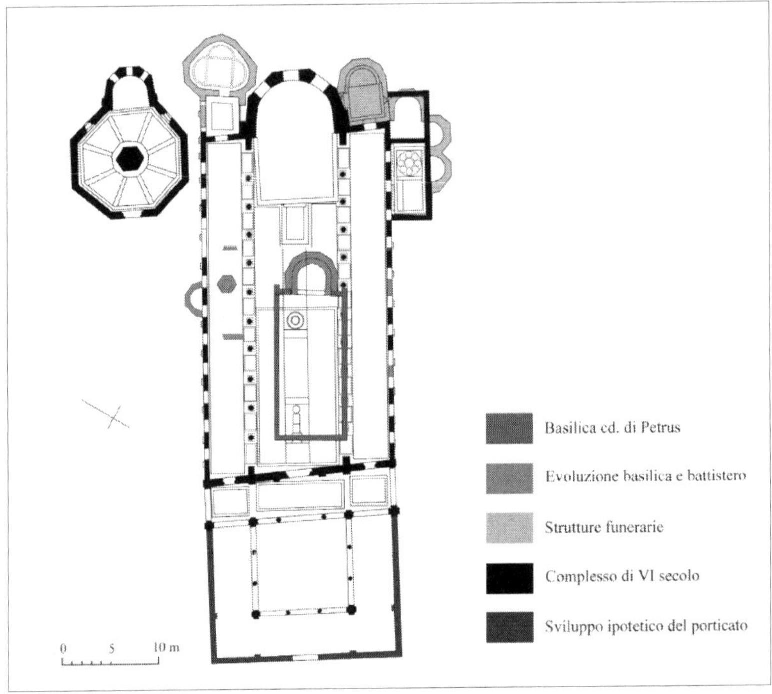

Fig. 7. Grado, complesso episcopale di Sant'Eufemia (rielaborazione di Barbara Carè da Villa, *Edifici*).

Uno dei risultati più significativi delle indagini archeologiche è senz'ombra di dubbio quello relativo all'unitarietà dell'impianto del *castrum* (fig. 3). Il tracciato delle fortificazioni disegna una piccola fortezza che, lunga m 360 per una larghezza di m 48 a nord e m 100 a sud, copriva una superficie di non più di 3 ettari, costipata di monumentali basiliche e protetta da possenti mura, il cui perimetro è perfettamente leggibile nella cartografia storica e nel tessuto edilizio attuali.[51]

Secondo la ricostruzione di Mario Mirabella Roberti, le cui conclusioni sono state accolte anche da altri studiosi, la forma allungata del *castrum*, grossomodo trapezoidale, sarebbe il frutto di successive

51. Brogiolo, Cagnana, *Le fortificazioni*, pp. 468-471.

addizioni a un nucleo originario, che lo studioso individuava nell'area attorno alla basilica di Santa Maria delle Grazie, riconoscendone il limite meridionale in un grosso muro dall'andamento est-ovest tornato in luce tra quest'ultima e Sant'Eufemia. In seguito, forse all'epoca del vescovo Niceta, la cerchia muraria sarebbe stata ampliata verso sud, in modo da comprendere la cattedrale e il complesso di culto di Piazza della Corte; il *castrum* avrebbe infine raggiunto la sua massima estensione con un ulteriore ampliamento verso nord.[52]

Già contestata da Luisa Bertacchi, che pure concordava con Mirabella Roberti riguardo alla datazione delle fortificazioni al principio del V secolo,[53] la tesi della crescita progressiva del *castrum* può essere oggi smentita sulla base di incontrovertibili evidenze archeologiche. Gli scavi condotti in proprietà Fumolo hanno innanzitutto chiarito l'appartenenza del presunto limite meridionale dell'impianto difensivo a una fase post-medievale, mentre i tratti di muratura intercettati in vari punti dell'abitato (Santa Lucia, Hotel Fonzari) mostrano tutti la medesima tecnica edilizia, a conferma della loro appartenenza a un unico e imponente cantiere.[54] Del resto, un ulteriore indizio in tal senso è suggerito dalla configurazione stretta e allungata del centro fortificato, che ricalca quella di un lembo di terra proteso verso il mare, secondo l'aspetto di un delta fluviale o di una bocca lagunare che, come evidenziato dalle indagini geomorfologiche, contraddistingueva il sito di Grado al momento della fondazione del *castrum*.[55]

In merito ai caratteri architettonici e costruttivi del circuito difensivo, si può osservare come il sistema di bonifica delle fondazioni, appoggiato su palificate lignee, sia bene attestato in area adriatica almeno fin dall'età romana. A una tradizione romana si può riferire anche l'adozione della muratura a piccoli blocchetti lapidei, che mantengono una discreta regolarità pur nella disomogeneità del materiale a disposizione, tra cui compaiono anche elementi di recupero.[56]

52. Mirabella Roberti, *Il* castrum, c. 565.
53. Bertacchi, *Architettura*, pp. 276-277.
54. Brogiolo, Cagnana, *Le fortificazioni*, pp. 484-492.
55. Marocco *et al.*, *Il sottosuolo*, p. 138.
56. Brogiolo, Cagnana, *Le fortificazioni*, pp. 491-492.

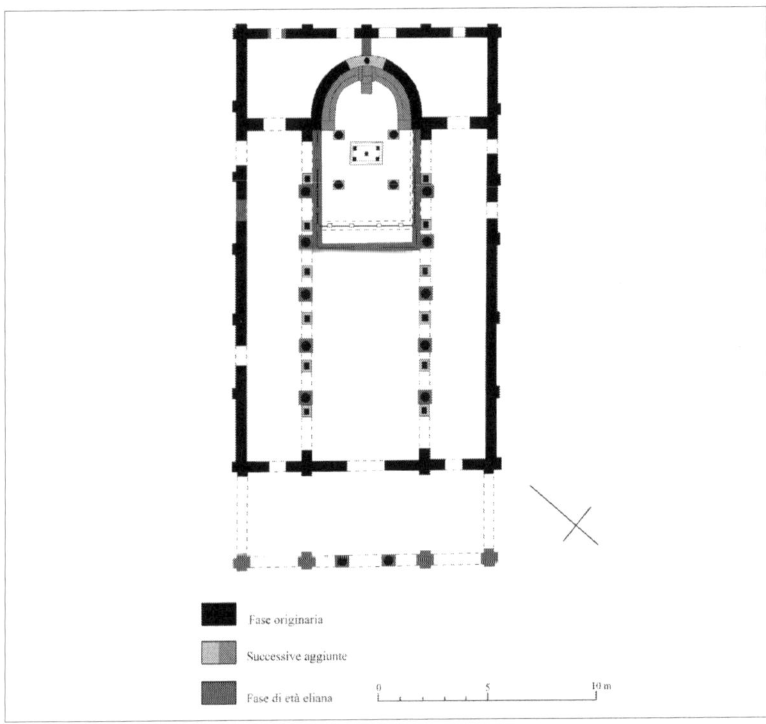

Fig. 8. Grado, basilica di Santa Maria delle Grazie (rielaborazione di Barbara Carè da Villa, *Edifici*).

Recenti ricerche hanno documentato la notevole diffusione di questa tecnica, verosimilmente legata all'organizzazione artigianale dei *collegia* urbani, nelle regioni della costa tirrenica rimaste sotto il controllo bizantino, dove la tradizione romana del *petit appareil* sembra essere sopravvissuta più a lungo, sebbene in una forma "degradata" rispetto alle realizzazioni dell'epoca imperiale, a causa delle maggiori difficoltà di approvvigionamento di materiale edilizio nell'organizzazione dei cantieri.[57]

57. Brogiolo, Cagnana, *Le fortificazioni*, pp. 491-492; sulla diffusione del "piccolo apparato degradato" nei territori bizantini del Tirreno, cfr. Cagnana, Mannoni, Sibilia, *Metodi di datazione*, pp. 881-883.

Nel caso di Grado, la datazione all'epoca bizantina delle mura del *castrum* è avvalorata dai materiali ceramici recuperati nello scavo delle fortificazioni, tutti inquadrabili entro il VI secolo.[58]

È appunto a tale ambito cronologico e culturale che rimandano anche i non pochi confronti che permettono di istituire un parallelo tra il *castrum* di Grado e i *tetrapyrgia* e *castra* limitanei dell'Africa settentrionale e dei Balcani. In comunicazione diretta con l'interno del *castrum*, la torre quadrangolare d'angolo sud-orientale scavata presso l'Hotel Fonzari richiama analoghe soluzioni attestate nelle fortezze di Timgad, Madauros, Aïn Tounga, Thelepte e Bordj-Hall, tutte comprese nei territori delle attuali Algeria e Tunisia e databili al VI-VII secolo, e in quelle coeve di Pirdop, Bistrica, Šaba e Orşova in Bulgaria e Romania.[59]

Le mura di Grado appaiono, dunque, il risultato di un'unica impresa edilizia, riferibile a una committenza di alto livello, alla quale si deve la scelta di un modello poliorcetico tipico delle fortificazioni limitanee mediterranee, realizzato però, come suggerito dalla tecnica edilizia, da maestranze locali.[60]

A questo proposito, merita attenzione la coincidenza cronologica tra la costruzione delle mura a salienti triangolari di Aquileia e quella del *castrum* di Grado. Un dato che suggerisce l'appartenenza delle due opere al medesimo programma edilizio, finalizzato a dotare l'antica metropoli della *Venetia* di robuste difese e di un avamposto fortificato, forse utilizzato anche come base navale.[61]

58. Lo strato di interro soprastante la risega di fondazione del tratto di mura individuato nello scavo eseguito in località Santa Lucia, a breve distanza dalle basiliche di Santa Maria delle Grazie e di Sant'Eufemia, ha restituito un frammento di anfora LRA4, che offre un *terminus post quem* per l'edificazione della cinta. Frammenti di anfore di produzione orientale (LRA2, LRA4, LRA4-5) sono stati raccolti anche all'interno della torre del *castrum* scavata presso l'Hotel Fonzari, dove questi materiali caratterizzano tanto la prima quanto la seconda fase d'uso della struttura, evidentemente susseguitesi a breve intervallo di tempo l'una dall'altra (Brogiolo, Cagnana, *Le fortificazioni*, pp. 484, 492).

59. Brogiolo, Cagnana, *Le fortificazioni*, pp. 486-489; per gli esempi nordafricani si rimanda a Pringle, *The Defence of Byzantine Africa*; per quelli balcanici, si veda Băjenaru, *Minor Fortifications*, *passim*.

60. Brogiolo, Cagnana, *Le fortificazioni*, p. 495.

61. Marano, *Urbanesimo*, p. 583. All'esistenza di una base navale potrebbe alludere la presenza dei *nauclerii* Maximus e Stefanus tra i donatori dei mosaici

Fig. 9. Grado, basilica di Santa Maria delle Grazie: esterno (foto Manuel Marano).

Questo programma appare espressione di una precisa strategia di riappropriazione e di controllo del territorio attuata tramite la valorizzazione di nuclei strategici rilevanti, collocati lungo la linea di arroccamento della via Annia, dove in questo stesso periodo i centri di Concordia Sagittaria, Oderzo e Altino mostrano tracce di rivitalizzazione.[62]

pavimentali di Sant'Eufemia, che viene ad aggiungersi a quella di diversi *milites* del *numerus Tarvisianus*, del *numerus Cadisianus* e del *numerus equitum persoiustiniani* attestati nelle iscrizioni musive della stessa cattedrale e in quelle di Santa Maria delle Grazie (Caillet, *L'évergétisme*, pp. 238-239, 252).

62. Villa, *Aquileia*, pp. 623-624; sull'importanza strategica della via Annia nel contesto della riconquista bizantina, Zanini, *Le Italie bizantine*, pp. 226-234.

Alla luce di queste considerazioni, è probabile che tanto la costruzione delle mura a salienti triangolari di Aquileia quanto la fondazione del *castrum* di Grado siano state promosse dalle autorità bizantine. Per questa ragione, le affermazioni della cronachistica medievale circa il ruolo diretto dell'iniziativa episcopale nella costruzione del *castrum* vanno ridimensionate e, pur tenendo conto delle fonti scritte ed epigrafiche di V-VI secolo relative al ruolo dei vescovi nella fondazione di castelli in Italia settentrionale,[63] si deve ritenere che nel caso di Grado l'eventuale coinvolgimento delle autorità ecclesiastiche si sia tradotto in un incarico fiduciario di organizzazione e di supervisione dei lavori, forse espletatosi nel reclutamento di quelle maestranze che realizzarono le fortificazioni in una tecnica dall'evidente carattere locale.

Alla committenza episcopale si può senz'altro riferire la costruzione della cattedrale di Sant'Eufemia (figg. 7, 10) e altri interventi che, pressoché contemporanei alla costruzione del *castrum*, vennero a definire il profilo monumentale dell'insediamento, mantenutosi poi pressoché inalterato durante i secoli dell'alto medioevo.[64]

L'iscrizione dedicatoria della navata centrale attribuisce l'impresa al patriarca Elia (571-586) che, definito *ep*(*iscopu*)*s s*(*an*)*c*(*t*)*ae aquil*(*eiensis*) *eccl*(*esiae*), provvide al restauro e alla decorazione di un edificio reso cadente da una lunga *vetustas*.[65]

Seguendo la tradizione cronachistica, si è ritenuto che Elia sia intervenuto su un impianto avviato un secolo prima dal vescovo Niceta e rimasto incompiuto.[66] In realtà, le incongruenze ravvisabili nei perimetrali della basilica, in particolare in quello meridionale con le lesene inizialmente previste e successivamente eliminate per l'inserimento di finestre, non sono riconducibili ai

63. Brogiolo, Cagnana, *Le fortificazioni*, pp. 495-504.

64. Sulla basilica di Santa Eufemia, cfr. Brusin, Zovatto, *Monumenti*, pp. 451-500; Franco, *La basilica*, pp. 263-273; Bovini, *Grado*, pp. 139-201; Bertacchi, *Architettura*, pp. 279-294; Caillet, *L'évergétisme*, pp. 218-257; Villa, *Edifici*, pp. 523, 525-526; Cuscito, Signaculum, pp. 331-333.

65. «Atria quae cernis var[io for]mata decore, / squalida sub picto cae[latu]r marmore tellus, / longa vetustatis senio f[us]cau[e]ra[t a]etas. / Prisca en cesserunt magno novitatis honori, / praesulis Haeliae studio praestante beati. / Haec sunt tecta pio semper devota timor» (Caillet, *L'évergétisme*, pp. 226-227).

66. Bertacchi, *Architettura*, pp. 279-282; Tavano, *Aquileia*, pp. 308-318.

Fig. 10. Grado, basilica di Sant'Eufemia: esterno (foto Manuel Marano).

condizionamenti imposti da una struttura preesistente, ma sono da considerarsi indicative di un cantiere che, sebbene non necessariamente protrattosi sull'arco di un secolo, fu senz'altro scandito da ripensamenti in corso d'opera.[67] Allo stesso modo, la quota notevolmente più bassa del piano pavimentale del progetto originario, segnalato dalle aperture tamponate nei muri d'ambito, non va per forza ricondotta all'epoca di Niceta, potendo invece riflettere una volontà di emulazione delle esperienze architettoniche ravennati, sia pure rielaborate in maniera originale.[68]

Consacrata il 3 novembre del 579, in occasione dell'apertura del concilio convocato a Grado da Elia, Sant'Eufemia è costituita da un'ampia aula (m 19,50 x 35,70), suddivisa in tre navate da due file di dieci colonne ciascuna, conclusa a oriente da un'abside poligonale, ai lati della quale si trovano due annessi (a nord una *trichora* preceduta da un vestibolo rettangolare, a sud una piccola cappella absidata), la cui natura e funzione sono ancora oggetto di discussione.[69] L'imponenza dell'impianto doveva risultare anche dal quadriportico occidentale, del quale fu senza dubbio realizzato il braccio orientale, che divenne il nartece della chiesa, con *triforium* centrale e aperture laterali. Resta invece da chiarire la funzione del grande complesso edilizio scavato in Campo Patriarca Elia, presso il lato sud-orientale della cattedrale che, già erroneamente identificato con la residenza episcopale, rimase in uso per tutto il periodo tardoantico e altomedievale.[70]

67. Villa, *Edifici*, pp. 526-527.

68. Il modello più spesso evocato per Sant'Eufemia è quello della basilica di Sant'Apollinare in Classe, che certo ne rappresenta il precedente più immediato sul piano cronologico e con la quale essa condivide la corrispondenza tra la cadenza del colonnato interno e la scansione delle finestre lungo i perimetrali inferiori. Tuttavia, al di là di queste generiche somiglianze, la cattedrale di Grado si differenzia dalla basilica classense per l'organizzazione degli spazi interni che, portando a maturità le tematiche proprie della tradizione aquileiese, risulta pienamente funzionale alle valenze pratiche e simboliche dello spazio liturgico, in cui l'abside e il *synthronon* costituiscono il punto focale dell'intero edificio (Cantino Wataghin, *Fra tarda antichità*, p. 351).

69. Tavano, *Aquileia*, pp. 350-369.

70. Interpretato come episcopio in ragione di una presunta somiglianza planimetrica con la residenza vescovile annessa alla basilica eufrasiana di Parenzo (Lopreato, *Lo scavo*, pp. 325-333) il complesso è stato oggetto di un recente riesame, i cui risultati sono esposti in Brogiolo, Cagnana, *Nuove ricerche*, pp. 100-103.

Fig. 11. Grado, battistero di San Giovanni: esterno (foto Yuri A. Marano).

Anche la basilica di Santa Maria delle Grazie, che dista una trentina di metri dalla cattedrale, fu oggetto al tempo del patriarca Elia di un intervento di ristrutturazione, che comportò la riorganizzazione degli spazi interni. In tale occasione, la chiesa fu rialzata e in parte ricostruita, probabilmente per fare fronte al fenomeno della subsidenza e alle conseguenti infiltrazioni d'acqua, provvedendo alla realizzazione di una *solea* nella navata centrale e alla stesura di mosaici pavimentali in quelle laterali.[71]

Sant'Eufemia e Santa Maria delle Grazie formavano un complesso a basilica doppia, del quale faceva parte anche il battistero di San Giovanni (fig. 11) che si dispone presso il lato nord-orientale della cattedrale[72]. A pianta ottagonale coronata da un'abside poligonale, l'edificio si colloca alla medesima quota del piano pavimentale

71. Cortelletti, *Santa Maria*, pp. 352-357.

72. Sul problema delle basiliche doppie in Italia settentrionale, cfr. Cantino Watagin, *Le "basiliche doppie"*.

del progetto iniziale di Sant'Eufemia, un dato che, fermo restando il permanere di alcune incertezze, lascia intuire lo stretto rapporto di contemporaneità tra le due strutture.[73]

2. *Grado nella* Venetia *altomedievale*

L'attività edilizia del patriarca Elia si situa nel quadro dell'adesione della Chiesa di Aquileia-Grado allo scisma tricapitolino. La scelta scismatica conferiva alla Chiesa aquileiese una specifica identità, che si esprimeva nell'opposizione sia al centralismo costantinopolitano sia al papato e ai suoi tentativi di ricondurre le sedi episcopali all'obbedienza tramite l'intervento delle autorità imperiali. È appunto attorno alla figura del patriarca che la regione ritrovava quell'unità che, a livello territoriale, era stata spezzata dalla conquista longobarda della terraferma e dalla riduzione della presenza bizantina nella *Venetia* alla sola fascia lagunare.

Una chiara testimonianza di questa unità fu offerta dai vescovi di entrambi gli ambiti territoriali, che nel 579 confluirono a Grado per prendere parte alla sinodo convocata dal patriarca Elia al fine di confermare la scelta scismatica della metropoli aquileiese, peraltro ribadita dall'intitolazione della basilica del *castrum* alla martire Eufemia, simbolo del credo calcedonese messo in discussione dalle decisioni imperiali.[74]

Fu lo sdoppiamento della sede patriarcale di Aquileia, successivamente trasferita nella più sicura Cormons e quindi a Cividale, a porre fine all'unità dei territori dell'antico patriarcato, sopravvissuta

73. Villa, *Edifici*, p. 527. Oltre che con il battistero di Piazza della Corte nella stessa Grado, l'edificio mostra evidenti analogie con strutture del V (San Pietro di Sorna, in Istria, e Castelseprio) e del VI secolo (Parenzo, Cividale del Friuli): Mirabella Roberti, *I battisteri*, pp. 489-503. La decorazione musiva, di cui restano solo modesti lacerti lungo i muri perimetrali, si rivela poco utile ai fini dell'inquadramento cronologico del battistero, in quanto essa aderisce senza alcuna originalità alla tendenza – affermatasi già a partire dalla seconda metà del IV secolo, ma rintracciabile soprattutto tra la metà del V e la seconda metà del VI secolo – all'abbandono della componente figurata a favore di una struttura geometrica, che investe anche gli elementi naturalistici (Ferri, *La pavimentazione*, pp. 205-218).

74. Azzara, Venetiae, pp. 101-102.

anche al consolidamento del confine tra i possessi longobardi e le pertinenze bizantine. Questo accentuò l'interesse di Roma per Grado, destinata a diventare la principale base d'appoggio dell'azione politica e pastorale del papato nell'area istriano-veneta.

Nel 628 papa Onorio I (625-638) scrive agli «universis episcopis per Venetiam et Istriam constitutis» perché procedano alla consacrazione a patriarca del suddiacono e regionario Primigenio e ne riconoscano l'autorità.[75] Attraverso Primigenio la Chiesa di Roma poté intervenire con maggiore incisività sulle residue posizioni scismatiche nella metropoli gradese, tanto che alcune fonti attribuiscono a Onorio I il merito di avere vinto lo scisma dell'*Histria*. Sebbene l'episodio non abbia segnato affatto un pieno riassorbimento della frattura tricapitolina – sanatasi solo durante il pontificato di Sergio I (687-701) –, non vi possono essere dubbi che, una volta recuperata all'ortodossia, la sede di Grado si sia collocata in modo netto su posizioni sempre più apertamente filopapali, avviando una collaborazione proseguita anche nel contesto dei disegni di riordino territoriale della regione altoadriatica successivi alla caduta del regno longobardo.[76]

Il papato tutelò le prerogative di Grado anche successivamente al 689-699, quando Aquileia abbandonò le posizioni scismatiche rientrando in comunione con la sede apostolica. Nel corso dell'VIII secolo, i pontefici continuarono a difendere le prerogative gradesi, nonostante il dualismo di titoli e giurisdizioni tra le due Chiese non avesse più ragione di essere.[77]

Questa sostanziale accettazione dello *status quo* è confermata dalle lettere pontificie degli anni 723-725, con le quali Gregorio II (715-731) vieta da un lato al vescovo di Aquileia di uscire dai «finibus [...] gentis longobardorum existentibus»[78] e dall'altro si rivolge agli «episcopi Venetiae seu Istriae», riconoscendoli dunque suffra-

75. *Documenti relativi alla storia di Venezia* 13, p. 24: «Primogenium subdiaconum et regionarium nostrae sedis Gradensi ecclesiae episcopali ordine cum pallii benedictione direximus consecrandum. Oportebit ergo fraternitatem vestram iuxta legem ecclesiasticam cuncta disponere capitique vestro sinceram obedientiam exhibere».

76. Azzara, Venetiae, p. 112.

77. Ivi, pp. 111-119; Rando, *Una Chiesa*, pp. 13-20, 60-65, 73-75.

78. *Documenti relativi alla storia di Venezia* I, n. 17, pp. 27-28.

ganei di Grado.[79] La distinzione delle due giurisdizioni spirituali su base politico-territoriale è confermata anche da una lettera di Gregorio III del 741 circa, con cui il pontefice invita il patriarca Antonino di Grado a recarsi al concilio romano insieme ai vescovi «qui sub tua ordinatione consistunt», così come il *rex Longobardorum* Liutprando aveva chiesto di fare agli arcivescovi delle Chiese collocate nei territori sotto la sua autorità.[80] La distinzione tra i due ambiti di competenza ecclesiastica si fondava però su una frontiera politica tutt'altro che stabile, tanto che nel corso dell'VIII secolo i duchi e i re longobardi esercitarono una spinta espansiva sia verso la costa adriatica sia verso l'Istria, mentre i patriarchi di Aquileia cercarono di erodere i diritti della Chiesa di Grado. Nel 743, Gregorio III dovette infatti intervenire presso l'aquileiese Callisto per ingiungergli di restituire alla Chiesa di Grado alcuni beni appartenenti al monastero di Santa Maria sull'isola di Barbana.[81]

Sia pure faticosamente, i due ambiti di competenza si mantennero sostanzialmente inalterati fino alla caduta del regno longobardo e alla conquista franca della terraferma veneta, eventi che, come si è già avuto modo di osservare, segnarono la progressiva marginalizzazione politica di Grado. Il disegno di Fortunato, mirante ad assicurare al patriarcato i diritti sull'area venetico-istriana sotto la tutela carolingia (non senza la rivendicazione dell'eredità aquileiese) fu affossato dalla pace di Aquisgrana, che riconobbe la sovranità bizantina sulla *Venetia*.

Anche il successore di Fortunato, Venerio, dovette fronteggiare il vigoroso tentativo da parte di Aquileia di restaurare i propri diritti e la propria circoscrizione metropolitica; tentativo sostenuto dallo stesso Carlo Magno, allorché il legame personale tra il sovrano e il patriarca Paolino fu rinsaldato da concessioni patrimoniali e immunità che rientravano nel più vasto programma carolingio vòlto al potenziamento delle Chiese e alla creazione di un più stretto raccordo con esse. Il rilancio di Aquileia passò anche dalla rivendicazione

79. Ivi, I, n. 19, pp. 29-30.

80. Ivi, I, n. 25, pp. 39-40.

81. A essere oggetto di contesa erano le «possessiones, que Centenaria et Musiones nuncupantur, pertinentes monasterio sanctae Dei genitricis sito in insula Barbiana, quod prisco et longo tempore sancta iure possidet Gradensis ecclesia» (*Documenti relativi alla storia di Venezia* I, n. 23, pp. 38-39).

dell'autorità metropolitica sulla *Carantania* avanzata dal patriarca Orso e dal progetto di rinnovamento architettonico del complesso episcopale promosso da Massenzio con il patrocinio delle autorità franche.[82]

Il problema dei rapporti tra le due sedi trovò una definitiva risoluzione il 6 giugno dell'827, quando i titolari di una ventina di diocesi dell'Italia settentrionale si riunirono a Mantova per discutere, alla presenza dei messi di papa Eugenio II (824-827) e dei rappresentanti dell'imperatore Ludovico il Pio e di suo figlio Lotario, i diritti di Aquileia su Grado e la questione della dipendenza degli episcopati istriani.[83] In tale occasione, Massenzio sottopose ai padri conciliari l'istanza di reintegro e di ripristino dell'unità della sua metropoli ecclesiastica, chiedendo fossero ricondotte alla loro legittima matrice, cioè ad Aquileia, tutte le Chiese che solo contingenze storiche ormai superate avevano indebitamente subordinato alla sede di Grado. Il patriarca sottolineò, inoltre, il rapporto di matrice e metropoli che legava Aquileia alla *plebs* di Grado, con una voluta insistenza del carattere di *civitas* della prima rispetto alla seconda, definita un semplice *castrum* del territorio diocesano.[84]

Per suffragare le proprie rivendicazioni, Massenzio si appellò alle origini apostoliche della Chiesa di Aquileia, fondata dall'apostolo Marco e da lui affidata al vescovo Ermacora, poi consacrato a Roma da san Pietro.[85] Affermazioni, queste, che trovavano sostegno nella *Passio Hermachorae et Fortunati*, la cui redazione va posta a ridosso della Pace di Aquisgrana.[86] Non a caso, a Mantova i rappre-

82. Rando, *Una Chiesa*, pp. 17-19.

83. Sul concilio di Mantova, cfr. da ultimo Azzara, *Il concilio*, pp. 61-72.

84. Gli atti sinodali sono pubblicati in *Documenti relativi alla storia di Venezia* I, n. 50, pp. 83-90.

85. La tradizione agiografica riconosceva in Ermacora il primo vescovo di Aquileia che, insignito della carica da san Marco e consacrato a Roma da san Pietro, promosse l'evangelizzazione di Trieste e di altri centri dell'area prima di subire il martirio assieme all'arcidiacono Fortunato. Per la sua associazione a san Marco e per il ruolo di patrono di Aquileia, a partire dall'VIII secolo Ermacora fu spesso evocato nella diatriba dalla Chiesa tra la stessa Aquileia e Grado (Vocino, *Les saints*, pp. 277-293).

86. Secondo quanto evidenziato da Paolo Chiesa, la redazione più antica della *passio* (*BHL* 3838), dalla quale dipendono le altre riscritture, consta di due testi indipendenti: una "sezione marciana", così detta per il rilievo in essa rivesti-

sentanti di Aquileia si premurarono di reclamare anche il possesso delle due cattedre (*sedes*) che si voleva fossero appartenute a san Marco e a sant'Ermacora, sostenendo che erano state portate via dal patriarca Paolo non per costruire tramite esse, a Grado, la «sedem aut primatum» della Chiesa della sua provincia, ma per sfuggire al furore dei barbari.[87]

La posizione di Aquileia, in mancanza di una vera e propria difesa da parte di Grado, fu accettata e fatta propria dalla sinodo di Mantova, che, accogliendo la petizione dei chierici e dei maggiorenti dell'Istria, sancì anche il diritto del patriarca aquileiese all'ordinazione dei vescovi istriani.[88] Le decisioni sinodali comportarono anche un'ultima e ben nota conseguenza: il riconoscimento delle pretese metropolitiche di Aquileia rappresentava, infatti, una grave minaccia per il ducato venetico, poiché implicava la subordinazione degli episcopati lagunari a una sede collocata in territorio franco. Tale dipendenza che avrebbe comportato una ambiguità anche nella sfera politica, lasciando campo aperto a possibili future rivendicazioni carolinge sulla realtà lagunare. Appena un anno dopo il concilio, i Veneziani trafugarono il corpo dell'evangelista Marco da Alessandria d'Egitto, affrettandosi a deporne i resti nella cappella palatina, fatta erigere da Giustiniano Particiaco (827-829) a fianco del *palatium* ducale.[89] Compiendo tale atto Venezia si assicurò un titolo di legittimità per Grado superiore a

to dall'evangelista Marco, cui è attribuito un ruolo fondamentale nella creazione della sede episcopale di Aquileia, e la *passio* di Ermacora vera e propria, composta tra la fine del VII e gli inizi dell'VIII secolo (Chiesa, Passio Hermachorae et Fortunati, pp. 133-199).

87. *Documenti relativi alla storia di Venezia* I, n. 50, p. 85: «Paulus patriarcha [...] qui Longobardorum barbariem et immanitatem metuens ex civitate Aquileiensi et de propria sede ad Gradus insulam, plebem suam, confugiens omnemque theasaurum et sedes sanctorum Marci et Hermachore secum ad eandem insulam detulit, idcirco non ut sedem aut primatum aecclesiae suaeque provintiae construeret in ibi, sed ut barbarorum rabiem possit evadere».

88. Rando, *Una Chiesa*, p. 19.

89. Tra l'amplissima bibliografia relativa alla traslazione a Venezia delle reliquie di san Marco e all'avvio del culto dell'evangelista nella città lagunare (e agli evidenti significati politici dell'intera operazione), si rimanda a Fedalto, *Organizzazione*, pp. 403-415, e a Colombi, *Storie*, pp. 15-93 (che riproduce il testo e l'edizione critica della *Translatio Marci evangelistae Venetias*).

quello di Aquileia, ribattendo così alla rivendicazione dell'origine apostolica dell'antica città patriarcale, in modo da sottrarsi a ogni rischio di dipendenza dall'esterno e gettare piuttosto le basi per un solido connubio tra l'autorità locale e la Chiesa venetica.[90] Tale gesto, dal fondamentale significato politico, segnò la subordinazione di Grado a Venezia, tanto che nella documentazione successiva all'827 il patriarca gradese è invariabilmente definito «Venetiarum metropoleus antistes» e i suoi suffraganei «marine Venetie antistetes» o «episcopi Venetie».[91]

3. Insula, castrum, civitas, urbs, *"terzo spazio": definizioni antiche e moderne di Grado*

Alla rilevanza politica e religiosa detenuta da Grado faceva riscontro la modestia dell'insediamento, tutto racchiuso all'interno delle sue mura e privo di sobborghi.[92] Gli unici attestati di urbanità del *castrum* erano rappresentati dal poter richiamare le proprie origini da Aquileia e dal fatto di ospitare la sede patriarcale.[93] Non stupisce, dunque, che le fonti altomedievali mostrino una notevole incertezza nella definizione di Grado, qualificata ora come "castello" ora come "città".[94] Gli autori dell'epoca rivelano, del resto, una certa difficoltà nell'individuare un vocabolario con cui descrivere in forma pienamente adatta l'identità e la natura di alcune categorie di insediamenti. Questa ambiguità lessicale riflette la particolare evoluzione delle strutture insediative della *Venetia*, dove alla scomparsa tra la tarda antichità e l'alto medioevo di un numero consistente di città di antica fondazione corrispose l'affermazione di centri che mostrano una spiccata tendenza ad assumere caratteristiche urbane, pur senza avere alle spalle una effettiva tradizione cittadina.[95]

90. Sulla relazione tra autorità ducale ed episcopato, cfr. West-Harling, *The Doges*, pp. 315-331.

91. Rando, *Una Chiesa*, p. 20.

92. I sondaggi eseguiti all'esterno delle mura del *castrum* non hanno, infatti, individuato alcuna traccia di occupazione (Brogiolo, Cagnana, *Nuove ricerche*, p. 81).

93. Brogiolo, Cagnana, *Nuove ricerche*, p. 80.

94. Ivi, p. 81.

95. La Rocca, Castrum, p. 548.

Assieme a Grado, uno degli esempi più espliciti è certamente quello di *Forum Iulii* che, al momento dell'insediamento del primo duca del Friuli Gisulfo, Paolo Diacono descrive come più simile a un castello che a una città.[96] Proprio l'istituzione della sede ducale rappresenta la premessa della rapida promozione di Cividale a uno statuto pienamente urbano, prontamente segnalato da Paolo Diacono: se nell'antichità la città principale della *Venetia* era stata Aquileia, nell'VIII secolo questa era stata ormai superata da *Forum Iulii* che, fondata da Giulio Cesare, poteva vantare origini altrettanto nobili.[97] Già *municipium* romano, Cividale ospitava ora la residenza del duca e godeva di quel prestigio sociale che all'inizio dell'VIII secolo aveva spinto Fidenzio, vescovo del *castrum* di Zuglio, a trasferirsi all'interno delle sue mura, suscitando così l'invidia del patriarca Callisto, costretto a risiedere a Cormons «tantum vulgo sociatus».[98]

Diversamente da Cividale, dove la presenza vescovile divenne stabile solo dopo che Callisto ebbe cacciato il successore di Fidenzio, Amatore, Grado si consolidò fin da subito come sede di diocesi. Come si è visto, il successo di Grado dipese da un insieme di fattori tra loro diversi e concomitanti. Tuttavia, se la fondazione del *castrum* può essere oggi ritenuta l'esito di una serie di trasformazioni intervenute nel medio e lungo termine, risulta altresì difficile sottostimare l'importanza dell'episodio specifico della fuga del patriarca Paolo che, secondo quanto riferito da Paolo Diacono, riparò a Grado portando con sé il tesoro della Chiesa aquileiese e trasferendovi la sede metropolitica.

Quello di Grado non è un caso isolato. La proliferazione delle sedi episcopali in insediamenti minori, quali i *vici* e, appunto, i *castra*, è un fenomeno ben attestato già in età tardoantica, quando viene stigmatizzato dal concilio di *Serdica* e poi da quelli di Laodicea,

96. Paolo Diacono, *Historia Langobardorum* II, 9, p. 77: «Indeque Alboin cum Venetiae fines, quae prima est Italiae provincia, sine aliquo obstaculo, hoc est civitatis vel potius castri Foroiuliani terminos introisset, perpendere coepit, cui potissimum primam provinciarum quam ceperat committeret deberet».

97. La Rocca, Castrum, pp. 551-552.

98. Paolo Diacono, *Historia Langobardorum* II, 10, p. 78: «[beatus Paulus patriarcha] Langobardorum barbariem metuens, ex Aquileia ad Gradus insulam confugiit secumque omnem suae thesaurum ecclesiae deportavit».

Cartagine, Costantinopoli e Calcedonia.[99] Nell'alto Adriatico, esso trova riscontro in una lettera indirizzata nel 591 dall'imperatore Maurizio (582-602) a Gregorio Magno (590-604), in cui si menzionano gli *episcopi civitatum et castrorum* della provincia ecclesiastica dell'Istria.[100] Risale invece al periodo altomedievale l'elevazione a *episcopium* del *castrum Cenetense* (Ceneda, l'attuale Vittorio Veneto), sancita da Liutprando il 6 giugno del 743.[101]

La specificità del caso di Grado risiede, dunque, nelle condizioni storiche che determinarono lo sdoppiamento della sede metropolitica di Aquileia e il conseguente scontro tra le due Chiese.

Come si è visto, nulla nel racconto della *Historia Langobardorum* lascia intendere che il trasferimento operato dal patriarca Paolo intendesse avere carattere definitivo.[102] Nonostante ciò, la notizia fu in seguito concordemente interpretata come il resoconto della fondazione del patriarcato di Grado, che nell'accogliere il tesoro della Chiesa di Aquileia ne aveva anche acquisito i diritti e le prerogative.[103] Il valore simbolico, oltre che materiale, del tesoro doveva essere ben chiaro al duca del Friuli Lupo, che nel 662 attaccò Grado con il preciso intento di impossessarsi del *thesaurus* e di restituirlo ad Aquileia.[104] In un contesto simile si colloca anche la tradizione che fa risalire l'arrivo a Grado della cattedra-reliquiario di san Marco, donata dall'imperatore Eraclio per porre rimedio

99. Cantino Wataghin, Fiocchi Nicolai, Volpe, *Aspetti della cristianizzazione*, p. 100. In generale, sull'assunzione di prerogative ecclesiastiche e amministrative da parte dei *castra* tardoantichi e altomedievali, cfr. Brogiolo, Gelichi, *Nuove ricerche*, *passim*.

100. *Documenti relativi alla storia di Venezia* I, n. 9, pp. 20-21.

101. Ivi, I, n. 27, pp. 41-44. Per altri esempi altomedievali di *castra* assurti al rango di sede episcopale, cfr. Lazzari, *Campagne*, pp. 635-637.

102. Riguardo alla temporaneità del trasferimento della sede patriarcale, Giuseppe Cuscito osserva che i successori di Paolo continuarono a proclamarsi patriarchi di Aquileia, come risulta – per esempio – dalla lettera inviata nel 591 all'imperatore Maurizio per denunciare l'intervento coercitivo dell'esarca Smaragdo contro i vescovi scismatici della *Venetia* (Cuscito, *La fede calcedonese*, p. 215).

103. Colombi, *Storie*, pp. 140-143.

104. Paolo Diacono, *Historia Langobardorum* V, 17, p. 151: «Hic Lupus in Grados insulam, quae non longe ab Aquileia est, cum equestri exercitu per stratam quae antiquitus per mare facta fuerat introivit, et depraedata ipsa civitate, Aquileiensis ecclesiae thesauros exinde auferens, reportavit».

al grave *vulnus* subito dal *castrum* nel 627, quando il patriarca Fortunato I ne aveva spogliato le chiese ed era quindi fuggito a Cormons, in territorio longobardo.[105]

Un analogo atteggiamento impronta anche le antiche cronache veneziane che, nel tentativo di nobilitare le origini della Chiesa di Venezia, di cui Grado era la diocesi-madre, sostengono con forza la priorità di quest'ultima rispetto alla Chiesa di Aquileia. Di qui, l'attribuzione al patriarca Paolo della traslazione di numerose e preziose reliquie, di cui non c'è menzione nel racconto di Paolo Diacono, ma che contribuirono a consolidare la posizione della sede gradese come legittima erede di Aquileia.[106]

Nella prospettiva di un osservatore veneziano degli inizi dell'XI secolo quale Giovanni Diacono, è appunto questa rilevanza religiosa e insieme politica a fare di Grado una città a tutti gli effetti e il principale centro del ducato. Grado possiede, infatti, «alte mura; è abbellita da molte chiese e colma di corpi santi», ma soprattutto «è la capitale e la sede metropolitana della nuova Venezia, così come Aquileia lo era della prima Venezia» (trad. Luigi A. Berto).[107]

Il cronista elenca gli elementi che concorrono a fare di Grado la principale località del ducato. Se la numerosità degli edifici di culto e delle reliquie in esse conservati è il riflesso del ruolo di Grado quale «caput et metropolis» della *nova Venetia*, le mura, che pure sono citate per prime, non sono di per sé sufficienti a definire le qualità cittadine dell'insediamento.[108] Non a caso, se le altre località

105. *Chronica Patriarcharum Gradensium*, 5, p. 394: «[Fortunatus] totam aecclesiam Gradensem metropolitanam denudans in auro et vestibus vel ornamento, simul et ecclesias baptismales provinciae Hystoriae et sinochagia quae ad eandem aecclesiam Gradensem pertinere videbantur, fugam in Longobardiam petiit, apud castrum Cormones super civitatem Aquileiam miliario 15». L'episodio va in realtà collocato sullo sfondo dei complicati rapporti tra papa Onorio I, la monarchia longobarda ed Eraclio nelle fasi cruciali della deposizione del filobizantino Adaloaldo, sostituito dall'ariano Arioaldo (Fedalto, *Origine*, pp. 138-139).

106. Colombi, *Storie*, pp. 143-169.

107. Giovanni Diacono, *Istoria Veneticorum* I, 6, p. 54: «Gradus [...] dum constat altis menibus ecclesiarumque copiis decorata sanctorumque corporibus fulta, quemadmodum antique Venecie Aquilegia, ita et ista totius nove Venetie caput et metropolis fore dinoscitur».

108. Ortalli, *I cronisti*, p. 771. A questo proposito, vale la pena soffermarsi su un passo della *Istoria Veneticorum* (IV, 32, p. 178), in cui Giovanni Diacono,

fortificate del ducato sono definite *civitates*, Grado è l'unica a essere qualificata come *urbs*.[109] L'importanza della definizione di *urbs* per Grado è evidenziata dagli altri centri urbani a essere denominati non occasionalmente in questo modo: Costantinopoli, Roma, Ravenna e Pavia. La *Gradensis urbs* è dunque annoverata tra le principali città del tempo, una posizione che essa occupa in virtù del proprio ruolo di sede patriarcale.[110]

A questo proposito, occorre osservare come la qualifica di *urbs* sia attribuita a Grado da Giovanni Diacono in conclusione alla successione di eventi che ne segnano l'ascesa al rango di metropoli della *Venetia*.[111] Rifacendosi al racconto di Paolo Diacono, il cronista narra infatti della fuga del patriarca Paolo dalla *civitas* di Aquileia nell'*insula* di Grado, dove il presule provvide a deporre all'interno del *castrum* le reliquie di Ermacora e di altri santi, dando così «alla medesima città il nome di nuova Aquileia» («ipsamque urbem Aquilegiam novam vocavit»).[112]

La successione dei termini *insula*, *castrum* e *urbs* ha indotto Gherardo Ortalli a ipotizzare che Giovanni Diacono intendesse rimarcare, anche a livello semantico, la progressiva acquisizione da parte di Grado di uno statuto pienamente urbano.[113] È stato però osservato che a ispirare il lessico della *Istoria Veneticorum* non sia tanto il disegno storiografico di Giovanni Diacono quanto la

pur avendo ribadito il ruolo di Grado quale «totius Venetiae nova metropolis», la definisce «civitas». In questo caso il cronista fa un uso tecnico del termine, collegato alla struttura fisica della città e alle sue mura: nel passo in questione, egli ricorda infatti i lavori di ristrutturazione patrocinati dal duca Pietro II Orseolo, che riguardarono soprattutto le difese di Grado («quam praedicuts princeps ab ipso fundamine ad propugnacolum usque summitatem munitissime renovavit»): Berto, *Il vocabolario*, p. 211.

109. Berto, *Il vocabolario*, pp. 209-210.

110. Ivi, p. 218.

111. Ivi, pp. 209-211.

112. Giovanni Diacono, *Istoria Veneticorum* IV, 4, p. 52: «Aquilegensi quoque civitati eiusque populis beatus Paulus patriarcha preerat. Qui Langobardorum rabiem metuens, ex Aquilegia ad Gradus insulam confugit secumque beatissimi martiris Hermachore et ceterorum sanctorum corpora, que ibi humata fuerant, deportavit et apud eundem Gradensem castrum honore dignissimo condidit, ipsamque urbem Aquilegiam novam vocavit».

113. Ortalli, *I cronisti*, pp. 767-768.

molteplicità delle fonti, il contesto di utilizzo delle singole parole e, non ultimo, la ricerca di *variatio*, che implicherebbe però un'equivalenza da un punto di vista tecnico dei termini utilizzati.[114] Cionondimeno, nel racconto di Giovanni Diacono il termine *urbs* sottolinea il compimento del percorso fondativo di Grado che, assurta al ruolo di *nova Aquileia* e di sede metropolitana della *Venetia*, era necessariamente una città vera e propria e non un semplice *castrum*.[115]

Se Giovanni Diacono rivendica la qualità urbana di Grado, l'archeologia risulta assai meno esplicita in proposito. Fatta ovviamente eccezione per le sue chiese e alcuni tratti di mura, nulla si conosce della struttura urbanistica dell'insediamento, e le uniche informazioni circa l'edilizia civile riguardano il grande complesso architettonico scavato in Campo Patriarca Elia. Che Grado possedesse edifici privati di buon livello qualitativo è però dimostrato da un passo della *Istoria Veneticorum*, in cui Giovanni Diacono ricorda la *domus* fatta costruire dal duca Pietro II Orseolo (991-1008) presso la torre occidentale della cortina muraria.[116]

Questo riferimento isolato a una abitazione di pregio pone il problema del profilo sociale degli abitanti della Grado altomedievale che, come si è visto, agli occhi degli osservatori contemporanei rappresentava un discrimine fondamentale per distinguere un centro urbano da un modesto insediamento fortificato.

Le uniche informazioni in proposito si riducono, in buona sostanza, a quanto desumibile dalle iscrizioni musive di dedica della basilica di Santa Eufemia, risalenti alla fine del VI secolo. Oltre al patriarca Elia e a un gruppo di ecclesiastici (tre diaconi, sette *lectores*, un *amanuensis*, un *actoarius sanctae ecclesiae aquileiensis*), le epigrafi ricordano un *vir clarissimus palatinus* (probabilmente un funzionario del fisco), un non meglio specificato *vir clarissimus*, alcuni *domestici*, un *cubicularius*, tre *milites*, due *naucleri* e un *caligarius* (verosimilmente coinvolti nell'approvvigionamento dell'e-

114. Berto, *Il vocabolario*, pp. 209-210.

115. Ivi, p. 210.

116. La *domus* fu eretta in occasione della ricostruzione di Grado patrocinata dal duca. Sull'utilizzo da parte di Giovanni Diacono del termine *domus* per indicare le abitazioni private di pregio, Berto, *Il vocabolario*, p. 200.

sercito imperiale), sette *notarii* (non si sa se alle dipendenze della Chiesa o delle autorità municipali) e laici di ambo i sessi.[117]

Un quadro articolato che non trova però riscontro nella successiva documentazione altomedievale, che raramente tramanda memoria di individui di status sociale elevato, la cui origine e/o residenza gradese non è peraltro sempre sicura.[118] Tuttavia, i pochi dati disponibili e il confronto con quanto noto per altre aree del ducato venetico farebbero ipotizzare anche per Grado la presenza di un'aristocrazia che derivava la propria ricchezza dalla complementarità di interessi fondiari e di attività mercantili.[119] Una situazione, questa, ben "fotografata" per Venezia tanto dalle carte private, come per esempio il testamento del duca Giustiniano Particiaco (829),[120] quanto da un documento ufficiale quale il *Pactum Lotharii* del 22 o 23 febbraio dell'840, con cui l'imperatore Lotario conferma i diritti di proprietà degli abitanti del ducato nei territori della terraferma e, rinnovando i termini degli accordi stipulati nel 715 o nel 730 dal re longobardo Liutprando con i Comacchiesi, fissa gli obblighi e i diritti dei *Venetici* impegnati nei traffici commerciali che si svolgevano lungo l'asse del Po e dei suoi affluenti.[121] Nel caso di Grado, il quadro risulta assai meno esplicito, almeno per quel che riguarda il coinvolgimento delle *élites* laiche nelle attività commerciali, dato che le uniche informazioni disponibili riguardano la Chiesa locale.

Gli interessi fondiari della sede gradese sono al centro della lettera inviata nel 770 dal patriarca Giovanni I a papa Stefano III o IV, in cui il presule lamenta le arbitrarie esazioni «ex tritico et singula animalia» imposte dai Longobardi agli abitanti dell'Istria.[122] A questa testimonianza si aggiunge il privilegio rilasciato da Carlo Magno

117. Caillet, *L'évergétisme*, pp. 218-255.

118. Berto, *In Search*, *passim*.

119. Sulle basi economiche della società venetica dell'alto medioevo, cfr. Gasparri, *Venezia*; Ortalli, *Il ducato*, pp. 748-752; Pazienza, *Venice*, pp. 147-176. L'Istria bizantina, i cui abitanti si definivano *parentes* dei Venetici, possedeva una struttura sociale ed economica assimilabile a quella del ducato di Venezia (Borri, *Gli Istriani*, pp. 7-20).

120. *Documenti relativi alla storia di Venezia* I, n. 53, pp. 93-99; *SS. Ilario e Benedetto e S. Gregorio*, n. 2, pp. 17-24; sul documento, cfr. Ortalli, *Venezia*, pp. 392-393; per la sua datazione, cfr. Carile, *Il testamento*, pp. 329-332.

121. Sul *Pactum Lotharii*, cfr. da ultimo Pazienza, *Venice*, pp. 149-156.

122. *Documenti relativi alla storia di Venezia* I, n. 30, p. 49.

a Fortunato nell'803, documento che ribadisce la tenacia degli interessi fondiari di Grado «in Istria, Romandiola seu Longobardia». Un altro privilegio menziona l'esenzione dal *teloneum*, dal *siliquaticum*, dal *laudaticum* e dal *cispitaticum* per quattro imbarcazioni che, appartenenti alla Chiesa di Grado o al suo patriarca, transitavano lungo i fiumi e le coste del regno italico.[123] Tale commistione di interessi fondiari e commerciali ritorna poi nel "testamento" di Fortunato, in cui il patriarca, oltre a menzionare *casalia* e terreni agricoli di proprietà ecclesiastica, ricorda la «navem cum omni armatura sua» da lui donata al monastero di Santa Maria sull'isola di Barbana.

Come gli altri insediamenti del ducato venetico, anche Grado doveva essere attivamente inserita nei traffici che collegavano lo spazio altoadriatico al più vasto ambito mediterraneo. Snodo fondamentale lungo la via endolagunare altoadriatica, Grado ha restituito una abbondante documentazione archeologica del V e VI secolo che attesta la vivacità dei commerci tra il *castrum*, il Mediterraneo orientale e, in misura più contenuta, l'Africa settentrionale. Un quadro ricco e articolato che a partire dal VII secolo conosce però una progressiva ma radicale semplificazione, fino alla quasi totale assenza di indicatori commerciali per i secoli VIII e IX.[124] Una tendenza che sembra contraddire quanto noto circa l'intensificazione dei traffici in Adriatico durante la tarda età longobarda,[125] ma in linea con la situazione attestata nella laguna veneta, dove l'evidenza archeologica delle funzioni commerciali degli insediamenti gravitanti sull'arcipelago realtino che, pur trovando riscontro nella documentazione scritta, rimane modesta, specie se rapportata a quella di Comacchio.[126]

123. Ivi, I, n. 39, pp. 59-60.

124. Malaguti *et al.*, *Grado*, pp. 82-83.

125. La bibliografia archeologica riguardo ai traffici commerciali nell'Adriatico altomedievale si è notevolmente arricchita negli ultimi anni. Per una visione di insieme delle più recenti acquisizioni e delle prospettive di ricerca, si rimanda a Gelichi, *The Eels of Venice*, pp. 81-117, e Idem, *Societies*, pp. 291-297; più in generale sull'evoluzione dei commerci tra VIII e IX secolo, cfr. Delogu, *Le origini*, pp. 103-143, e Di Muro, *La terra*, pp. 49-115.

126. Le associazioni ceramiche di VIII-IX secolo documentate nei siti della laguna di Venezia (anfore globulari; ceramiche depurate con decorazioni incise; ceramiche invetriate con decorazioni applicate, simili alla *Forum Ware* di produzione romana, ma forse locali) appaiono in tutto e per tutto simili a quelle di Comacchio, dove però le anfore globulari sono presenti in quantità tali da farne il sito dell'alto

Va tuttavia osservato che l'esame dei contesti ceramici gradesi è stato condotto in un momento in cui lo studio dei contenitori da trasporto altomedievali era ancora agli esordi, ed è dunque possibile che la loro assenza sia più apparente che reale.[127] Del resto, qualche indizio di scambi a medio e lungo raggio è offerto dal ritrovamento nelle sequenze altomedievali del *castrum* di rari frammenti di recipienti in pietra ollare di origine alpina, di ceramiche dipinte di rosso assimilabili alle produzioni centro-meridionali dell'VIII-IX secolo e di ceramiche a impasto refrattario, che trovano confronti nell'area alto e medioadriatica, non senza qualche suggestiva somiglianza con la cosiddetta *Slavic Pottery* della Grecia e dei Balcani.[128]

In attesa che un auspicabile riesame di questi materiali consenta di precisare ulteriormente il quadro, si può comunque supporre che, a differenza di altre località dell'alto Adriatico, Grado non abbia avuto una vocazione precipuamente commerciale e che il suo inserimento nelle reti di traffico "internazionali" sia dipeso innanzitutto dall'iniziativa della Chiesa, interessata alla commercializzazione delle eccedenze produttive delle proprie terre e all'acquisizione di beni di lusso, cui in una certa misura dovevano partecipare anche i rappresentanti delle *élites* laiche.

Tenute in debita considerazione le evidenti differenze di prestigio e di ricchezza tra le due Chiese, Grado trova forse il confronto più diretto in Ravenna, dove l'episcopato cittadino svolgeva un ruolo decisivo nello stimolare la domanda economica.[129] È questo quanto lascia intuire anche l'evidenza archeologica, che sembra documentare una circolazione di merci principalmente orientata al soddisfacimento della domanda delle *élites* ecclesiastiche e degli altri gruppi sociali che vivevano e si evolvevano all'ombra del potere arcivescovile.[130]

Le tracce archeologiche delle attività artigianali e produttive consentono però di istituire un collegamento tra Grado e gli insedia-

Adriatico che ne ha restituito in assoluto il maggior numero di esemplari (Negrelli, *Modelli*, pp. 13-20; Gelichi, *La storia*, pp. 70-72).

127. Come peraltro ammesso in Malaguti *et al.*, *Grado*, p. 83.

128. Malaguti *et al.*, *Grado*, pp. 76-80.

129. Sulla struttura dell'economia di Ravenna e del suo territorio nell'alto medioevo, cfr. Cosentino, *Tipologie*, pp. 343-362.

130. Gelichi, *Les revenentes*, pp. 309-311; per una rassegna dei ritrovamenti di anfore altomedievali nel territorio ravennate, Cirelli, *Anfore medievali*, pp. 36-40.

menti della laguna di Venezia. Gli scavi eseguiti in Campo Patriarca Elia hanno, infatti, documentato lo svolgimento del ciclo di lavorazione secondaria del vetro.[131] Sebbene l'installazione di una officina vetraria all'interno dell'edificio residenziale di età tardoantica attiguo alla basilichetta "di Petrus" sia tutt'altro che certa,[132] la presenza di rottami, scorie e oggetti fallati attesta la manifattura *in loco* di recipienti le cui caratteristiche tipologiche rimandano a un arco cronologico compreso tra la seconda metà del V e l'VIII secolo.[133]

Come noto, un'officina vetraria altomedievale è tornata in luce a Torcello. Purtroppo la cronologia di questo articolato complesso, che si estendeva su un'area piuttosto ampia e che si componeva di più fornaci, resta incerta, tanto che la sua datazione oscilla tra il VII e il IX secolo.[134] Più di recente, gli scavi condotti presso la cattedrale di Santa Maria a Comacchio hanno permesso di ricostruire l'attività di una officina della seconda metà del VII secolo, nella quale si realizzavano non solo recipienti in vetro soffiato di uso corrente (principalmente calici), ma anche oggetti di qualità superiore, sicuramente destinati a una clientela esclusiva, la cui produzione è certificata dal ritrovamento di una matrice per cammei in pasta vitrea assimilabili agli esemplari in opera sulla Croce di Desiderio a Brescia e su una capsella per reliquie conservata presso il Museo Cristiano di Cividale del Friuli.[135]

In passato, queste testimonianze sono state proiettate sullo sfondo del "mito delle origini" degli insediamenti lagunari, dove le popolazioni della terraferma avrebbero trasferito non solo le loro sedi,

131. Lopreato, *Lo scavo*, p. 329; Malaguti *et al.*, *Grado*, pp. 80-82.

132. Diversamente da quanto affermato in Lopreato, *Lo scavo*, p. 329 e in Malaguti *et al.*, *Grado*, p. 80, la forma rettangolare dei due fornetti rinvenuti in uno degli ambienti dell'edificio mal si concilia con quella di strutture per la lavorazione secondaria del vetro, che in epoca tardoantica e altomedievale sono di norma circolari e semicircolari. A ciò si aggiunge il fatto che gli scarti di lavorazione recuperati sono troppo esigui per provare l'effettiva rifusione e soffiatura del vetro, attività che devono essere state comunque praticate nelle vicinanze della cattedrale di Santa Eufemia. Devo queste osservazioni alla dott.ssa Margherita Ferri dell'Università Ca' Foscari di Venezia, che qui ringrazio.

133. Malaguti *et al.*, *Grado*, p. 82.

134. Tabaczyńska, *Le origini*, pp. 119-121; Leciejewicz, *Italian-Polish Researches*, pp. 51-71.

135. Gelichi *et al.*, *Importare*, pp. 153-159.

ma anche quelle attività produttive che, come appunto la produzione del vetro, li avevano visti fino ad allora impegnati e attorno alle quali si sarebbe formata una tradizione artigianale destinata a una duratura fortuna. Secondo questa ricostruzione, un *fil rouge* unirebbe le officine vetrarie di Aquileia romana a quelle della Murano medievale. Tuttavia, più che pensare a una eredità dell'antico o a una vocazione manifatturiera connaturata ai territori lagunari, risulta più utile rilevare come la presenza di attività produttive costituisca uno dei tratti distintivi dei centri nati durante l'alto medioevo.[136] La piena comprensione delle caratteristiche e funzioni precipue di Grado non può del resto prescindere da un approccio di tipo comparativistico, che collochi il *castrum* nel contesto delle trasformazioni insediative che investirono l'alto Adriatico e, più in generale, lo spazio mediterraneo nel corso della tarda antichità e dell'alto medioevo.[137]

A questo proposito può essere utile proporre un parallelo tra Grado e una serie di siti della costa adriatico-ionica dell'Epiro, che – oggetto di un recente studio di Myrto Veikou –[138] condividono con Grado una serie di peculiarità, tra cui – prima tra tutte – la natura insulare dell'insediamento. Tale caratteristica ha fatto sì che nella letteratura scientifica questi siti siano stati descritti come "isole di rifugio" («isles of refuge»), facendone risalire le origini – proprio come nel caso degli insediamenti lagunari dell'alto Adriatico – alla situazione di insicurezza determinatasi nei Balcani in seguito alle invasioni degli Avari e degli Slavi e alla conseguente fuga delle popolazioni bizantine della Grecia continentale verso luoghi più sicuri.[139]

136. Gelichi, *Comacchio*, pp. 160-163.

137. Sulle potenzialità di un approccio comparativistico allo studio degli insediamenti altomedievali, cfr. Gelichi, *Comacchio*, pp. 161-163, in cui si istituisce un confronto tra il caso di Comacchio e gli insediamenti costieri della Scandinavia meridionale (Sindbæk, *Open Access*, pp. 96-109).

138. Veikou, *Byzantine*, pp. 177-188.

139. L'origine di questo paradigma storico-archeologico può essere fatta risalire alle ricerche di Sinclair F. Hood sugli isolotti di Panagia, Agios Georgios e Ipsafia nella baia di Itea (golfo di Corinto), dove la presenza di insediamenti del VI-VII secolo è stata ricondotta dall'archeologo britannico, uno specialista dell'età del Bronzo (ambito disciplinare dal quale egli trasse la locuzione di "isles of refuge"), alla fuga delle popolazioni delle terraferma dinanzi all'incedere degli Slavi: Hood, *Isles*, pp. 37-45.

Per quanto non si possa escludere che queste isole abbiano svolto anche le funzioni di rifugio temporaneo, le tracce materiali rivelano piuttosto l'esistenza di insediamenti stabili, talvolta fortificati e caratterizzati da una certa qualità architettonica e monumentale, come confermato dalla presenza di abitazioni, cisterne e chiese. L'evidenza archeologica e quella numismatica dimostrano altresì lo svolgimento di attività commerciali e produttive, cui si aggiungevano le prerogative amministrative attestate dal frequente rinvenimento di sigilli di rappresentanti della burocrazia e dell'esercito imperiali.[140]

Le cosiddette "isole di rifugio" assolvevano dunque a una molteplicità di funzioni (militari, economiche, religiose, amministrative e, presumibilmente, fiscali), evidentemente non più di pertinenza esclusiva delle città. Del resto, le trasformazioni intervenute dalla metà del VII secolo nelle strutture politiche, territoriali, demografiche e culturali dell'Impero bizantino privarono i centri urbani del ruolo di unici intermediari (soprattutto sotto il punto di vista fiscale) tra le province e Costantinopoli, determinando l'emergere e l'affermazione di nuove categorie di insediamenti, come appunto quelli fortificati.[141] Una trasformazione che trova un preciso riscontro semantico nell'affermazione del termine κάστρον per indicare qualsivoglia centro abitato, a prescindere dalle sue dimensioni, caratteristiche materiali e popolazione.[142]

Come osserva Myrto Veikou, questi fattori impongono un superamento della dicotomia "urbano-rurale" finora prevalente nella storiografia e archeologia tradizionali e suggeriscono, invece, l'adozione di categorie "altre" per lo studio degli insediamenti bizantini. Ispirandosi ai modelli interpretativi della più recente letteratura geografica, la studiosa pone le "isole di rifugio" nel no-

140. Veikou, *Byzantine*, pp. 177-179.

141. Brandes, *Die Stadt*, pp. 44-131; Haldon, *Byzantium*, pp. 99-124; Idem, *The Empire*, pp. 159-177.

142. Sul significato del termine κάστρον nel mondo bizantino, si veda Haldon, *The Idea*, pp. 10-19. Anche nelle fonti italiane, di area bizantina e non, il termine *castrum* si caratterizza per una evidente polisemanticità: esso non indica necessariamente un insediamento fortificato e, al pari di *civitas*, può essere riferito a un territorio giurisdizionalmente significativo, per quanto privo di un centro ordinatore (Lazzari, *Campagne*, pp. 632-635; per il ducato di Venezia, cfr. Gelichi, *Castles*, pp. 266-267).

vero di quegli insediamenti che, come i *kastra*, si collocavano in uno spazio intermedio (*In-between*) tra le categorie di "città" e di "campagna", in una dimensione "terza" (*Third Space*) rispetto a queste realtà.[143] Del resto, come nel caso dell'occupazione tardoantica-altomedievale delle lagune dell'alto Adriatico, la comparsa delle "isole di rifugio" è il risultato di precise scelte insediative che, dettate da esigenze radicalmente differenti rispetto a quelle del periodo romano, appaiono rispondere in maniera più diretta ai caratteri geografici delle singole aree, onde sfruttarne le potenzialità.[144] Per la loro natura insulare, questi centri rappresentavano i nodi nevralgici delle reti di relazione e di comunicazione tra Costantinopoli e le province dell'Impero, consentendo il transito di individui, merci e informazioni.

A questo proposito, si deve sottolineare come le località e le città marinare collocate nei territori più distanti dalla capitale o in aree solo nominalmente sotto l'autorità bizantina contribuirono spesso alla difesa dell'Impero, fornendo supporto logistico e militare.[145] Durante il IX secolo, Venezia intervenne ripetutamente a fianco degli eserciti bizantini impegnati nella lotta all'espansione islamica nel Mediterraneo centrale,[146] e vari episodi dimostra-

143. Alle "isole di rifugio" e ai *kastra*, la Veikou aggiunge una terza categoria, quella degli «unspecified settlement», la cui esistenza è segnalata da edifici di culto attualmente isolati e, almeno in apparenza, non collegati ad abitati (Veikou, *Byzantine*, pp. 188-197).

144. Veikou, *Byzantine*, pp, 180-181. Sull'analogo caso degli insediamenti della laguna di Venezia, si veda Gelichi, *Paesaggio e insediamenti*, pp. 166-170.

145. Shepard, *Introduction*, pp. 4-7.

146. Nell'827, lo sbarco di Asad al-Furât in Sicilia spinse l'imperatore Michele II a chiedere la collaborazione del duca Giustiniano Particiaco, il quale armò diverse navi da guerra, mobilitate nuovamente nell'829. Nell'840, l'imperatore Teofilo inviò a Venezia il patrizio Teodosio Baboutzikios perché, dopo avere investito il duca Pietro Tradonico del titolo di *spatharios*, allestisse sessanta navi da guerra da impiegare contro i Saraceni che avevano occupato Brindisi (838) e Taranto (839). Questa flotta fu però sbaragliata prima di arrivare a destinazione e i Saraceni poterono risalire l'Adriatico fino all'arcipelago del Quarnaro, dove devastarono Ossero, nell'isola di Cherso, per poi assaltare Ancona e raggiungere Adria, catturando anche un convoglio di imbarcazioni mercantili di ritorno a Venezia (Ortalli, *Venezia*, pp. 396-399). Costantino Porfirogenito ricorda inoltre il contributo di Ragusa e delle altre città dalmate alla fallimentare spedizione franco-bizantina contro l'emirato di Bari (867), cui questi centri parteciparono

no come Grado abbia mantenuto la propria importanza strategica ancora in questo periodo. Non è un caso che, al di là delle notizie relative alle controversie religiose, Grado compaia nelle fonti solo in riferimento a episodi bellici.[147] Giovanni Diacono racconta che nel maggio dell'872 i quattordici uomini, incaricati dal duca Orso II (864-881) di raccogliere informazioni sui Saraceni di Creta intenti al saccheggio delle città della Dalmazia, caddero vittima presso Grado dell'imboscata di alcuni Slavi, che li uccisero e catturarono la piccola nave su cui viaggiavano.[148] Nell'875, i Saraceni concentrarono le proprie attenzioni sulla stessa Grado, che cinsero d'assedio per due giorni prima che la flotta agli ordini di Giovanni, il figlio di Orso II, li cacciasse, dirottandoli su Comacchio, la principale rivale di Venezia.[149] L'anno seguente ad affacciarsi in laguna furono le *Sclavorum pessime gentes et Dalmacianorum* che, dopo avere devastato le città istriane di Umago, Cittanova, Sipar e Rovigno, si diressero «Gradensem ad urbem», suscitando la pronta risposta di Orso II: intervenuto con trenta navi, il duca riportò una

trasferendo in Italia contingenti di Croati e *Narentani* e con una flotta di 200 navi (Shepard, *Introduction*, pp. 4-7).

147. Per un'analisi del ruolo di Grado nel sistema di difesa del ducato venetico, Brogiolo, *Dai castelli*, pp. 296-301.

148. Giovanni Diacono, *Istoria Veneticorum* III, 7, pp. 132, 134: «Sequenti vero anno mense madii item Sarraceni a Creta insula egredientes, quasdam Dalmaciarum urbes depopulati sunt pariterque etiam Braciensem eiusdem provincie urbem invaserunt. Quod cum domno Urso duci denunciatum foret, parvam naviculam cum quattordecim hominibus ad Istriam usque destinare sub festinacione studuit, quatenus Sarraceni ne forte Veneciam petere vellet, vel qualis eorum fortitudo subsisteret explorare deberent. Qui cum Gradensi de civitate Istriam petituri exissent, predones Sclavi, qui in portu Silvodis reclusi latitabant, supra eandem naviculam velociter irruerunt. Ubi cum uterque pars fortiter dimicaret multique Sclavorum percussi deficerent, novissime vero capta Veneticorum ab eisdem Sclavis navicula, omnes Venetici qui intus erant, occisi sunt. Predicti autem Sarraceni, urbibus quas diximus devastatis, cum inestimabili preda ad propriam sunt reversi». Sul duca Orso II, Berto, *In Search*, pp. 327-330.

149. Ivi III, 12, p. 136: «[...] Sarraceni advenientes, Gradensem urbem capere conati sunt. Sed civibus fortiter decertantibus, Sarracenorum impietas non prevaluit. Tamen cum duobus predictam urbem diebus obsedissent, denunciatum est domno Urso duci, qui instanter Iohannem filium suum adversus eosdem cum navali exercitu misit. Quod dum Sarraceni sorte investigarent, protinus recedentes ab urbe, Cumaclensem villam depopulati sunt». Su Giovanni, Berto, *In Search*, pp. 331-332.

vittoria schiacciante e poté fare ritorno al palazzo «con la gloria del trionfo»[150]

Protetta da mura e strategicamente collocata lungo le vie di comunicazione altoadriatiche, Grado svolgeva dunque funzioni in gran parte assimilabili a quelle delle "isole di rifugio" del mondo bizantino e, sebbene questo non sia di per sé sufficiente ad attribuirle la qualifica di "terzo spazio", consente di collocarne lo sviluppo in una prospettiva mediterranea.

150. Ivi III, 14, pp. 136, 138: «Tunc Sclavorum pessime gentes et Dalmacianorum Ystriensem provinciam depredare ceperunt. Quattuor vidilicet urbes ibidem devastaverunt, id est Umacus, Civitas nova, Sipiares atque Ruinius. Deinde nunciatum est domno Urso duci quod Gradensem ad urbem vellent transire; cum triginta navibus ad predictam civitatem venit. Inde pertransiens Istriam, audacter super eosdem Sclavos inruens, in tantum eosdem cede prostravit ut nemo illorum evadens, patriam valuit reverti. Quoniam hisdem princeps celitus victoriam consecutus, Sclavos, quos in hoc certamine ceperat, liberos dimisit ecclesiarumque res, quae sublatae in prelibata provincia fuerant, restituit sicque triumphali cum gloria palatium reddiit».

3. Il "testamento" di Fortunato: traduzione e commento

1. *Trasmissione e natura del documento*

Prima di procedere all'analisi del contenuto del cosiddetto "testamento", è necessario soffermarsi, sia pure brevemente, sulle modalità della sua trasmissione, per poi esaminarne l'effettiva natura.

Al pari di altre testimonianze della più antica storia veneziana, il "testamento" di Fortunato ci è giunto unicamente nella versione contenuta nel *Codex Trevisaneus*, che raccoglie la trascrizione di 250 documenti datati tra il 628 e il 1394.[1] La storia del codice resta in larga parte oscura: non se ne hanno infatti notizie prima del XVII-XVIII secolo, quando esso entrò a fare parte della biblioteca del patrizio veneziano Bernardo Trevisan (1658-1732); questa fu acquisita come bene di pubblico interesse alla Cancelleria della Repubblica dopo la scomparsa del legittimo erede del Trevisan, il fratello Francesco (1658-1732), prima vescovo di Ceneda (1710-1725) e poi di Verona (1725-1732).[2]

Nulla si conosce del copista e delle circostanze di compilazione del *Codex*, che le caratteristiche paleografiche della scrittura, una corsiva del tipo maturo dell'italica, permettono di datare in maniera generica alla fine del Quattrocento o, più probabilmente, agli inizi del Cinquecento.[3] Queste considerazioni inducono a

1. Si tratta di un codice realizzato con carta di scarsa qualità, nel quale i 250 documenti di cui esso si compone sono disposti in ordine cronologico non rigoroso (Da Mosto, *L'archivio di Stato*, pp. 250-251).

2. Brunettin, *Il cosiddetto testamento*, pp. 63-64.

3. Ivi, pp. 69-72.

rifiutare la proposta di Giovanni Battista Monticolo, il quale riteneva il *Codex Trevisaneus* una compilazione prodotta nell'ambito della Cancelleria ducale in un momento compreso tra il 1394 e il 1419.[4] La proposta potrebbe essere tuttavia accolta per un ipotetico antigrafo, un perduto registro di cancelleria tre-quattrocentesco, solitamente identificato con il fantomatico *Liber Egnatii*. Eppure, il *Trevisaneus* non mostra affatto l'aspetto di un manoscritto di copia, qualificandosi invece come una scrittura originale, fitta di interventi correttivi, note redazionali, cambi di inchiostro e di modulo.[5] Esso va quindi ritenuto una compilazione, nella quale confluirono molti materiali che, non appartenenti alla tradizione ufficiale dei *libri pactorum*, appaiono il risultato di una ricerca archivistica condotta da un privato, probabilmente vicino agli ambienti della Cancelleria, con il precipuo intento di reperire "inediti", onde dare forma a una raccolta pratica e funzionale dei documenti più antichi e rilevanti della Venezia delle origini.[6] È peraltro evidente che il copista abbia incontrato più di una difficoltà nella lettura del cosiddetto "testamento": pur non essendo sempre riconducibili a un principio unico, le numerose sottolineature che caratterizzano la trascrizione del documento risultano per lo più apposte sotto quei termini che dovevano risultare di difficile lettura nel XV-XVI secolo, perché ormai desueti o dimenticati.[7]

L'interesse del *Codex Trevisaneus* fu presto riconosciuto non solo dalle autorità veneziane che, come si è visto, ne vollero avocare la proprietà alla Serenissima, predisponendo la realizzazione di due copie tuttora conservate presso la Biblioteca Marciana,[8] ma anche

4. Monticolo, *I manoscritti*, p. 218.

5. Bartoli Langeli, *Il patto*, pp. 28-29.

6. Ivi, p. 29.

7. Data la rapidità della trascrizione, ugualmente frequenti sono le abbreviature: la *e* che segue la *l* o la *d* è spesso resa con un tratto apposto sull'asta ascendente della consonante che la precede, mentre la *m* e la *n* sono rese mediante un tratto circonflesso o diritto al di sopra o sono legate alla parte superiore della lettera precedente. Frequenti anche le abbreviature dei pronomi relativi, eseguite mediante segno convenzionale, così come non è raro il segno tachigrafico di *com-* o *con-* e dell'avverbio *item* (Brunettin, *Il cosiddetto testamento*, pp. 71-72).

8. Si tratta di Lat. X, 181, e di Lat. X, 310, risalenti rispettivamente al XVII e XVIII secolo del *Codex Trevisaneus*. La Biblioteca del Museo Correr conserva, invece, la copia del *Codex* (Cod. 2672) approntata nel Settecento da G.B. Verci.

da quegli studiosi che a partire dal XVII secolo se ne servirono per le proprie ricerche. Pur non essendogli stata tributata quell'attenzione che storici, eruditi e diplomatisti riservarono ai più prestigiosi e ricchi registri della Repubblica di Venezia, quali il *Liber Albus*, il *Liber Blancus* e il *Liber Pilosus*, il *Codex Trevisaneus* compare tra le fonti utilizzate da Ferdinando Ughelli per la redazione della sua *Italia Sacra* (1644-1662). Di esso si servì anche Nicola Coleti, che lo consultò per la riedizione, commentata e ampliata, dell'opera dell'Ughelli (1717-1722). Sempre nel Settecento, il codice suscitò l'interesse dell'erudito e letterato veneziano Apostolo Zeno, che provvide a stilarne un indice, pubblicato agli inizi del XIX secolo da Domenico Maria Pellegrini, il bibliotecario del convento dei Domenicani dei Gesuati a Venezia.[9]

Nel corso del XIX secolo l'attenzione diplomatistica e storica per il *Codex Trevisaneus* non venne meno, per quanto il "testamento" di Fortunato abbia suscitato un interesse molto modesto se paragonato a quello riscosso dagli altri documenti della raccolta. Non è un caso che fino alla fine del XX secolo l'unica edizione del testo sia rimasta quella compresa nel quinto volume dell'*Italia Sacra* dell'Ughelli[10] e riprodotta, integralmente e senza alcuna modifica, da Roberto Cessi nei *Documenti relativi alla storia di Venezia*.[11] Si è quindi dovuto attendere il 1991 perché il documento, grazie alla pubblicazione del lavoro di Giordano Brunettin, fosse finalmente oggetto di una edizione critica e di una lettura che ne chiarisse la natura.[12]

Nelle pagine precedenti il termine "testamento" è stato preceduto dall'aggettivo "cosiddetto", a sottolineare il fatto che, a dispetto della definizione con cui regestatori ed editori hanno unanimemente qualificato il documento, questo non può essere in realtà annoverato nella categoria dei testamenti e, più in generale, degli atti di ultima volontà.

Analizzandone con attenzione il contenuto, si nota infatti che, ferme restando le difficoltà nel pervenire a una precisa definizione tipologica delle disposizioni testamentarie,[13] il "testamento" non

9. Brunettin, *Il cosiddetto testamento*, pp. 64-65, 70-71.
10. Ughelli, *Italia Sacra*, cc. 1101-1105.
11. *Documenti relativi alla storia di Venezia* I, n. 45, pp. 75-78.
12. Brunettin, *Il cosiddetto testamento*, pp. 73-76.
13. Sul problema della definizione tipologica dei testamenti altomedievali, Holger Brunsch, *Genesi*, pp. 85-87.

contiene alcuna formula o riferimento proprio di questo tipo di documenti: Fortunato non accenna, né direttamente né indirettamente, alla propria morte e, parimenti, mancano rimandi a un'eventuale malattia che possa avere spinto il patriarca a dettare le sue ultime volontà. Allo stesso modo, Fortunato non fornisce alcuna direttiva riguardo al suffragio della propria anima e al destino dei suoi beni, così come non indica alcun esecutore testamentario. Al contrario, in almeno due occasioni, Fortunato si dice sicuro di un suo rientro a Grado e l'unico riferimento a una volontà che si possa assimilare a un lascito testamentario lo si rileva nel passo in cui il patriarca promette di rimediare agli eventuali ammanchi nei beni conservati presso i magazzini della residenza episcopale, la *domus sancti Hermagore*. Tuttavia, anche in questo caso, Fortunato lascia intendere di non nutrire dubbi circa un suo ritorno in patria e la decisione di lasciare tutto quanto in suo possesso alla Chiesa di Grado non depone affatto a favore di un'ultima volontà particolare ed esprime piuttosto una volontà generale, a dimostrazione dell'assoluta dedizione del patriarca alla propria sede.[14]

Dunque, il fatto che il documento sia stato redatto in prossimità della morte di Fortunato non è una ragione di per sé sufficiente a ritenere che esso sia effettivamente un testamento. Le circostanze di redazione permettono però di avanzare un'ipotesi alternativa, attribuendo al documento la natura di "memoria difensiva" approntata da Fortunato in attesa di sottoporsi al giudizio del pontefice.[15] L'orgogliosa e puntigliosa enumerazione da parte del patriarca delle sue benemerenze nei confronti della Chiesa di Grado e dei suoi interventi negli edifici di culto del *castrum* risponde probabilmente all'esigenza di controbattere alle ripetute accuse di malversazione e corruzione che gli erano state rivolte nel corso della carriera. Non è un caso che il patriarca sostenga in più occasioni di non avere minimamente intaccato il patrimonio della sua Chiesa gradese, ma di averlo semmai accresciuto.

Il "testamento" assume, quindi, una forma del tutto peculiare, che da un lato richiama gli inventari di beni ecclesiastici tipici del periodo carolingio, dall'altro lo avvicina alle biografie episcopali

14. Brunettin, *Il cosiddetto testamento*, pp. 74-75.
15. Ivi, pp. 75-76.

dei *Libri Pontificales* e dei *Gesta episcoporum*.[16] Di questa particolare natura del documento è testimone Giovanni Diacono quando afferma che, non potendo descrivere tutta l'opera di Fortunato, cercò di annotare quanto appreso da un resoconto (*relatio*), in cui si deve appunto riconoscere il "testamento".[17]

Come noto, i sovrani carolingi riconobbero nella redazione di inventari uno strumento fondamentale nell'amministrazione dei patrimoni regi ed ecclesiastici, dei quali si voleva conoscere la consistenza e salvaguardare l'integrità.[18] I capitolari insistono spesso sulla necessità di procedere al censimento dei beni mobili e immobili presenti all'interno delle proprietà regie ed ecclesiastiche, affidando ai *missi* e agli *iudices* il compito di stilare questi inventari.[19] Tuttavia, all'interno delle norme di carattere generale riguardanti le *imbreviationes*, esisteva anche una legislazione "specializzata", avente come oggetto la redazione di inventari separati dedicati ai soli tesori ecclesiastici, onde porre un freno alle dilapidazioni provocate dalla negligenza o dallo spirito di lucro.[20] È in quest'ottica che nel febbraio dell'832, in un capitolare emanato a Pavia, Lotario ingiunge ai propri *missi* di istituire un'indagine riguardo «ai saccheggi, che al giorno d'oggi vengono commessi da diversi uomini contro i beni ecclesiastici [...] perché quanti li hanno commessi si correggano secondo la legge con la nostra punizione» (trad. Claudio Azzara e Pierandrea Moro).[21] Dunque, se nei polittici italiani del IX e X secolo la descrizione dei beni fondiari delle singole istituzioni religiose è spesso preceduta da una sezione dedicata al tesoro, una lontana eco

16. Marano, *At the Crossroad*, pp. 292-294.

17. Giovanni Diacono, *Istoria Veneticorum* II, 28, p. 112: «Et quia nulla ratione sui operis plenitudinem exarare me posso existimo, partem, quam corrundam relatione expertus sum, stilo adnotare studui».

18. McKitterick, *The Carolingians*, pp. 160-163; Sonnefraud, *Inventaires*.

19. Valga, a titolo di esempio, la norma inserita nel *Capitulare de villis vel curtis imperialibus* (cap. 55, p. 88): «Volumus ut quicquid ad nostrum opus iudices dederint vel servierint aut sequestraverint, in uno breve conscribi faciant, et quicquid dispensaverint, in alio; et quod reliquum fuerit, nobis per brevem innotescant». Su questa legislazione, Sonnefraud, *Inventaires*, pp. 34-37.

20. Bougard, *Tesori*, pp. 71-72.

21. *Capitolare di Lotario dei* missi – febbraio 832, 11: «Depraedationes quoque, quae moderno tempore defunctis episcopis a diversis hominibus factae sunt in rebus eclesiasticis, ut qui eas fecerunt, legaliter emendent cum emenitate nostra».

di questa normativa si coglie in testi come l'inventario della cappella di Berengario I a Monza, redatto nel momento in cui il suddiacono Adalberto inizia il suo mandato, o quella della cattedrale di Cremona, compilato nel 964 dopo una serie di furti.[22]

Lo spirito "contabile" con cui Fortunato riporta il valore monetario di alcuni degli oggetti da lui donati alle chiese di Grado o le somme spese per il loro acquisto denota il desiderio del patriarca di dimostrare la trasparenza della sua amministrazione, sgombrando il campo da qualsiasi sospetto di appropriazione indebita.

Il "testamento" di Fortunato segue, almeno in parte, la struttura tipica degli inventari di età carolingia, che per ogni singolo edificio di culto ricordano gli altari, la suppellettile liturgica (vasellame, libri sacri, paramenti), i *mobilia* del tesoro, gli oggetti di altro tipo (utensili di legno, metallo e ceramica) in dotazione alla chiesa e le terre che ne compongono il patrimonio fondiario, specificandone l'estensione e il numero degli uomini, degli animali e degli immobili che si trovano su di esse.[23] Queste elencazioni contraddistinguono peraltro anche i testamenti, come quello del duca Eberardo del Friuli e di sua moglie Gisela (863-864) e quello del vescovo Elbunco di Parma (914).[24]

A distinguere il "testamento" dagli inventari e dalle disposizioni testamentarie vere e proprie è, però, l'intonazione fortemente autobiografica del testo, un elemento che, come si è detto, lo avvicina alle *vitae* di vescovi dei *Gesta episcoporum*.

La produzione e la circolazione di questi testi, un genere inaugurato da Paolo Diacono negli anni Ottanta dell'VIII secolo con il *Libellus de episcopis Mettensibus*, costituisce uno dei fenomeni più caratteristici del periodo carolingio.[25]

I *Gesta* non si limitano a narrare la storia di una Chiesa attraverso la successione e gli atti dei suoi vescovi, ma appaiono un vero e proprio "dispositivo legittimante", volto a dimostrare la continuità e la santità di un lignaggio episcopale, le cui origini sono fatte risalire

22. Bougard, *Tesori*, p. 72.

23. Sonnefraud, *Inventaires*, pp. 35-37.

24. Sul testamento di Eberardo del Friuli e di sua moglie Gisela, La Rocca, Provero, *The Dead*, pp. 225-280; sul testamento di Elbunco, Falconi, *Il testamento*, pp. 59-63.

25. Sui *Gesta Episcoporum et Abbatum*, Sot, *Historiographie*, pp. 433-439; Idem, Gesta.

all'età apostolica.[26] I vescovi parlano e agiscono in nome del santo fondatore della loro Chiesa, da cui ricevono in eredità un clero, un gregge, edifici di culto, beni materiali e diritti che è loro compito salvaguardare e accrescere.[27] Tale missione si espleta nell'ordinazione di chierici, nel soccorso ai membri della comunità in difficoltà, nella costruzione, nel restauro e nella decorazione di chiese e nell'acquisizione di terre, tutte attività che rientrano nei compiti e nelle prerogative dell'azione pastorale e, come tali, sono debitamente registrate nei *Gesta*. Alla stregua di un buon padre di famiglia, il vescovo è chiamato a un'amministrazione oculata e scrupolosa delle risorse ecclesiastiche, che devono essere investite nelle opere di carità e nella cura degli edifici di culto in cui i fedeli si riuniscono per le celebrazioni liturgiche.[28] La descrizione delle imprese edilizie serve a dimostrare la sollecitudine di un presule nei confronti del suo gregge, che trova espressione anche nell'accrescimento del patrimonio fondiario ecclesiastico, a testimonio del quale i redattori dei *Gesta* non esitano a riportare interi brani desunti da carte e fonti archivistiche. Non stupisce quindi che, in caso di incertezza riguardo ai diritti di proprietà di un bene, i *Gesta* potessero essere prodotti in tribunale a sostegno delle rivendicazioni di una Chiesa.[29]

Al pari dei *Gesta*, anche il "testamento" di Fortunato è costruito attorno all'immagine del vescovo quale protettore del patrimonio e delle prerogative della propria Chiesa. Una immagine che non è proiettata, o quantomeno non solo, lungo una linea di continuità, ma che per la natura stessa del "testamento" si concentra sul presente e che appare innanzitutto funzionale all'affermazione dell'autorità del patriarca.

26. Sot, *Historiographie*, pp. 440-446.

27. Ivi, p. 444. Sul significato ideologico della gestione e difesa del patrimonio ecclesiastico da parte dei vescovi, cfr. Toneatto, *Les Banquiers*, pp. 183-207.

28. Ivi, pp. 442-443.

29. È questo quanto accaduto, per esempio, nell'855 e nell'863, quando il clero di Le Mans si appellò agli *Actus pontificum cenomanis in urbe degentium* per rivendicare, prima davanti ai vescovi riuniti a Bonneuil e a Carlo il Calvo e poi dinanzi al papa, il possesso di alcune terre, la cui documentazione originale era andata perduta (Sot, *Historiographie*, pp. 444-445).

2. *Testo*

Quae legavit et fecit Fortunatus patriarca Eclesie sue

Imprimis altari[1] sanctae Euphemie cum auro et argento et desuper duos damaschinos et unam purpuram et unum fundalum et unum istoriale cum istoria de Epifania; lineas duas cortinas historiales, quae circundat[2] tota sedilia, unde misi ante velo maiore[3] <ante> reges, que emi de Christophoro episcopo, mancosos viginti; et alio venedo maiore[4] <et> misi tabulatum in ambas scolas de ecclesia sanctae Euphemie <et> duas coronas argenteas maiores, in una ardet[5] cesendelli centum. In alia ecclesia fecit tales coronas quales hodie in Italia non sunt, turres maiores, duas patenas quales in ipsa ecclesia numquam fuere, coronas aureas [...] habuimus turibulo parvo[6] de auro ad augent<um> solidos auri mancosos XXX et II. Feci maiore similiter <turibolo>[7] de argento <et misi> pergula[8] ante altare maiore;[9] [item] omnia vasa deaurata et deargentata fronte, quae mihi por[...] dedit valentia solidos 70. Cortinam, quam mihi donavit socera Passibo, quam ego volui comparare de illo solidos 40, tamen non minus illi merui. Ad sedem sancti Marci peciam unam, quae fuit comparata solidos XV, cortinas lineas duas, unam de cubitis L et V, aliam de 30: illas tulit dericiator in sua mercede, fecit exinde camisias et bragas ad suos clericos; duas cortinas choro paratas cum brandeo velo, idest ante cancellos de secretario. Ad corpora beatissimorum martyrum fabricavi altaria de auro et de argento, in longitudine pedes XV et in latitudine pedes tres et semisse et post ipsum altare alium parietem deauratum et deargentatum, similiter in longitudine pedum XV et in altitudine pedes 4; et super

1. "Altari" va qui probabilmente inteso come una variante ortografica di "altare" (accusativo neutro singolare), secondo uno scambio molto comune nei manoscritti.

2. Per "circundant".

3. Per "velum maiorem" (accusativo maschile), che non esiste nel latino classico, ma è attestato nel latino medievale.

4. Per il classico "venedum maiorem" (accusativo maschile).

5. Per "ardent".

6. Per il classico "turibulum parvum". Diversamente da quanto affermato in Brunettin, *Il cosiddetto testamento*, p. 96, "turibulo" non va considerato un dativo, ma va interpretato come un accusativo in *-o* invece che in *-um*, tipico del latino cosiddetto volgare dell'area italiana.

7. Per "maiorem turibulum".

8. Per "pergulam"

9. Per il classico "maius".

ipso pariete arcus volutiles de argento et super ipsos arcus imagines de auro et super ipsa corpora peccias 8, quod ego misi et de ipsa[10] fecimus et in circuitu per cancellos ad ipsa corpora velo maiore[11] unum istoriale ante regias sancti Quirini. Et dedi Mauriano magistro argentum ad facere templos, nescio aut tres aut quatuor recordo, et feci ibi altare unum. Tulit ipsos templos clericus ad ordin[...] Mauriano et destruxit ipsum altare et fecit exinde illos templos de sancto Quirino et medium parietem in longitudine de illo altari, quod tulit de ecclesia sancti Pantaleonis de Nova Civitate; et super ipsa corpora misi peccias tres, ante regias sancti Marci velum I, in circuitu altaris quadrabulum I, super altare similiter capsa, quae venit coomparata de Constantinopoli libras X; ante sepulchrum domni Ioannis petiam unam; in oratorio Petri ante corpora altare et super altare et in circuitu altaris pecciam unam; in oratorio ante corpora sancti Quirini tria edificavi altaria: unum in honorem sancti Michaelis, aliud sancti Pauli, tertium sancti Benedicti et ipsa in circuitu et desuper honorifice coperii. In sancto Laurentio blata I et desuper macioda unam. Ad sanctum Paulum in circuitu altaris quadrabulum I et desuper similiter. Ad fontes sancti Ioannis in circuitu quadrabulo[12] unum et desuper fun[...], in circuitu fontes[13] velum lineum unum. In ecclesia sanctae Marie altare et in circuitu fundato maiore[14] I et unum damaschinum et unum fondatum album et de [do]randum iam libras XII et, si Deo placuerit, adimplere cupio et credo in Deo et vos nollite dubitare, quod dico, Deo iubente, sic facio. Et coperii ipsam ecclesiam de plumbo de dono sancti Imperii, et in meo certamine, et stravi ipsam porticum cum lapide usque in plateam publicam. In sancto Zenone in circuitu altare[15] et desuper palchum unum. Ad sanctum Pancratium similiter. Eclesia sanctae Agate, ubi requiescunt 40 et duo martyres, erat in ruinis posita et quando impetus maris veniebat, usque ad ipsa corpora ambulabat, sed tanta erat Dei misericordia, quod ipsa aqua feriebat parietes longe de ipsa corpora pedes 5, quod plures nostri sacerdotes viderunt. Ego autem, cum Dei misericordia, reedificavi eam a fundamentis in altitudinem et in longitudinem ubi iam impetus maris accedere numquam potest et super ipsa corpora feci arcus volutiles et super ipsos alios arcus volutiles. Et feci ibi altare in honorem sancti Felicis et Fortunati,

10. Per il classico "de ipsis".
11. Per "velum maiorem" (accusativo maschile).
12. Per "quadrabulum".
13. Per il classico "fontis".
14. Per il classico "fundatum maiorem".
15. Per il classico "altaris".

paratum cum auro et argento; et ante ipsa corpora subtus similiter altare paratum cum auro et argento et desuper capsa, que empta fuit in Constantinopoli libras XV; et super ipso arcu volutili, qui est super altare sancti Felicis et Fortunati, edificavi altaria IV: sancte Cecilie, sanctae Eugenie, sanctae Agne[tis] et sancte Felicitati. Et post corpora beatissimorum martyrum in illa absida edificavi altare sancte Lucie, laus Deo omnipotenti. Ista altaria de palliis et linteaminibus honorifice cooperta sunt et dedi ibi patenas et calices de argento et unum casale in Pencircus, cum vineis et terris et olivetis, quem ego emi de filiis Badaario, et non ricordo aut unum aut duos casales, qui pertinent de iure sancte Ecclesie nostre. Et dedi ibi argentum libras X in manum Agao corepiscopo et omnem consuetudinem de sancta Ecclesia sic prendat sicut archipresbiter aut archidiaconus; et dedi ibi unam casam prope ipsa ecclesia,[16] quam emi de hominibus de Bevaziano. De ecclesia autem sancti Peregrini, quam Gradisiani in illorum peccato fundamenta everterunt per timore Franchorum, nos, Deo iubente, a fundamentis reedificavimus eam; scolas, mansiones et porticus in honore edificavimus. Ecclesia autem sancti Joannis maior tota erat inusta et scola in ruinis posita, quia et ego nec alii introire ubi ante abuit traves 18. Ego autem feci venire magistros de Francia, misi ibi traves XXX. Monasterio sanctae Dei genitricis Marie in insula Barbinio dedi argenti libras 3, navem cum omni armatura sua, grani modia centum; misimus ibi presbiteros et clericos, qui ibi Dominum celi quottidie laudant. Monasterium sancti Iuliani in insula, quod in ruinis positum erat, edificavimus; misimus ibi presbiteros et dedi illi argenti libras 2, ut ibi die noctuque officium faciat. In sancta ecclesia maiori dedi pro sacerdotes[17] inter castone[18] et siricas planetas XVI, credo et amplius, dalmaticas VIIII; septe[19] sunt et de una fecit sibi diaconus Venerius tunicam et de alia Mauricius, qui in perditione ambulavit, tunicas syricas octo de bono linteamine ad omne subdiacono[20] et acolitos de alio linteamine per sanctas ecclesias intus et foras, credo, quod intuere non possum. Dimisi per illas insulas cavallos XII, Deus scit, meliores fuere de quinquagenos vel sexagenos manchosos, armalino, lana, canabe, coria, filtros, saumas ursinas, scrineas ferro amplius valente quam solidos cento, vino

16. Per il classico “ipsam ecclesiam”.
17. Per il classico “sacerdotibus”.
18. Per il classico “castones”.
19. Per il classico “septem”.
20. Per il classico “per omnem subdiaconum”.

amphoras amplius quam duocento, sine alias causas quod ego non possum recordare; XVIII caldarias maiores comparavi de illos missos, quae illos[21] rame de casa Ioanni magistro milite tulerunt. Breve quanto in domo sancti Hermagore inveni: in primis grano modia XV, vino amphoras 9, auro facto pesante manchosos XXX et III, argento facto de mesa libras 72. Ego inde habeo hic ad me 60 libras et I sic perpesa quod in domo remansit; si plus invenit inter isto, quod ego habeo, et illo, tunc sciatis quod dempto de meo certamine et si minus invenit [quod], si Deo placuerit, ego illo habeo restaurare; de toto isto, pervivente in secula, non volo me habere, sed omnia reverta[22] in sancta Ecclesia. Laudo ego Deo de me habeo completa missa quod ad me habeam. Thesaurus sancte Ecclesie salvus est, quod ibi inveni, scepto[23] fuit unus calix parvulus et non benefactus, pervivente in secula, non pensavit amplius quam 114 manchosos. Ad augendum L manchosos transmisi in Franciam et bonas gemmas adamantinas et aiaguntos et faceret meliore et maiore.[24] Si sanus est dominus Ludovicus, ego credo quod sancta Ecclesia illum perdere non habet et si aliquid venit, confido in Deo. Non vado de ista luce antea quam ego restaurare. Credite, non profeta sum, nec filius profete, nam promissa a Deo sic erit quod in magno honore et gratia sancti Imperii in sancta mea reverto Ecclesia, in pace et tranquillitate vobiscum diebus vite mee gaudebo.

21. Per il classico "de illis missis, qui illas".
22. Per il congiuntivo "revertat".
23. Per il classico "exceptus".
24. Per "meliorem et maiorem".

3. *Traduzione*

Quanto ha lasciato come legato e ha fatto il patriarca Fortunato per la sua Chiesa.

In primo luogo <decorai> l'altare di Santa Eufemia con oro e argento e sopra <misi> due damaschi e una porpora e un fondato e un istoriale con la storia dell'Epifania; due cortine di lino che circondano tutti i seggi, da dove misi dinanzi ai cancelli un grande velo, che comperai dal vescovo Cristoforo per venti mancosi; e un altro grande velo, e stesi un pavimento in entrambe le *scholae* della chiesa di Santa Eufemia <e> due grandi corone di argento, in una <delle quali> ardono cento lumi. In un'altra chiesa feci corone che oggi non hanno eguali in Italia, grandi pissidi, due patene quali in questa chiesa non furono mai, corone d'oro [...], avemmo un piccolo turibolo d'oro per il cui miglioramento <diedi> XXX e II *solidi* mancosi d'oro. Parimenti feci un grande turibolo d'argento e <misi> una pergola davanti all'altare maggiore; [inoltre] tutti i vasi dalla superficie dorata e argentata, che mi diede *por*[...] del valore di 70 *solidi*. Una cortina, che mi donò la suocera di Passibo, <ma> che volli acquistare da lui per 40 soldi; non per questo ebbi meno merito di lui. Presso la cattedra di San Marco una pezza, che fu acquistata per 15 *solidi*, due cortine di lino, una di 55 cubiti, l'altra di 30: queste le ottenne come sua ricompensa il sarto, che ne fece quindi camicie e braghe per i suoi chierici [di Fortunato]; due cortine appese con un velo brandeo presso il coro, vale a dire dinanzi ai cancelli del *secretarium*. Realizzai altari d'oro e d'argento presso i corpi dei beatissimi martiri, della lunghezza di 15 piedi e della larghezza di 3 piedi e mezzo e dietro lo stesso altare feci un'altra parete dorata e argentata, allo stesso modo della lunghezza di 15 piedi e dell'altezza di 4 piedi; e al di sopra di questa parete archivolti di argento e sopra questi archivolti immagini d'oro e sopra questi corpi 8 pezze, e dalle stesse ho fatto realizzare anche attorno ai cancelli presso questi corpi un grande velo figurato dinanzi alla cappella di San Quirino. E diedi al maestro Mauriano argento perché facesse templi, non ricordo se tre o quattro, e ho fatto fare qui un altare. Un chierico prese questi templi su ordine di Mauriano e distrusse questo altare e fece poi quei templi di San Quirino e una parete della lunghezza di metà di quell'altare, che prese dalla chiesa di San Pantaleone di Cittanova; e su questi corpi misi tre pezze, un velo dinanzi alla pergola di San Marco, attorno all'altare un quadrabulo, allo stesso modo sull'altare un reliquiario, che fu acquistato a Costantinopoli del peso di 10 libbre; dinanzi al sepolcro del vescovo Giovanni una pezza; nell'oratorio di Pietro davanti ai corpi (ho fatto realizzare) un altare e (ho messo) una pezza sopra l'altare e tutt'intorno all'altare; nell'oratorio di San Quirino dinanzi ai corpi edificai tre altari: uno in onore di San Michele, un altro di San Paolo, il terzo di San Benedetto e li rivestii onorevolmente attorno e sopra. Presso <l'altare> di San Lorenzo una *blata* e sopra una *macioda*. In San Paolo un quadrabulo attorno all'altare e allo stesso modo <uno> sopra. Nel battistero di San Giovanni tutt'intorno misi un quadrabulo e al di sopra un fondato, attorno al fonte un velo di lino. Nella chiesa di Santa Maria ho fatto fare un altare e tutt'intorno ho messo un grande fondato e un damasco e un fondato bianco e per la cui doratura <ho impiegato> già 12 libbre e, se a Dio piacerà, desidero portarla a compimento e credo in Dio e voi non dovete dubitare, <che> quanto dico, con il favore di Dio, così faccio. E coprii la stessa chiesa con il piombo donato dal santo Impero con le mie sostanze e pavimentai il portico, con pietra fino alla piazza pubblica. In San Zenone attorno all'altare e sopra feci un palco. In San Pancrazio parimenti. La chiesa di Sant'Agata, dove riposano i quarantadue martiri, giaceva in rovina e, quando giungeva l'impeto del mare, dilagava fino a questi corpi, ma tanta era la misericordia di Dio che l'acqua colpiva le pareti a 5 piedi di distanza da questi corpi; questo videro molti nostri sacerdoti. Io, tuttavia, con la misericordia di Dio, la ricostruii dalle fondamenta in altezza e in lunghezza, dove mai può arrivare l'impeto del mare e sui corpi stessi feci archivolti e sopra questi altri archivolti. E feci qui un altare in onore dei santi Felice e Fortunato, rivestito con oro e argento; e davanti agli stessi corpi, sotto <nella cripta> feci similmente un altare rivestito con oro e argento e al di sopra un reliquiario, che fu acquistato a Costantinopoli del peso di libbre 15. E sopra l'archivolto, che è sopra l'altare dei Santi Felice e Fortunato, edificai 4 altari: a santa Cecilia, a santa Eugenia, a sant'Agnese e a santa Felicita. E dietro ai corpi dei beatissimi martiri, in quella abside, edificai un altare a santa Lucia, lode a Dio onnipotente. Questi altari sono onorevolmente coperti da palli e tessuti di lino e donai qui patene e calici di argento e un casale situato a *Pencircus*, con vigne e terre e oliveti, che io comperai dai figli di Baduario, e non ricordo se uno o due casali, che appartengono di diritto alla nostra Santa Chiesa. E diedi qui 10 libbre di argento in mano ad Agao corepiscopo e così lui percepisca dalla Chiesa tutto quello che abitualmente gli spetta in qualità di presbitero o arcidiacono; e diedi qui una casa presso la stessa chiesa, che comperai dagli uomini di *Bevaziano*. Riguardo poi la chiesa di San Pellegrino, che gli abitanti di Grado nel loro peccato distrussero dalle fondamenta per timore dei Franchi, noi, su esortazione di Dio, la abbiamo ricostruita dalle fondamenta; abbiamo edificato decorosamente le *scolae*, alloggi e portici. La chiesa di San Giovanni Maggiore era invece tutta bruciata e la *scola* in rovina, ragione per cui né io né nessun altro poteva entrare dove in precedenza si avevano 18 travi. Io feci, tuttavia, giungere maestri dalla *Francia*, vi misi trenta travi. Al monastero di Santa Maria

Madre di Dio sull'isola Barbana diedi 3 libbre di argento, una imbarcazione con tutto il suo equipaggiamento, cento moggi di grano; insediammo là presbiteri e chierici, che lì lodano quotidianamente il Signore del Cielo. <Ri>costruimmo il monastero di San Giuliano sull'isola, che era posto in rovina; vi mettemmo presbiteri e gli diedi due libbre di argento, perché giorno e notte vi si officiasse. Nella santa chiesa maggiore diedi a favore dei sacerdoti insieme a montoni castrati anche 16 pianete di seta, e credo in più 9 dalmatiche; ne restano sette e da una il diacono Venerio fece per sé una tunica e da un'altra Maurizio, che finì in perdizione. <Ho dato> otto tuniche di seta di buon tessuto a ogni suddiacono e agli accoliti <ho dato tuniche> di altro tessuto da utilizzare all'interno e all'esterno delle sante chiese, a quanto credo, perché non ho queste cose sott'occhio. Inviai in quelle isole 12 cavalli, Dio lo sa, del valore di oltre cinquanta o sessanta mancosi, ermellino, lana, canapa, cuoi, feltri, gualdrappe in pelle d'orso, scrigni di ferro del valore di oltre cento *solidi*, oltre duecento anfore di vino, senza [menzionare] le altre cose di cui non mi posso ricordare; comperai 18 grandi calderoni in rame da quei messi che li avevano portati dalla casa del *magister militum* Giovanni.

Ecco la lista di quanto trovai nella casa di Sant'Ermagora: in primo luogo 15 modi di grano, 9 anfore di vino, oro lavorato del peso di 33 mancosi, argento semilavorato del peso di 72 libbre. Di questo, io ho presso di me 61 libbre; dunque, valuta quanto è rimasto presso la casa; se si trova di più di quanto ho, sappiate dunque che questo è quanto ho ottenuto grazie al mio impegno e se si trova di meno, se Dio vorrà, lo restituirò; di tutto ciò, durante la mia vita, non voglio avere [nulla], ma che tutto sia restituito alla santa Chiesa. Lodo Dio riguardo a me, perché ho lasciato tutto quanto io avevo presso di me. Il tesoro della Chiesa è integro, quale ivi lo trovai; durante la mia vita terrena, fu alienato solo un calice, piccolo e di mediocre fattura, che non pensava più di 114 mancosi. Per arricchirlo inviai in Francia 50 mancosi e granati e giacinti di buona qualità e perché lo si rendesse migliore e più grande.

Se il signore Ludovico è in buona salute, credo che la santa Chiesa non lo debba danneggiare e se succede qualcosa, confido in Dio. Non me ne andrò da questa vita prima di aver ripagato. Credetemi, non sono un profeta, né un figlio di profeta, infatti la promessa fattami da Dio sarà così, che io, in stato di grande onore e favore presso il santo Impero, ritornerò nella mia santa Chiesa, mi rallegrerò con voi in pace e tranquillità nei giorni della mia vita.

4. *Commento*

Quae legavit et fecit Fortunatus patriarca Eclesie suae. Imprimis altari sanctae Euphemie cum auro et argento et desuper duos damaschinos et unam purpuram et unum fundalum et unum istoriale cum istoria de Epifania: l'apertura del documento è una sorta di intitolazione a scopo di ordinamento diplomatistico, in cui si precisano la natura e il contenuto del testo trascritto. Ben staccata dal resto del "testamento", l'intitolazione presenta la curiosa caratteristica del «et fecit» sovrascritto. Ciò spinge a chiedersi se si tratti di una correzione a una svista del copista o, se piuttosto, questa particolarità non indichi che nell'eventuale fonte, il *Liber Egnatii*, il "testamento" era sommariamente definito "legato di Fortunato" e che il copista del *Codex Trevisaneus*, avvedutosi dell'effettivo contenuto, abbia voluto apportare al titolo d'ordine una correzione che lo rendesse più attinente al testo.[1]

Il "testamento" si articola in base alle chiese e alle istituzioni religiose di Grado e del territorio beneficiati dalla generosità di Fortunato, il quale introduce la descrizione dei propri interventi facendola precedere dalla citazione dei singoli edifici. L'enumerazione inizia dalla chiesa più importante del *castrum*, la cattedrale di Santa Eufemia, e si conclude con la residenza episcopale, la *domus sancti Hermagore*, con una appendice riguardante il tesoro della Chiesa gradese. L'obiettivo principale del "testamento" è, del resto, quello di dimostrare la sollecitudine del patriarca nei confronti del proprio gregge, onde rigettare le accuse di malversazione di cui era stato chiamato a rispondere presso il pontefice.[2]

L'inizio del testo pone immediate difficoltà interpretative: Fortunato ricorda infatti di avere rivestito d'oro e d'argento un altare della basilica di Santa Eufemia, senza però specificarne l'esatta collocazione. Dubbio però chiarito dal prosieguo del testo, che qualche riga dopo menziona i banchi per il clero (*subsellia*) dell'abside (*infra*). Non vi sono quindi dubbi che il patriarca faccia qui riferimento all'altare maggiore della cattedrale.[3]

1. Brunettin, *Il cosiddetto testamento*, p. 87.
2. Ivi, pp. 86-87.
3. Ivi, p. 87.

Gli altari e gli arredi liturgici rivestiti di metalli preziosi, la cui realizzazione costituisce uno dei *leitmotive* dell'intervento di Fortunato nelle chiese di Grado, dovevano essere ben più frequenti di quanto le rare testimonianze superstiti non lascino intendere: le fonti permettono di ricostruire l'esistenza di un'ampia gamma di altari, recinzioni, presbiteriali, amboni, sepolcri venerati ed elementi architettonici, tutti realizzati in pietra o in legno, ma impreziositi da rivestimenti in oro e in argento.[4]

L'uso della materia preziosa come strumento per l'evocazione del divino affonda le proprie radici nel periodo imperiale romano, ma rappresenta al contempo una di quelle categorie semantiche e visuali che dalla cultura pagana trapassano nella cristiana, assumendo connotati ancora più forti proprio con l'affermarsi della nuova religione e della sua liturgia. Nella nuova cultura cristiana, lo splendore dell'oro, dell'argento e delle gemme rappresentava una concreta prefigurazione del fulgore del Paradiso, in un binomio "oreficeria-teofania" che impronta in modo inconfondibile lo spazio di culto.[5] Al tempo stesso, tale esibizione di ricchezza rispondeva a una precisa necessità di autorappresentazione da parte dei vescovi, vòlta a incrementare l'aura di sacralità che li circondava quali unici intermediari tra la sfera celeste e quella terrena.[6] Due aspetti che contraddistinguono anche la committenza di Fortunato, per il quale architettura e decorazione concorrevano alla creazione di un'opera d'arte "totale", cui era demandata la trasmissione di messaggi religiosi, ideologici e politici.

Alla preziosità dell'oro e dell'argento dell'altare di Santa Eufemia, Fortunato aggiunge lo sfarzo di un addobbo in stoffe preziose.[7]

4. Una rassegna delle fonti relative agli arredi liturgici con rivestimenti in metallo prezioso è fornita da Mundell Mango, *The Monetary Value*, pp. 127-132 e in Boyd, *Literary Evidence*, pp. 36-37.

5. Iacobini, Aurea Roma, pp. 651-652. Il tema è compiutamente analizzato in Janes, *God and Gold*.

6. La realizzazione di suppellettili e arredi liturgici in oro e argento rappresentava anche un'utile forma di tesaurizzazione, dato che i metalli preziosi utilizzati allo scopo potevano essere recuperati ogniqualvolta se ne presentasse la necessità (Cutler, *Gifts*, p. 265).

7. Sull'uso dei tessuti per l'addobbo delle chiese tardoantiche e altomedievali, Ripoll, *Los tejidos*, pp. 169-182.

Se la menzione di due damaschi appare una interpolazione del copista (il termine non è infatti attestato prima della metà del XIV secolo),[8] non vi sono invece dubbi circa la genuinità della notizia riguardante il dono di una *purpura*, in cui va certo riconosciuto un tessuto serico di produzione bizantina. Come noto, a partire dal VII secolo, le autorità imperiali imposero il proprio monopolio sulla manifattura della porpora, concentrandone la produzione a Costantinopoli,[9] dove gli *ergasteria* statali realizzavano una varietà di tessuti dalle tonalità e dai colori diversi, che spaziavano dal giallo e dal verde fino al blu profondo e, appunto, al rosso porpora.[10] A essere sottoposta a un rigido controllo era soprattutto la commercializzazione di alcune categorie di sete, il cui utilizzo era prerogativa esclusiva dell'imperatore e dei membri della sua corte. Il *Libro dell'Eparco*, promulgato al tempo di Leone VI (886-912) dal *protospatharios* Filoteo per regolamentare le attività manifatturiere e commerciali di Costantinopoli, vietava severamente l'esportazione delle sete intinte per intero nella porpora, i κεκωλυμένα o "tessuti proibiti".[11] La circolazione di queste stoffe poteva, dunque, avvenire solo tramite canali ufficiali,[12] come nel caso della tovaglia d'altare (*vestis*) donata dall'imperatore Michele III (842-867) alla basilica di San Pietro a Roma, che il biografo di papa Benedetto III (855-858) descrive come «de purpura imperiale munda».[13] Una notazione, que-

8. Du Cange t. 3, col. 005b.

9. Sull'organizzazione dell'industria bizantina della seta, si vedano Lopez, *Silk Industry*, pp. 1-42; Oikonomidès, *Silk Trade*, pp. 33-53; Jacoby, *Silk*; Carile, *Produzione*, pp. 248-253; Muthesius, *Essential Processes*, pp. 160-162.

10. Questa gamma di colori era ottenuta sfruttando le qualità fotosensibili della porpora di murice, che acquista tonalità differenti a seconda del tempo di esposizione alla luce (Muthesius, *The Byzantine*, p. 47).

11. *Das Eparchenbuch*, pp. 104-105.

12. Muthesius, *Silken Diplomacy*, pp. 237-248.

13. *Liber Pontificalis* CVI, 33, pp. 147-148: «Huius temporibus Michaehl, filius Theofili imperatoris, Constantinopolitane urbis imperator, ob amorem apostolorum misit ad beatum Petrum apostolum donum per manum Lazari monachi et picturiae artis nimie eruditum, genere vero Chazarus, id est evangelium de auro purissimo I cum diversis lapidibus pretiosis; calicem vero similiter de auro et lapidibus circumdatum; reticula pendente de gemmis albis pretiosis mire pulchritudinis decoratum ; et vela II de olovero cum cruces de olovero et lista similiter de chrisoclavo, parva coopertoria ipsius calicis, sicut mos Grecorum est; similter et vestem de purpura imperiale munda I, super altare maiore, ex omni parte cum

sta, che induce a ritenere che anche la *purpura* donata da Fortunato all'altare di Santa Eufemia fosse un tessuto a tinta unita, prodotto negli *ergasteria* di Costantinopoli.[14]

Analoga provenienza doveva avere il *fundatum* abbinato alla *purpura*. Questo genere di stoffe, la cui natura serica è certificata da un altro passo del *Liber Pontificalis* («vestem siricam de fundato»),[15] era spesso decorato con ricami in oro raffiguranti animali (elefanti, leoni, aquile), esseri fantastici (grifi) e motivi vegetali (alberi).[16]

Al *Liber Pontificalis* di Roma rimanda anche la descrizione che Fortunato fa dell'ultimo drappo da lui destinato all'altare di Santa Eufemia: un *istoriale*, termine per il quale lessici e inventari liturgici forniscono il significato di *dossale* o *velum*.[17] Stando a quanto riportato nel "testamento", il tessuto era decorato «cum istoria de Epifania», espressione simile a quella impiegata dai biografi papali per descrivere le stoffe istoriate con scene della vita di Cristo, della Vergine e degli Apostoli e con cui si addobbavano le chiese di Roma in occasione delle principali feste liturgiche.[18] Se nel *Liber Pontifi-*

storia, cancellos et rosas de chrisoclavo, magne pulchritudinis deornatam; etiam et velum de stauraci I, cum cruce de chrisoclavo et litteris de auro grecis». Sulle *vestes*, Riganati, Vestes super altare, pp. 1615-1626.

14. Marano, *Le sete*, p. 286.

15. *Liber Pontificalis* CV, 15, p. 109: «Ipse vero a Deo protectus venerabilis et praeclarus pontifex [*scil.* Leo IIII] fecit in monasterio sancti Anastasii, pro aeterna animae suae redemptionem, vestem siricam de fundato I, habentem historiam aquilarum».

16. L'utilizzo del *fundatum* per la realizzazione di nappe e nastri da applicare a tovaglie e a paramenti ne rende probabile il minor pregio rispetto ad altre categorie di tessuti di seta la cui disponibilità si ridusse progressivamente nel corso del IX secolo, in concomitanza con il restringersi delle possibilità economiche dei pontefici. È quindi possibile che, a differenza di altre sete, il *fundatum* potesse essere acquistato in centri vicini a Roma o facilmente accessibili, e non fosse soggetto a restrizioni doganali. In via subordinata si può anche ipotizzare che, col tempo, esso sia stato almeno in parte prodotto a Roma; in questo caso si dovrebbe, però, presupporre l'importazione di filati di seta (Delogu, *L'importazione*, pp. 130-133; Martiniani-Reber, *Tentures*, p. 292). Du Cange t. 3, col. 629 fa risalire l'etimologia di *fundatum* al latino *funda*, "rete da pesca", con un rimando alla disposizione dei fili d'oro nella trama del tessuto. L'ipotesi non trova però riscontro nei tessuti di età altomedievale attualmente noti.

17. Brunettin, *Il cosiddetto testamento*, p. 90.

18. Rispetto all'espressione «vestem habentem vultum», che rimanda a raffigurazioni di carattere iconico, la formula «vestem habentem historiam» è impiegata

calis la formula «habentem historiam» pare riservata alle stoffe di produzione costantinopolitana, su cui i pannelli figurati erano applicati a Roma solo dopo l'importazione dall'Oriente, l'*istoriale* di Fortunato appare più verosimilmente assimilabile a un'altra categoria di tessuti di manifattura bizantina, i drappi la cui decorazione iconica era intessuta direttamente nella trama.[19] Tra i rari manufatti sopravvissuti al naufragio pressoché totale della produzione serica bizantina del periodo della tregua iconoclasta, sono due frammenti di seta decorati con *rotae*, all'interno delle quali sono raffigurate l'Annunciazione e la Natività. Conservate per secoli nel *Sancta Sanctorum* del Laterano e ora al Museo Sacro Vaticano, le due sete risalgono alla fine dell'VIII-inizi del IX secolo, risultando così pressoché contemporanee all'*istoriale* di Fortunato, al quale forniscono anche un suggestivo confronto iconografico.[20]

lineas duas cortinas historiales, quae circundat tota sedilia, unde misi ante velo maiore ante <reges>, que emi de Christophoro episcopo, mancosos viginti: l'*istoriale* non è l'unica stoffa figurata citata nel "testamento". Spostandosi dall'altare alla zona più interna del presbiterio, Fortunato ricorda, infatti, le «lineas duas cortinas historiales, quae circumdat tota sedilia». Le *cortinae*, parola con la quale si qualificavano tessuti di grandi dimensioni,[21] erano

nel *Liber Pontificalis* per individuare soggetti iconografici basati su formule sintattiche, per la costruzione di scene o serie di scene cristologiche, mariane e degli Apostoli (Phillips, *A Note*; Andaloro, *Immagine*, p. 47). Sull'utilizzo delle stoffe figurate per l'addobbo delle chiese di Roma, cfr. Brubaker, *Textiles*, pp. 82-89.

19. Marano, *At the Crossroad*, p. 300; Idem, *Le sete*, p. 287.

20. Risalenti a un periodo compreso tra il pontificato di Leone III e di Adriano I, i due frammenti del *Sancta Sanctorum* sembrerebbero appartenere a un'unica stoffa, su cui lo stesso tema figurativo era replicato più volte, in modo da permetterne l'utilizzo *rota* per *rota*. In altri termini, è possibile che gli *atelier* presenti a Roma abbiano provveduto a ricavare di volta in volta, tramite il taglio e la cucitura dei tessuti di importazione, le *vestes* che si volevano realizzare. Il che implicherebbe anche la presenza nelle stesse botteghe di giacenze dalle quali, secondo necessità, si prelevavano i riquadri con il soggetto desiderato (Brubaker, *Textiles*, pp. 85-89 e 91-92; Andaloro, *Immagine*, pp. 63-66).

21. de Blaauw, Cultus, p. 563; Martiniani-Reber, *Tentures*, p. 291. Per le attestazioni di *cortinae* nelle fonti di età carolingia, von Schlosser, *Schriftquellen*, n. 261, 394, 413, 594, 664b, 771, 785, 1087, pp. 74-76, 123-124, 131-132, 190-191, 214, 250-251, 260, 409.

disposte al di sopra dei seggi per il clero, forse appese lungo il perimetro interno dell'abside.[22]

Il patriarca introduce quindi il termine «reges» che, altrove utilizzato con il significato di "cappella" (*infra*), indica qui la recinzione tra il presbiterio e l'antistante navata.[23] La *pergula* era abbellita da un *velum maior*, acquistato dallo stesso Fortunato per la somma di 20 *mancosi* dal vescovo Cristoforo, quasi certamente l'omonimo titolare della cattedra di Olivolo. Il patriarca riporta per la prima volta il valore monetario di un oggetto, esprimendolo – secondo la pratica contabile dell'epoca – in (*solidi) mancosi.*

Come noto, l'identità di queste monete è stata al centro di un vivace dibattito,[24] avviato negli anni Cinquanta del secolo scorso dal numismatico britannico Philip Grierson. Dopo averne suggerito l'identificazione con le emissioni delle zecche bizantine d'Italia,[25]

22. Brunettin, *Il cosiddetto testamento*, pp. 90-91; Dorigo, *Le opere*, p. 94. L'uso di decorare l'emiciclo absidale con tessuti trova riscontro in un passo della vita di Leone III nel *Liber Pontificalis* (CV, 100, p. 30) in cui si descrivono i «vela de blatin maiores, quae pendent in trabes argenteas dextralevaque presbiterii necnon et in circuitu sedis». Una soluzione, questa, riprodotta in numerosissimi affreschi di età altomedievale. Oltre che a Roma, dove i *velaria* dipinti compaiono negli strati pittorici di Santa Maria Antiqua databili ai pontificati di Giovanni VII (705-707) e di Paolo I (757-767) e nella decorazione di svariate chiese dell'VIII-X secolo (Osborne, *Textiles*, pp. 309-350), il tema trova ampia diffusione anche in Italia settentrionale, come dimostrano i casi di Santa Maria foris portas a Castelseprio, della torre del monastero di Torba e di Santa Giulia a Brescia, tutti datati al IX secolo (Scirea, *Pittura ornamentale*, pp. 63-64, 193-195).

23. Tra i significati di *regia*, Du Cange t. 7, col. 093a, riporta quello di «Cancelli in Ecclesiis, qui vulgo separant chorum seu sanctuarium a navi».

24. Per una visione di insieme delle questioni al centro di tale dibattito, e delle diverse posizioni che sorgono da esso, Delogu, *Il mancoso*, pp. 141-159.

25. Philip Grierson è stato il primo a esprimere scetticismo riguardo a una possibile derivazione araba dell'aggettivo *mancus* e della sua forma sostantivata *mancusus*, fatta risalire all'affermazione dello storico arabo del IX secolo al-Balādhurīī il quale, riportando una tradizione più antica, afferma che il primo a coniare i *dinār manqūsi* fu il califfo Abd al-Maliq (685-705), al fine di differenziarli dai *dinār rūmi* ("romani") e *kasrāni* ("di Cosroe", sassanidi). Secondo Grierson, il termine *mancusus* avrebbe invece avuto una origine latina e avrebbe indicato la moneta "difettosa, incompleta", così distinta dalla moneta d'oro di buon peso, definita *pensans*, aggettivo con il quale si indicava spesso – in maniera implicita – il *solidus*, l'*aureus*, il *bizantinus* (Grierson, *Carolingian Europe*, pp. 1059-1074).

lo studioso è tornato sulle proprie posizioni, riconoscendo nel *mancuso* il *dinār* arabo.[26]

Impostasi come opinione prevalente, tale ipotesi è stata rilanciata di recente da Michael McCormick, che ha ritenuto l'improvvisa comparsa dei *mancusi*, *mancusei* o *mancosi* nella documentazione italiana la prova della ripresa economica e sociale della Penisola tra VIII e IX secolo e dell'intensità delle relazioni commerciali che essa intratteneva con l'Oriente mediterraneo, fungendo da intermediaria tra il mondo islamico e bizantino da un lato e l'Europa carolingia dall'altro. Secondo lo stesso McCormick, tale ricostruzione trarrebbe forza proprio dalla frequenza e dall'abbondanza delle citazioni di *mancosi* nelle carte dei territori ex-bizantini dell'Italia centro-settentrionale e, soprattutto, dell'arco altoadriatico, dove Venezia avrebbe cominciato a svolgere un ruolo trainante nel commercio internazionale.[27] Anzi, secondo lo studioso statunitense, proprio le menzioni di *mancosi* nel "testamento" di Fortunato concorrerebbero, assieme ad alcune evidenze numismatiche, a dimostrare la grande disponibilità di moneta aurea islamica nella *Venetia* lagunare, regione dalla quale questa si sarebbe poi diffusa nella valle del Po e verso l'Oltralpe.[28]

In realtà, la cronologia, la geografia delle attestazioni documentarie e le motivazioni riguardanti la diffusione del *mancosus* nell'Italia carolingia possono essere ugualmente utilizzate per riproporre la prima ipotesi di Grierson e l'identificazione di questa moneta con i *solidi* "leggeri" emessi dalla zecca di Siracusa a partire dal regno di Leone III (717-741), quando, dopo la drastica svalutazione della fine del VII – inizi del VIII secolo, la purezza di queste emissioni fu fissata al 75% di quelle costantinopolitane.[29] Del resto, il repertorio

26. Sebbene il ripensamento di Grierson riguardasse esclusivamente l'aspetto linguistico della questione, e non le sue implicazioni macro-economiche – lo studioso continuava, infatti a negare, un massiccio afflusso di moneta aurea islamica nell'Europa carolingia –, il suo prestigio era tale che la storiografia ha comunque finito per orientarsi verso il riconoscimento unanime dell'equazione tra *mancusus* e *dinār* (Grierson, *Carolingian Europe*, pp. 1068-1069).

27. McCormick, *Origins*, pp. 330-335.

28. Ivi, pp. 361-369.

29. Il valore del *solidus* siracusano può essere fissato a 22 carati, vale a dire il 91,6% dei 24 carati del *solidus* costantinopolitano. Questo aspetto permetterebbe

dei ritrovamenti monetali messo a punto dallo stesso McCormick non solo smentisce l'ampia circolazione delle emissioni islamiche nell'Adriatico tra la seconda metà dell'VIII e la prima metà del IX secolo, ma permette al contrario di apprezzare la diffusione del numerario siracusano, che in termini percentuali rappresenta la maggioranza del materiale numismatico di questo periodo recuperato nell'area.[30] Inoltre, se l'incrocio del dato archeologico con quelli storico-documentari sembra ridimensionare l'attività commerciale dei Veneziani nel Mediterraneo orientale, evidenziandone invece la presenza sulle principali piazze commerciali della Sicilia e dell'Italia meridionale, esso consente di individuare il più importante veicolo della propagazione nell'alto Adriatico del *mancusus* nell'attività della Chiesa ravennate. Gli arcivescovi di Ravenna mantennero il controllo dei propri possedimenti siciliani anche dopo la confisca dei patrimoni subìta invece dalla Chiesa di Roma probabilmente attorno al 740.[31] Si deve tuttavia osservare come nei territori dell'Italia centro-settentrionale il *mancosus* non abbia mai conosciuto una grande circolazione: la qualità e il pregio di queste emissioni ne rendevano, infatti, preferibile la tesaurizzazione all'utilizzo effettivo, mentre le caratteristiche ponderali le rendevano particolarmente adatte all'impiego come moneta di conto.[32] Ed è soprattutto come unità di peso e di riferimento di valore che il *mancosus* compare nel "testamento".[33] Tuttavia, in questo caso Fortunato afferma di avere versato al vescovo Cristoforo la somma in contanti di *mancosi viginti*, fornendo così una rara quanto interessante testimonianza dell'utilizzo reale di questa specie in una transazione.

di suffragare l'etimologia latina del nome di queste monete, che potrebbe appunto derivare dall'aggettivo *mancus*, nel senso di "deficiente del peso", in opposizione a *pensus*, "che ha peso" – donde i *solidi pensantes* anch'essi citati nella documentazione scritta dell'Italia centro-settentrionale carolingia (Cosentino, *Ricchezza*, pp. 417-439; Prigent, *Le mythe*, pp. 701-728).

30. McCormick, *Origins*, pp. 815-851; Cosentino, *Ricchezza*, pp.425-425.

31. Parte del numerario in oro potrebbe essere giunto nella regione adriatica per il tramite della flotta bizantina, che rappresentò una presenza costante nell'area almeno fino al primo venticinquennio del IX secolo (Cosentino, *Ricchezza*, pp. 423-424).

32. Sull'utilizzo del *mancosus* come moneta di conto, cfr. Prigent, *Un confesseur*, *passim*.

33. McCormick, *Origins*, p. 380; Delogu, *Il mancoso*, p. 152.

et alio venedo maiore <et> misi tabulatum in ambas scolas de ecclesia sanctae Euphemie: la corruzione del passo rende dubbia la completezza della frase, anche se si deve quasi certamente ricostruire uno stacco tra «et alio venedo maiore» e «et misi tabulatum in ambas scolas».[34] Fortunato avrebbe quindi collocato due grandi drappi dinanzi all'altare di Santa Eufemia, così da cingere tutto il presbiterio: «venedo» (*venedum*) va, infatti, interpretato come una corruzione di *velum*.[35]

Il patriarca afferma, quindi, di avere provveduto alla messa in opera di un *tabulatum* nella zona delle *scholae*. Se l'interpretazione di *tabulatum* non pone alcun problema, trattandosi evidentemente di una superficie pavimentale,[36] la traduzione di *schola* risulta invece più incerta.

Il termine, che compare due volte nel "testamento", ha il significato prevalente di struttura annessa a una chiesa e destinata anch'essa ad attività di culto.[37] Esso assume però una valenza differente a seconda dei contesti e, in questo caso, è probabile che Fortunato lo usi per indicare la parte terminale delle navate laterali, ossia gli spazi prospicienti l'area presbiteriale. Finora il patriarca ha discusso l'arredo e la decorazione del presbiterio di Santa Eufemia e continua a farlo anche nel prosieguo del testo. Si può quindi escludere che egli interrompa la sua descrizione per occuparsi di una struttura situata all'esterno della cattedrale.[38] Le *scholae* citate da Fortunato vanno dunque identificate con gli spazi al di fuori del presbiterio, quelli che nelle basiliche di Roma ospitavano gli aristocratici di ambo i sessi, il *senatorium* e la *pars mulierum*.[39] Purtroppo, le demolizioni del XVIII secolo e i più

34. Brunettin, *Il cosiddetto testamento*, p. 92.

35. Ivi, p. 92.

36. Oltre a indicare rivestimenti pavimentali e parietali (Du Cange t. 8, col. 009b; von Schlosser, *Schriftquellen*, n. 503, 620, 629, pp. 157-158, 198, 200), il termine *tabulatum* poteva talvolta assumere anche il significato di "copertura" (von Schlosser, *Schriftquellen*, n. 126, 173, 466, 539, 756, pp. 34, 49, 145-146, 167, 246).

37. Brunettin, *Il cosiddetto testamento*, pp. 92-93.

38. Marano, *Le sete*, p. 286.

39. Stando a quanto riferito dall'*Ordo Romanus* I, il *secretarium* e la *pars mulierum* si trovavano rispettivamente alla destra e alla sinistra del presbiterio delle basiliche romane, che, come noto, erano orientate a ovest (de Blaauw, Cultus, pp. 83, 100-102). Questo tipo di organizzazione trova riscontro archeologico solo dagli inizi dell'VIII secolo, periodo al quale risalgono i bassi muretti trasversali

recenti restauri novecenteschi hanno cancellato gran parte delle tracce relative agli apprestamenti liturgici della cattedrale posteriori al periodo paleocristiano, rendendo impossibile l'esatta verifica delle parole di Fortunato.[40] Queste sembrano però confermate dal ritrovamento di alcuni plutei frammentari datati agli inizi del IX secolo, verosimilmente commissionati dal patriarca in occasione dell'ampliamento del coro, esteso dalla penultima alla terz'ultima campata della navata principale fino a comprendere la parte terminale di quelle laterali.[41]

<et> duas coronas argenteas maiores, in una ardet cesendelli centum: Fortunato accenna quindi all'illuminazione dell'altare maggiore, rischiarato da due grandi *coronae*, termine con cui le fonti indicano i lampadari multipli caratterizzati da una struttura metallica corredata da anelli per l'inserimento di lampade vitree, alle quali si potevano affiancare o sostituire ceri.[42] Questo tipo di lampadario, il *polycandelon* delle fonti greche, formava una vera e propria corona di luce, particolarmente adatta a illuminare e a decorare le aree principali di un edificio di culto, quale appunto la zona del presbiterio.

Le due *coronae* di Fortunato erano realizzate in argento, ma non è chiaro se fossero di metallo massiccio o semplicemente rivestite. Si doveva però trattare di oggetti di grandi dimensioni, dato che in una di esse ardevano ben cento lumi a olio («cesendelli»).[43]

perpendicolari ai cancelli del basso coro individuati in San Clemente, in San Crisogono, in Santa Maria Antiqua e nella basilica cimiteriale di Santo Stefano sulla via Latina (Mathews, *An Early Roman* pp. 88-95). Nel caso di Grado, l'osservazione dei mosaici pavimentali di Santa Eufemia permette di apprezzare come fin già nella fase eliana gli spazi della cattedrale fossero organizzati secondo un principio gerarchico che, oltre al compito esornativo, riservava quello di suggerire le articolazioni degli spazi e dei movimenti liturgici, assegnando settori distinti al vescovo, al clero e ai laici (Cantino Wataghin, *Le basiliche*; Eadem, *Architecture*, p. 293).

40. Per i restauri effettuati in Santa Eufemia, Castellan, *La selezione*, pp. 63-67.

41. Brusin, Zovatto, *Monumenti*, pp. 477-481; sui plutei, cfr. Tagliaferri, *Le diocesi*, pp. 351-353.

42. Realizzati in oro e argento, i lampadari indicati con il nome di *corona* o con quelli equivalenti di *fara canthara*, *fara coronata* e *coronae farales* rappresentavano gli strumenti di illuminazione più lussuosi tra quelli donati da Costantino alle basiliche di Roma (Geertman, *L'illuminazione*, pp. 54-57). Di questo tipo di lampadari sopravvivono diversi esemplari di età tardoantica e altomedievale (Stasolla, *Dal tramonto*, pp. 868-872; Xanthopoulou, *Les lampes*, pp. 46-53).

43. *Cesendellum* figura tra le parole sottolineate dal copista e rientra dunque nel novero dei termini da lui non compresi, forse perché usciti dall'uso corrente al

Secondo una disposizione attestata dal *Liber Pontificalis* per le basiliche di Roma, è possibile che questo lampadario fosse appeso al di sopra dell'altare, mentre il secondo, verosimilmente più piccolo, doveva rischiarare il settore più avanzato del presbiterio.[44]

In alia ecclesia fecit tales coronas quales hodie in Italia non sunt, turres maiores, duas patenas quales in ipsa ecclesia numquam fuere, coronas aureas [...] habuimus turibulo parvo de auro ad augent<um> solidos auri mancosos XXX et II: il "testamento" prosegue con il riferimento a una «alia ecclesia», in cui Fortunato afferma di avere fatto collocare altre «coronas quales hodie in Italia non sunt». Il testo si fa qui di difficile interpretazione: non si comprende, infatti, se l'espressione «in ipsa ecclesia numquam fuere» debba essere riferita alla non altrimenti identificata «alia ecclesia», precedentemente citata, o se vada invece intesa come un nuovo riferimento a Santa Eufemia.[45] Ciò rende impossibile determinare a quale edificio di culto fosse destinata la suppellettile liturgica elencata da Fortunato. La lista si apre con la menzione di «turres maiores», in cui si devono verosimilmente riconoscere pissidi di forma cilindrica per la conservazione delle particole consacrate,[46] e di una coppia di patene, dalla qualità superiore a quella di qualsiasi altro oggetto in dotazione alla chiesa.

Data la stretta relazione funzionale tra queste diverse categorie di vasellame liturgico, stupisce la mancanza di accenni a calici che,

tempo della redazione del *Codex Trevisaneus*. Esso risulta però attestato nelle fonti altomedievali, come – per esempio – in Gregorio Magno e Isidoro di Siviglia (Brunettin, *Il cosiddetto testamento*, p. 94; Dorigo, *Le opere*, p. 94).

44. Le *coronae* di maggiori dimensioni citate nel *Liber* Pontificalis possedevano 120 lumi, ma gli autori delle *vitae* dei pontefici menzionano anche esemplari più piccoli, comprendenti 80, 50 e 20 lucerne (Geertman, *L'illuminazione*, pp. 59-60).

45. Brunettin, *Il cosiddetto testamento*, p. 95.

46. Ivi, pp. 95-96. La denominazione della pisside ha avuto nell'Occidente medievale molteplici alternative, a seconda della forma e dell'uso. Tra queste, i termini *turris* e *turriculum* indicavano i manufatti di forma cilindrica allungata, simile a quella delle torri, come dovevano essere gli esemplari citati da Fortunato (Elbern, *Werke*, pp. 311-312; Idem, s.v. *Pisside*; Beghelli, Gil, *Corredo*, pp. 719-723). La perdita pressoché completa della suppellettile liturgica altomedievale ha fatto sì che si conoscano oggi pochi esemplari di pissidi carolinge, per lo più rinvenute all'interno dei tesori di età vichinga della Scandinavia, dove questi oggetti, razziati in territorio franco, furono riutilizzati come vasi potori (Wamers, Pyxides, pp. 97-152).

assieme a pissidi e patene, rappresentavano i vasi fondamentali per la celebrazione liturgica.[47]

Che Fortunato intendesse però dotare la chiesa in questione con quanto necessario all'*ornamentum altaris* è dimostrato dalla presenza nell'elenco di *coronae aureae*. La loro associazione al vasellame liturgico sembra, infatti, suggerire che le *coronae* in questione non fossero lampadari, ma corone votive pensili, sospese al di sopra degli altari o appese alle arcate di cibori e agli architravi delle *pergulae*.[48] Di questi oggetti, capaci di evocare nella loro duplice valenza simbolica sia le vittorie militari dei sovrani terreni sia il trionfo di Cristo e dei suoi santi sulla morte, restano oggi solo pochi esemplari superstiti, ma la loro popolarità trova ampio riscontro nelle fonti scritte e iconografiche di età altomedievale.[49]

Dopo la lacuna, il testo riprende con il riferimento a un piccolo turibolo in oro,[50] seguito da un'espressione sottolineata dal copista, generalmente resa in «ad augent[um]»: Fortunato avrebbe quindi stanziato la somma di 32 *solidi auri mancosi* per migliorare l'aspetto dell'oggetto.

47. Entrambi utilizzati per la consacrazione delle specie eucaristiche, calici e patene costituiscono un elemento caratteristico dei tesori ecclesiastici di età tardoantica e compaiono talvolta anche nei contesti funerari altomedievali (Beghelli, Gil, *Corredo*, p. 723).

48. L'appartenenza delle corone all'*ornamentum altaris* trova conferma nel *Liber Ordinum* ispanico, che ne tramanda l'*ordo* di benedizione assieme a *vestimenta* e *vela* (Beghelli, Pinar, Gil, *Corredo*, n. 134, p. 724).

49. Elbern, *Werke*, pp. 325-327.

50. Il *Liber Pontificalis* attesta il frequente dono di turiboli alle chiese di Roma: per l'VIII-IX secolo, di Leone III si ricorda il dono alla basilica di San Pietro di un *turibulum aureum* di grande valore (17 libbre = oltre 5 kg e mezzo) da porre davanti al vestibolo dell'altare e di altri quattro *turabula apostolata*, sempre d'oro purissimo, ma più piccoli (tra le 2 e 3 libbre), uno dei quali da usare durante le processioni stazionali e altri destinati rispettivamente alla basilica vaticana e a San Paolo. Pasquale I non fece mancare turiboli di argento alla basilica di Santa Cecilia e all'oratorio dei SS. Processo e Martiniano che aveva eretto in San Pietro. Infine, Leone IV dona diversi incensieri, tra i quali un «turibulum de argento exaurato apostolatum legente nome domni Leoni quarti papae», destinato a San Pietro (Ballardini, Incensum, pp. 266-267). Per una rassegna delle menzioni di turiboli nelle fonti del IX secolo, von Schlosser, *Schriftquellen*, n. 261, 273, 394, 405, 418, 542, 594, 652, 728, 785, 791, 865-866, 871, 907, 936, pp. 75, 83, 123-124, 128, 133, 168, 191, 207, 233, 260, 262, 283, 288, 291, 315, 337.

Feci maiore similiter <turibolo> de argento <et misi> pergula ante altare maiore; [item] omnia vasa deaurata et deargentata fronte, quae mihi por[...] dedit valentia solidos 70. Cortinam, quam mihi donavit socera Passibo, quam ego volui comparare de illo solidos 40, tamen non minus illi merui: il costrutto e lo stato del testo suggeriscono di scorporare la prima parte del passo in «feci maiore similiter [turibolo] de argento», a registrare il dono di un secondo turibolo in argento, e in «[et misi] pergula ante altare maiore», con riferimento alla realizzazione di una recinzione presbiteriale. Il testo prosegue con la menzione di vasi dalla superficie dorata e argentata del valore complessivo di 70 *solidi*, che Fortunato afferma di avere ricevuto da un donatore il cui nome è andato perduto a causa di una lacuna.[51] Il patriarca ricorda poi la *cortina* da lui acquistata dalla *socera* di un certo Passibo, per la quale avrebbe versato la somma di 40 *solidi*, corrispondente all'effettivo valore del drappo, verosimilmente di seta.[52] In ambo i casi, la mancanza della specificazione *mancosi*, che accompagna invece le precedenti menzioni di *solidi*, induce a ritenere che Fortunato faccia qui riferimento a monete d'oro del peso standard di 4,5 gr e non ai *solidi* minorati della zecca di Siracusa.

Ad sedem sancti Marci peciam unam, quae fuit comparata solidos XV, cortinas lineas duas, unam de cubitis L et V, aliam de 30: illas tulit dericiator in sua mercede, fecit exinde camisias et bragas ad suos clericos: Fortunato passa quindi a descrivere i suoi interventi nella cappella di San Marco, unanimemente riconosciuta nella cella tricora (m 5,25 x 6,60) che, preceduta da un vestibolo rettangolare (m 4,08 x 4,50), si dispone all'estremità est della navata settentrionale di Santa Eufemia (fig. 7).[53]

51. La traduzione di *frons* in "superficie" risolve i problemi di comprensione del testo ravvisati da Brunettin, *Il cosiddetto testamento*, p. 97, e implicitamente da Roberto Cessi che, in *Documenti relativi alla storia di Venezia*, p. 75, omette il termine dalla sua edizione del "testamento".

52. Il passo risulta di difficile lettura, ed è probabile che il copista abbia frainteso il testo originale, attribuendo alla *socera* il nome del genero. Diversi sono infatti gli individui di sesso maschile chiamati *Passivus*/*Passibus* citati nelle fonti di area bizantina della fine del VI-VIII secolo (Prigent, Spernentes, pp. 136-141). Sulla *cortina*, Marano, *At the Crossroad*, p. 300; Idem, *Le sete*, pp. 289-290).

53. Tavano, *Il culto*, pp. 207-208; Bovini, *Grado*, pp. 178-182. La forma triconca permette di assimilare la cappella di San Marco a una nutrita serie di sacelli martiriali del V-VI secolo dell'alto Adriatico e delle aree limitrofe. Oltre al caso

Nelle sue forme attuali, la cappella è il risultato di un radicale restauro, eseguito ricostruendo integralmente gli alzati conservati per poche decine di centimetri al di sopra della risega di fondazione. La ricostruzione pressoché totale delle strutture antiche impone cautela nella valutazione della storia edilizia del sacello, il quale può comunque ritenersi posteriore alla cattedrale, cui si addossa in corrispondenza dell'abside e della lesena della parete di fondo della navata settentrionale. Al contempo, la presenza di due successivi livelli pavimentali testimonia l'esistenza di almeno due fasi, entrambe databili entro il VI secolo: un mosaico riferibile alla fase eliana si sovrappone, infatti, a un commesso marmoreo in lastrine esagonali e triangolari bianche e nere, pertinente a una struttura poco più antica obliterata dalla costruzione di Santa Eufemia.[54]

È interessante osservare come Fortunato non faccia qui riferimento diretto alla cappella di San Marco, ma la evochi attraverso la reliquia conservata al suo interno, ovverosia la cattedra (*sedes*) di san Marco, la più prestigiosa tra quelle in possesso della Chiesa di Grado. Il patriarca utilizza, infatti, il termine *sedes* nell'accezione concreta di "cattedra", con cui si indicava non solo l'autorità episcopale, ma anche il seggio che di tale autorità era il simbolo.[55] Così facendo, egli fornisce la prima testimonianza in ordine cronologico della presenza a Grado della *sedes*, il cui originario possesso fu reclamato qualche anno dopo al concilio di Mantova dai rappresentanti della Chiesa di Aquileia, che in tale occasione rivendicarono anche la «cathedra, in qua beatus sederat Hermachoras».[56] Se le ri-

di Grado, è possibile citare gli esempi di Concordia Sagittaria e Invillino nella *Venetia*, cui si aggiungono quelli di Parenzo, Samagher e Betika in Istria, di Sutivan sull'isola di Brač, di Bilice (Šibenik), di Pridraga (Novigrad) e di Tepliuh (Drniš) in Dalmazia, di Založje (Binać) in Montenegro e di Topolica in Bosnia-Erzegovina (Cambi, *Triconch Churches*, pp. 45-54). Il tipo architettonico della *trichora* rimanda, da un lato, a possibili modelli orientali o urbani, dall'altro all'uso diffuso che ne viene fatto in Africa settentrionale per edifici a destinazione martiriale (Cantino Wataghin, *Fra tarda antichità*, p. 338).

54. Bertacchi, *Architettura*, p. 279. In analogia con quanto riscontrato anche per il cosiddetto "mausoleo di Marciano", collocato a destra dell'abside della cattedrale (Lanzetta, *Il mausoleo*, pp. 285-311).

55. Tavano, *Il culto*, pp. 207-209; Dorigo, *La cosiddetta*, p. 5.

56. La cattedra era ancora conservata nella cappella di San Marco agli inizi del XVI secolo, quando fu vista dall'umanista Giovanni Candico, che la descrisse come

vendicazioni aquileiesi dell'827 si fondarono appunto sul patrocinio di entrambi i santi, è in questa stessa prospettiva che la successiva tradizione cronachistica di parte veneziana riprese e ampliò la notizia del trasferimento a Grado dei "segni" tangibili del patriarcato e la presentò come definitiva, cercando di "svincolare" la Chiesa di Venezia da qualsiasi legame di subordinazione ad Aquileia.[57]

Che la *sedes sancti Marci* avesse la duplice natura di reliquia e di simbolo dell'autorità patriarcale è implicitamente confermato dalla *peccia* ("tessuto") che Fortunato destinò al suo addobbo.[58] Fin dall'età tardoantica, le fonti attestano l'uso di coprire le cattedre episcopali con stoffe di varia natura.[59] In questo caso, la scelta sembra essere ricaduta su un drappo serico, come suggerito dalla cospicua somma di 15 *solidi* stanziata per il suo acquisto. È possibile che tale scelta sia stata motivata anche dall'uso di avvolgere in tessuti di seta le reliquie, categoria alla quale si riteneva che la *sedes* appartenesse a tutti gli effetti.[60]

L'addobbo della cappella era completato da due *cortinae* di lino di 55 e 30 cubiti ciascuna (rispettivamente 24 e 13 m di lunghezza), che Fortunato ricorda di avere successivamente ceduto – «in sua mercede» (quale ricompensa) – a un *dericiator* (sarto), il quale ne avrebbe poi ricavato «camisias et bragas» per il clero.[61]

duas cortinas choro paratas cum brandeo velo, idest ante cancellos de secretario: la descrizione della cappella di San Marco

un prezioso trono eburneo, per la verità già allora piuttosto malridotto (Tasso, *The Grado Chair*, pp. 43-52). Dalla fine dell'Ottocento, sono state attribuite alla cattedra 14 formelle d'avorio, oggi disperse tra vari musei e collezioni d'Europa e degli Stati Uniti (Weitzmann, *The Ivories*, pp. 43-91). Le recenti analisi al ^{14}C condotte sui manufatti hanno permesso di appurare che, nonostante una evidente disomogeneità stilistica, le formelle risalgono tutte al VII-VIII secolo. La loro effettiva appartenenza alla *sedes* di San Marco resta però indimostrata (Bühl, *Ivories*, pp. 45-50).

57. Colombi, *Storie*, pp. 776-777.

58. Sull'utilizzo del termine *peccia* con il significato generico di "tessuto", Brunettin, *Il cosiddetto testamento*, p. 98.

59. Di «cathedrae velatae» parla, per esempio, Agostino (*Epist.* XXIII, 3), mentre Paciano di Barcellona (*Epist.* II, 3) cita le «linteatae sedes» dei vescovi (Ripoll, *Los tejidos*, pp. 176-177).

60. Metzger, *Tissu et culte des reliques*, pp. 183-186.

61. Il termine *dericiator* è un *hapax*, ma deriva dal verbo *riciare*, che rimanda ad attività sartoriali (Du Cange t. 7, col. 186c).

prosegue con la menzione di due *cortinae* che, assieme a un *brandeum velum*, erano appese dinanzi ai cancelli del *secretarium*.

L'esatto significato del passo può essere desunto integrando le parole del "testamento" con quanto riportato nell'*Istoria Veneticorum* riguardo all'attività del patriarca Giovanni II, che «sebbene avesse ingiustamente invaso la sede [di Grado], aveva fatto abbellire con colonne e lastre di marmo il coro davanti ai santi martiri Ermacora e Fortunato, Ilario e Taziano e alla cappella di san Marco».[62] Giovanni Diacono attribuisce, dunque, al patriarca usurpatore la realizzazione di una recinzione con colonne e plutei marmorei,[63] la cui esistenza è puntualmente confermata dal ritrovamento di quattro frammenti pertinenti all'architrave di una *pergula*.[64] L'iscrizione dedicatoria che corre sull'arredo non si limita ad attribuirne la committenza a Giovanni II, ma fornisce anche la più antica testimonianza finora nota del culto di san Marco nella *Venetia*: «+ Ad honore beati Marci E(vangelist)e Iohannes iunior

62. Giovanni Diacono, *Istoria Veneticorum* II, 28, p. 112: «[*scil.* Iohannes patriarcha] licet iniuste sedem invaderet, tamen ante sanctorum martyrum Hermachore et Fortunati, seu Hyllari et Taciani corpora, nec non et sancti Marci capellam marmoreis columnis et tabulis honorifice choros componere studuit». Le prime testimonianze del culto dei santi Ilario e Taziano, rispettivamente il secondo vescovo di Aquileia e il diacono martirizzato assieme a lui dall'imperatore Numeriano nel 283 o 284, risalgono al V secolo (Cuscito, *Martiri*, pp. 61-63). La discontinuità delle attestazioni impedisce però di individuare il momento in cui esso assunse importanza per la legittimazione del patriarcato aquileiese (Colombi, *Storie*, p. 787).

63. Il termine *tabula* ricorre frequentemente nel *Liber Pontificalis Ecclesiae Ravennatis* con il significato di "dipinto, icona" (Mauskopf Deliyannis, *Agnellus of Ravenna*, p. 340), ed è appunto con tale accezione che esso viene recepito da Luigi A. Berto nella sua traduzione della *Istoria Veneticorum* (p. 107). Tuttavia, dato il contesto, è più probabile che il termine vada qui inteso nel senso di "pluteo", come si riscontra, per esempio, nella descrizione della basilica di San Salvatore a Montecassino, in cui l'abate Gisulfo (796-817) fece cingere il coro con «pulchris ac magnis marmorum tabulis» (Citarella, Willard, *The Ninth-Century Treasure*, p. 40).

64. Appartenenti al coronamento della *pergula*, i frammenti sono decorati con una fascia a cani correnti e una cornice inferiore con matassa a doppio capo, entro cui corre l'iscrizione dedicatoria in capitale (Brusin, Zovatto, *Monumenti*, p. 542; Zovatto, *Il culto*, pp. 207-208; Bovini, *Grado*, p. 182; Tagliaferri, *Le diocesi*, schede 540-543, pp. 357-358; Skoblar, *Patriarchs*, pp. 121-122).

sola De(i) / suffragante gratia d[...] ind(ictione)».[65] I *cancelli* citati da Fortunato apparterrebbero dunque alla *pergula* di Giovanni II, la cui esatta collocazione all'interno della cappella di San Marco resta però ignota.

L'interpretazione del passo dipende innanzitutto dal significato da attribuire all'espressione «de secretario». Nelle fonti di età tardoantica e altomedievale, il termine *secretarium* è comunemente impiegato per indicare un ambiente o un annesso a un edificio di culto con funzione di "sala di udienza" o di "sacrestia".[66] Qui, il termine sembrerebbe essere invece riferito al vestibolo rettangolare che, oltre a collegare la navata settentrionale di Santa Eufemia con la cappella di San Marco, era forse utilizzato anche per la custodia di suppellettili e paramenti liturgici. Se così fosse, si verrebbero a configurare diverse possibilità: secondo Sergio Tavano, la *pergula* di Giovanni II avrebbe incorniciato il passaggio tra il vestibolo e la *trichora*,[67] mentre Wladimiro Dorigo ritiene che l'arredo delimitasse una sorta di sacello ricavato dal patriarca usurpatore nello spazio compreso tra i due intercolunni antistanti la cappella di San Marco.[68]

A queste proposte è, però, possibile aggiungerne una terza. Il termine *secretarium* potrebbe avere qui il significato di "teca" o

65. La lettura dell'iscrizione non è univoca: Sergio Tavano interpreta la lettera precedente la sigla IND come una V, ritenendola un riferimento alla XV indizione, corrispondente all'807 (Tavano, *Il culto*, p. 206). Tale interpretazione è accolta con riserva da Amelio Tagliaferri, che accetta però la medesima datazione (Tagliaferri, *Le diocesi*, scheda 482, p. 358). Infine, Giuseppe Cuscito ricostruisce la lettera in una N e ritiene che essa appartenga alle parole *ianuarii* o *iunii*, vale a dire all'indicazione del mese di dedica della *pergula*, genericamente datata agli anni dell'usurpazione di Giovanni II, in carica tra l'806 e l'810 (Cuscito, *Le iscrizioni*, col. 154).

66. Picard, *La fonction*, pp. 97-99.

67. Secondo tale ricostruzione, i due brevi architravi della *pergula* si sarebbero protesi per 20-30 cm all'interno del vestibolo, mentre l'arco che vi si poggiava doveva risultare concentrico rispetto a quello sovrastante l'ingresso alla cappella (Tavano, *Il culto*, pp. 207-208).

68. Dorigo, *Le opere*, pp. 94-95. Di tale sistemazione sembrerebbe restare memoria nella pianta di Santa Eufemia disegnata nel 1770 da F. Miniussi, il quale riproduce una chiusura a cappella con ingresso a gradini in corrispondenza della seconda colonna della navata settentrionale, secondo un tipo di organizzazione replicato nella navata meridionale (Bonfioli, *Sant'Eufemia*, pp. 457-460).

"reliquiario"[69] e rimandare così a una soluzione diffusa nelle chiese del mondo franco, in cui strutture a forma di arca o di sarcofago segnalavano la presenza di reliquie o di sepolture venerate.[70] In questo caso, il *secretarium* andrebbe quindi assimilato agli altari-reliquario che, come attestato dalle fonti e dalle testimonianze archeologiche e monumentali, assolvevano alla duplice funzione di deposito di corpi santi e di mensa eucaristica.[71] Tale ipotesi sembrerebbe corroborata dalla presenza tra i tessuti citati da Fortunato di un *brandeum velum*: è infatti con tale espressione che i testi patristici e le opere agiografiche indicano per l'appunto il drappo che, collocato a diretto contatto con le reliquie, era considerato esso stesso una reliquia.[72]

69. Cfr. Du Cange t. 7, col. 387a: «theca sue reliquiarum seu feretrum in quo reliquiae sacrae reconduntur».

70. Da un punto di vista strutturale, tale soluzione rappresenta l'evoluzione delle collocazioni di sarcofagi *post altare* attestate in età merovingia e carolingia, di cui l'esempio più antico è fornito dalla sistemazione del sepolcro di Martino di Tours approntata dal vescovo Perpetuo (461-491) nella basilica del santo: Jacobsen, *Saints' Tombs*, pp. 1126-1134.

71. In Italia settentrionale, l'esempio meglio conservato di questo tipo di installazione è quello della chiesa di San Felice a Pavia, dove i tre vani absidali della cripta alloggiano altari-reliquiario, probabilmente databili al X secolo (Lomartire, *Riflessioni*, pp. 424-429). Una sistemazione analoga caratterizzava anche la cripta dell'oratorio di Santa Maria *de Hierusalem* della basilica di San Salvatore a Brescia, fondata alla metà dell'VIII secolo dal re dei Longobardi Desiderio e da sua moglie Ansa. Secondo quanto desumibile dai verbali e dai disegni realizzati in occasione della rimozione dei resti santi (1599), la cripta ospitava tre arche marmoree, in ciascuna delle quali era alloggiata una capsella coperta da una lastra di marmo, su cui erano incisi, «caracteribus Longobardis antiquis», i nomi dei santi Sofia, Giulia, Epimeneo e Giustissimo, di cui custodivano le reliquie (Ibsen, Magno et optimo, pp. 414-422).

72. È con tale accezione che il termine compare, per esempio, nella lettera con cui Gregorio Magno rifiuta a Costantina, moglie dell'imperatore Maurizio, le reliquie di san Paolo («caput eiusdem sancti Pauli, aut aliud quid de corpore ipsius»), che la sovrana avrebbe voluto utilizzare per consacrare la chiesa da lei eretta a Costantinopoli in onore dell'Apostolo. Il papa motiva il proprio diniego spiegando all'Augusta che «Romanis consuetudo non est, quanto sanctorum reliquias dant, ut quidnam tangere praesumant de corpore, sed tantumodo in pixide brandeum mittitur ut que ad sacratissima corpora ponitur, quod elevatum in ecclesia [...] reconditur» (*Registrum Epistularum* IV, 40, pp. 264-265). Sul significato di *brandeum*, cfr. McCulloh, *The Cult of Relics*; Emminghaus, *Brandeum*, in *Lexicon des Mittelalters*, 2, 1983, pp. 563-564.

Nonostante queste difficoltà interpretative, non vi sono comunque dubbi circa il fatto che la cappella di San Marco costituisse un polo devozionale di primaria importanza, dedicato alla memoria delle origini della Chiesa di Aquileia-Grado. Oltre alla *sedes sancti Marci*, il sacello conservava, infatti, le reliquie di Ermagora e Fortunato e di Ilario e Taziano che, citate da Giovanni Diacono, erano forse deposte nel vestibolo della *trichora*[73] oppure – se si accoglie la proposta di Dorigo – nella cappella allestita da Giovanni II nella navata a esso antistante.[74]

Ad corpora beatissimorum martyrum fabricavi altaria de auro et de argento, in longitudine pedes XV et in latitudine pedes tres et semisse: il fulcro di questo polo devozionale era rappresentato dagli *altaria* allestiti da Fortunato «ad corpora beatissimorum martyrum». Secondo un uso ampiamente attestato dalle fonti dell'epoca, il patriarca utilizza qui il termine "altare" al plurale, intendendo però un'unica struttura.[75] Questa va identificata con un altare prezioso in oro e argento, ispirato alle grandi opere di oreficeria realizzate negli stessi anni nei principali centri religiosi dell'Impero carolingio.[76] Non è peraltro escluso che Fortunato abbia voluto riprodurre l'*archa* in argento da lui ammirata presso il monastero di Moyenmoutier, realizzata dall'abate Madalwinus sulla tomba di sant'Ilduino, il fondatore dell'abbazia.[77] I modelli più prestigiosi in tal senso erano, però, quelli offerti dagli altari preziosi delle chiese di Roma. Qui, dopo la flessione dei secoli VI e VII, i donativi in metallo prezioso tornarono a crescere a partire

73. Picard, *Le souvenir*, p. 360.

74. Dorigo, *Le opere*, p. 95.

75. Sull'utilizzo della forma plurale *altaria* con significato singolare, cfr. Braun, *Der christlichen Altar*, p. 369.

76. Brunettin, *Il cosiddetto testamento*, pp. 99-100; Dorigo, *Le opere*, pp. 91-92; Marano, *At the Crossroad*, pp. 298-299.

77. *Liber de Sancti Hildulfi*, pp. 87-88: «[*scil.* Madalwinus] Archam denique super beatos patroni nostri Hildulfi artus fabricari instituit, quam etiam honorifice auri argentique metallis adornavit. [...] Hic decori ararum beatae Dei genitricis sanctique Petri aptans tabulas, preciosis metallis insignivit ambas, multaque huiusmodi reliquit loco suae industriae credito monimenta». In *Francia*, anche le chiese di Saint-Riquier, Saint-Germain-de-Prés, Le Mans, Saint-Trond e Redon possedevano altari in metallo prezioso (Hubert, Porcher, Volbach, *L'impero carolingio,* pp. 239-246; Gaborit-Chopin, *Les trésors*, p. 290).

dal secondo venticinquennio dell'VIII secolo, quando le entrate del papato si giovarono dell'acquisizione dei territori già bizantini in Emilia e nelle Marche, restituiti ai pontefici da Pipino, e del successivo invio a Roma della parte più consistente del tesoro razziato da Carlo Magno nel *Ring* degli Avari nel 796.[78] L'oreficeria monumentale ricompare sotto papa Gregorio III, il cui pontificato coincise con l'avvio di una nuova stagione di committenze ufficiali, animate da un vero e proprio spirito di emulazione dei fasti dell'età costantiniana.[79] Oggetto di questi interventi fu soprattutto il presbiterio della basilica di San Pietro, divenuto il fulcro liturgico e monumentale del complesso con l'integrazione di altare e *confessio*, predisposta da Gregorio Magno onde rendere possibile la celebrazione del sacrificio eucaristico sulla tomba dell'Apostolo.[80] Il primo riferimento esplicito a un rivestimento in argento dell'altare di San Pietro risale all'età di Gregorio II, che inaugurò così una tradizione poi culminata nelle donazioni dei pontefici della prima metà del IX secolo. Se Adriano I dotò la *confessio* e l'altare *ad corpus* di pannelli preziosi figurati con le storie del santo titolare, Leone IV (847-855) rinnovò, grazie al sostegno finanziario dell'imperatore Lotario, tutti e tre i poli liturgici del presbiterio (altare, *confessio*, altare della cripta) con un rivestimento «modo simili [...] ad anticum».[81] L'altare maggiore ricevette un pannello

78. Tale afflusso di metalli preziosi raggiunse l'apice durante il pontificato di Adriano I, per poi cominciare a scendere sotto Pasquale I e conoscere quindi una effimera risalita al tempo di Leone IV, successivamente al sacco saraceno dell'846 (Delogu, *Oro e argento*, pp. 273-293).

79. de Blaauw, Cultus, pp. 556-562; Iacobini, Aurea Roma, pp. 676-677.

80. Adottata anche in San Paolo fuori le Mura, tale sistemazione si affermò ben presto come modello di eccezionale prestigio, riprodotto in diverse chiese romane a partire dal VII secolo e, successivamente, anche al di fuori di Roma (de Blaauw, Cultus, pp. 539-547; Idem, *L'altare*, pp. 977-980).

81. *Liber Pontificalis* CV, 32-33, pp. 113-114: «cum cotidie beatissimi apostolorum principis Petri sacratissimum altare cerneret violatum et ad tantam inhonestatem a Sarracenis perfidis Deoque contrariis sive vilitatem perductum, etiam et, quod dolentes merentesque dicimus, ipse qui undique christianus populus ad iamfati principis sacratissima, orationis causa vel gratia, limina destinavit, ob hoc vota sua ut olim perficeret non pleniter satagebat; ideo omni potentis Domini, fretus auxilio atque consilio et virtute munitus, aureis simulque argenteis tabulis, non tantum confessionem sacram, verum etiam frontem sepedicti altaris satis decenter et onorifice perornavit, ut praesens per omnia opus ibidem dedicatum luce

d'oro (*frons*) tempestato di gemme, in cui, accanto a Cristo e ai principi degli Apostoli, comparivano anche il papa committente e il suo "figlio spirituale" Lotario. Altri pannelli argentei con la vita di Pietro si disponevano lungo i fianchi, dando al rivestimento un andamento avvolgente.[82] L'aspetto dell'altare doveva essere simile a quello della basilica di Sant'Ambrogio a Milano, commissionato dall'arcivescovo Angilberto II (824-829) al *magister* Volvinio negli anni Venti del IX secolo e l'unico di questo tipo sopravvissuto fino a oggi.[83]

Le analogie tra gli «altaria de auro et de argento» allestiti da Fortunato e quelli di San Pietro a Roma e della basilica ambrosiana a Milano non dovevano limitarsi, peraltro, alla sola sfera artistica, ma riguardavano anche la funzione liturgica, dato che anche nella cappella di San Marco il fulcro eucaristico era strettamente congiunto a quello martiriale in un unico arredo dai caratteri suntuari eccezionali.[84]

et post ipsum altare alium parietem deauratum et deargentatum, similiter in longitudine pedum XV et in altitudine pedes 4; et super ipso pariete arcus volutiles de argento et super ipsos

clarius manifestat. Quam ob rem venerandi altaris frontem praecipuam, tabulis auro optimo noviter dedicatis, una cum gemmis quam plurimis valde optimis ac pretiosis, totam circumdedit et in meliorem, ut prius, statum atque decorum perduxit. In quibus scilicet aureis, ut dictum est, tabulis, non solum Redemptoris nostri forma depicta praefulget, verum et eius Resurrectio veneranda atque indicium sacrae ac salutifere crucis, Petri quoque Paulique pariter vultus atque Andree in praenominatis tabulis similiter splendent atque coruscant; inter quos sanctissimi quarti Leonis praesulis, necnon et spiritalis filii sui domni imperatoris Lotharii, propter futuram memoriam sive mercedem, persone Deo care per cuncta saecula venerande depicta sunt. Quod denique tabularum opus CCXVI auri obrizi librans pensant. Confessionem vero crebro dicti altaris tabulis argento paratis purissimo modo simili tota animi devotione ad anticum decus et statum perduxit; in quibus Salvatorem in trono sedentem conspicimus, pretiosas in capite gemmas habentes, et a dextris illius Cherubim, a leva quoque ipsius vultus apostolorum ceterorumque depictos. Immo et rugas sacrae confessionis ex argento constructas, vultus habentes beatissimi Petri et Pauli, pens. omnia lib. CCVIII».

82. de Blaauw, Cultus, pp. 545-546, Iacobini, Aurea, pp. 687-688.

83. Sull'altare d'oro di Sant'Ambrogio, cfr. *L'Altare d'Oro* e Bertelli, *L'altare d'oro di Volvinio*, pp. 41-54; per la datazione dell'opera ai primi anni di episcopato di Angilberto II, cfr. Gavinelli, *Il gallo*, pp. 413-416.

84. Cupperi, *Visibilità*, pp. 44-49.

arcus imagines de auro: la sistemazione realizzata da Fortunato nella cappella di San Marco era completata da una parete (*paries*) argentata e dorata delle dimensioni corrispondenti a quelle dell'altare (15 piedi di lunghezza e 4 di altezza) al quale era abbinata. Sulla superficie di questa erano gli archi di una quinta architettonica che faceva da sfondo ad alcune immagini d'oro («imagines de auro»).[85]

Il *paries* di Fortunato sembra essere un *antependium*, una sorta di paliotto, il cui assetto iconografico risulterebbe assimilabile a quello del frontale d'altare donato attorno all'867 dall'imperatore Carlo il Calvo (843-877) all'abbazia di Saint-Denis.[86] Di quest'opera, distrutta nel 1794, non resta oggi che l'immagine in un dipinto della fine del XV secolo, la Messa di Saint-Gilles, che mostra un pannello d'oro lavorato a sbalzo e tempestato di pietre preziose, scandito dalla raffigurazione di una triplice arcata dominata dalla figura del Cristo in trono, ai lati del quale si dispongono gruppi di santi e cherubini.[87] Stando alla descrizione del *Liber Pontificalis*, gli stessi elementi tematici caratterizzavano anche la *frons* collocata da papa Leone IV nella *confessio* di San Pietro, realizzata nell'ambito del suo ambizioso progetto di restauro della basilica di San Pietro.[88] Alla luce di questi esempi e di altri tramandati dalle fonti,[89] risulta evidente che per la realizzazione

85. Sul significato di *imago* quale raffigurazione di tipo iconico, cfr. Beutler, *Documents* (1962), pp. 445-458; Idem, *Documents* (1963), pp. 193-200; Andaloro, *Il* Liber Pontificalis, pp. 69-77; Moretti, *Appunti*, pp. 61-73. Per un repertorio delle attestazioni del termine nelle fonti di età carolingia, cfr. von Schlosser, *Schriftquellen*, n. 261, 394, 679, 708, 770, 782, 785, 803, 885-890, 892, 895, 906, 926, 938, 941-942, 952-953, 954, 961, 962, 977, 981, 983, 985, 986, 989, 1001, 1008-1011, 1015, 1025, 1026, 1031, 1042, 1045-1047,1057, 1070, 1098, 1105, 1139-1140, pp. 75, 123, 217, 227, 250, 256-257, 260, 268, 308-310, 315, 322, 339-340, 343, 346, 353, 355-357, 362, 365-369, 374, 377-378, 380, 385, 389, 392-393, 398, 405, 413, 417-418, 431-432.

86. Marano, *At the Crossroad*, p. 298; Dorigo, *Le opere*, pp. 92-93; Brunettin, *Il cosiddetto testamento*, p. 100.

87. Sull'*antependium* di Carlo di Calvo, cfr. Gaborit-Chopin, *L'orfèvrerie*, pp. 25-26; Eadem, *Les trésors*, pp. 289-293; Caillet, *L'art*, p. 97; Idem, *De l'*antependium, p. 4.

88. Cfr. n. 132. Sull'altare, de Blaauw, Cultus, pp. 545-546, Iacobini, Aurea, pp. 687-688.

89. I *Gesta Abbatum Fontanellensium* (17, p. 297) descrivono, per esempio, l'«aram tabulam argenteis imaginibus decoratam» collocata dall'abate Ansegiso (807-833) dinanzi all'altare della basilica della Santa Trinità a Flavigny. Alla com-

della *paries* della cappella di San Marco Fortunato si sia ispirato a una categoria di arredi che, a loro volta modellati su illustri precedenti paleocristiani,[90] ornavano le chiese dei principali centri religiosi, politici e culturali dell'Impero carolingio.

Al tempo stesso, l'offerta di un *antependium* figurato riflette un altro fenomeno caratteristico del tempo, quello della proliferazione delle immagini nel presbiterio e nei luoghi più venerati degli edifici di culto.[91] Inoltre, come osservato per Roma e Milano, gli arredi preziosi della cappella di San Marco rispondevano a quella istanza di visibilità immediata e di fasto che contraddistingue una fase di tesaurizzazione in cui le reliquie sono sentite come un attributo politico e “pontificale”.[92] Una esigenza che doveva essere sentita con particolare urgenza nella *Venetia* lagunare del IX secolo, dove l'accesa competizione tra le Chiese dell'area bene illustra il significato politico e ideologico sotteso al possesso di reliquie. Come osservato in precedenza, durante il concilio di Mantova i rappresentanti del patriarcato di Aquileia, che fondava le proprie rivendicazioni sul patrocinio di entrambi i santi, reclamarono l'originario possesso delle *sedes* di sant'Ermacora e di san Marco e ne denunciarono il transito in territorio gradese.[93]

mittenza dello stesso Ansegiso si deve anche la «lignea tabula, quam imaginibus argenteis diversis cooperuit» della chiesa abbaziale di Luxeuil.

90. Il precedente degli *antependia* carolingi va ricercato nel frontale d'oro istoriato collocato dall'imperatore Valentiniano III (425-455) nella *confessio* della basilica vaticana. Andata perduta in occasione del sacco saraceno dell'846 e sostituito dalla *frons* commissionata da papa Leone IV, l'*imago* metallica era «ornata di gemme preziosissime, con dodici porte, dodici Apostoli e il Salvatore», secondo uno schema certamente molto vicino a quello dei sarcofagi cosiddetti “a porte di città” (Croquison, *L'iconographie*, pp. 535-606, pp. 542-544; De Blaauw, Cultus, pp. 477-478).

91. Barbier, *Les images*, pp. 199-207; de Blaauw, *Altar Imagery*, pp. 50-52.

92. Cupperi, *Visibilità*, pp. 46-47.

93. Cfr. l'inizio del discorso del patriarca aquileiese Massenzio come viene riportato nel passo degli atti sinodali: «Nos, qui in veritate perfecta invenimus a beato evangelista Marco, qui spiritualis et ex sacro fontis utero ac carissimus sancti Petri apostoli fuit filius, necnon ab elegantissimo Hermachora Aquileiensem aecclesiam prae omnibus Italiae in Christi fide prius fundatam esse et pastoralem ibi semper curam servatam et sanctorum apostolorum atque ipsam semper eius fuisse discipulam et peculiarem ac vicariam in omnibus [...]» (Rando, *Una Chiesa*, pp. 18-19; Colombi, *Storie*, pp. 776-777).

et super ipsa corpora peccias 8, quod ego misi et de ipsa fecimus et in circuitu per cancellos ad ipsa corpora velo maiore unum istoriale ante regias sancti Quirini: Fortunato ricorda di avere destinato «peccias 8» all'addobbo della cappella di San Marco, dalle quali il patriarca ricavò anche un grande velo figurato da lui collocato all'ingresso della cappella di San Quirino.

Forse dotata di una propria autonomia architettonica, la cappella non può essere localizzata con precisione.[94] Essa era però quasi certamente dedicata al vescovo Quirino di *Siscia* (Sisak, in Croazia), martirizzato a Sabaris (Szombathely, in Ungheria) nella *Pannonia Prima* al tempo degli imperatori Massimiano, Diocleziano e Galerio. La diffusione del culto di Quirino conobbe una rapida diffusione nel territorio di Aquileia, dove fu verosimilmente introdotto tra il IV e il V secolo dai profughi romani dell'area illirico-pannonica in fuga dalle incursioni barbariche.[95] La memoria di Quirino andò rapidamente perduta nella sua regione di origine. Il santo non era perciò rivendicato da alcuna comunità locale, e ciò permise una reinterpretazione del personaggio in località e forme diverse, favorendo così la diffusione del suo culto. A contribuire al fenomeno fu anche la *Passio* del santo che, sebbene non attestata in forma manoscritta prima del XII secolo, sembra essere stata elaborata nell'ambito aquileiese già in epoca tardoantica.[96] Il suo nucleo originario sarebbe, dunque, più antico di qualche decennio rispetto al reliquiario in argento di forma ellittica rinvenuto nel 1871 sotto l'altare maggiore di Santa Eufemia, sul quale san Quirino compare assieme ai santi Canziani e al vescovo Latino di Brescia.[97] Il fatto che il reliquiario sia stato deposto sotto l'altare

94. Dorigo, *Le opere*, p. 95.

95. Sulla figura e sul culto di san Quirino, cfr. Chiesa, Passio Quirini, pp. 501-586; Palmer, *Prudentius*, pp. 236-237; Roberts, *Poetry*, pp. 111-112.

96. Chiesa, Passio Quirini, pp. 512-516.

97. La capsella, su cui compaiono anche i ritratti di un giovane Cristo imberbe e dei santi Pietro e Paolo, fu deposta sotto l'altare di Santa Eufemia assieme a un secondo reliquiario, anch'esso in argento ma di forma cilindrica, decorato con l'immagine della Vergine in trono (de Rossi, *Le insigni capselle*, pp. 155-158; Zovatto, *La capsella* (1952), cc. 17-26; Zovatto, *La capsella* (1953-1954); Zovatto, Brusin, *Monumenti*, pp. 513-523, 525-534; Buchhausen, *Die spätrömische Metallscrinia*, pp. 246-249; Bovini, *Grado*, pp. 203-207; Cuscito, *L'argenteria*, pp. 295-317; Noga-Bagai, *The Trophies*, pp. 95-119; Sena Chiesa, *Argenti*, pp. 574-577 e 586-592).

al momento della consacrazione della cattedrale (579) dà inoltre credito al *Chronicon Gradense*, secondo cui le reliquie di Quirino sarebbero giunte a Grado al momento dell'invasione longobarda, assieme ai *corpora* di Ilario e Taziano e di altri santi.[98]

Et dedi Mauriano magistro argentum ad facere templos, nescio aut tres aut quatuor recordo, et feci ibi altare unum. Tulit ipsos templos clericus ad ordin[...] Mauriano et destruxit ipsum altare et fecit exinde illos templos de sancto Quirino et medium parietem in longitudine de illo altari, quod tulit de ecclesia sancti Pantaleonis de Nova Civitate: in un passo tutto giocato sul filo del ricordo e apparentemente scritto di getto e senza particolare attenzione per la sintassi, Fortunato introduce il racconto di un episodio che ha come protagonista un *magister*, Mauriano, cui il patriarca avrebbe commissionato la realizzazione di «templos (*sic*) [...] aut tres aut quattor» nella cappella di San Quirino.[99]

Ora, la traduzione del termine *templum* pone notevoli difficoltà, in quanto nessun lessico latino fornisce una definizione che si possa assegnare a un arredo liturgico, nonostante Fortunato si riferisca qui a una installazione di questo tipo e non a un'opera in muratura.[100] Non è però escluso che il patriarca utilizzi *templum* come un calco del greco τέμπλον, a indicare una *pergula* o recinzione collegata all'altare da lui allestito («feci ibi altare unum») nella cappella di San Quirino.[101]

Secondo quanto riferito da Fortunato, i *templa* furono al centro di una intricata vicenda di distruzione e di reimpiego, che la lacunosità del testo impedisce di ricostruire nel dettaglio. Essi sarebbero stati smantellati, assieme al relativo altare, da un chierico non meglio identificato, che li avrebbe riutilizzati per la realizzazione di una nuova installazione, della quale avrebbe fatto parte anche un altare

98. *Origo Civitatum Italiae seu Venetiarum*, p. 40: «[...] cives Aquileie sevissimam Longobardorum rabiem in Gradense castrum fugientes beatissima corpora Quirini, Illari et Taciani et ceterorum secum asportaverunt».

99. Sul *magister* Mauriano, Berto, *In Search*, p. 176.

100. Brunettin, *Il cosiddetto testamento*, p. 101.

101. Dorigo, *Le opere*, pp. 93-94. Il termine τέμπλον compare per la prima volta con il significato di "recinzione presbiteriale" nei *Miracula Sancti Artemii*, risalenti al VII secolo (Mango, *On the History*, pp. 40-43). Sull'impiego di τέμπλον nelle fonti greche di età bizantina, cfr. Papangelos, *Η σημασία*, pp. 65-66; Walter, *The Byzantine Sanctuary*, pp. 95-106.

proveniente «de ecclesia sancti Pantaleonis de Nova Civitate».[102] L'episodio sembrerebbe doversi collocare nell'805, al tempo del primo esilio di Fortunato e dell'usurpazione di Giovanni II,[103] periodo al quale Giovanni Diacono fa risalire la distruzione di *Civitas Nova Heracliana* da parte del *dux* Obelerio, senza però fornire una spiegazione dei motivi di questa azione.[104]

et super ipsa corpora misi peccias tres, ante regias sancti Marci velum I, in circuitu altaris quadrabulum I, super altare similiter capsa, quae venit coomparata de Constantinopoli libras X: Fortunato torna quindi a occuparsi della cappella di San Marco, dove gli altari precedentemente citati risultano addobbati con tre *pecciae*. Il patriarca menziona quindi l'offerta di un *velum*, appeso all'ingresso della cappella medesima, e di un *quadrabulum*, che ne circondava invece l'altare («in circuitu altaris»). Anche in questo caso, Fortunato fa riferimento a un tessuto di natura serica e di manifattura bizantina. Nonostante il latino *quadrabulum/quadrapulum* non abbia un corrispettivo greco, non vi sono dubbi circa la sua appartenenza al vocabolario tecnico della produzione tessile bizantina: esso può essere infatti assimilato ai termini ἑξαπωλα, ὀκτάπωλα, δεκάπωλα e δωδεκάπωλα, che qualificano una gamma di drappi il cui valore era determinato dal numero di capi o fili impiegati nella tessitura.[105] Inserite nella categoria dei "tessuti proibiti"

102. La chiesa di San Pantaleone non è altrimenti attestata: essa non compare infatti tra gli edifici di culto di *Civitas Nova Heracliana* di cui si conosce l'intitolazione (Dorigo, *Venezie sepolte*, pp. 94-95). Il culto di san Pantaleone, martirizzato a Nicomedia sotto Diocleziano, risulta altresì attestato nei territori contermini a Grado. Dati archeologici sembrano riferire al VI secolo le origini del monastero di San Pantaleone di Rualis, nel suburbio meridionale di Cividale, sviluppatosi sul sito di una basilica cimiteriale di origine paleocristiana (Krahwinkler, *Friaul*, p. 116; Cantino Wataghin, *Istituzioni*, pp. 284-285; Tilatti, *Presenze monastiche*, p. 197). La chiesa di San Pantaleone a Venezia non è invece documentata prima del 1104 (Candiani, *Antichi titoli*, p. 113).

103. Brunettin, *Il cosiddetto testamento*, p. 102; Dorigo, *Le opere*, p. 93.

104. Giovanni Diacono, *Istoria Veneticorum* II, 24, p. 108: «Hac etiam tempestate Civitas nova, que vocatur Eracliana, a Veneticis destructa est». Sull'episodio, cfr, Berto, *La guerra*, p. 29).

105. Costantino Porfirogenito, *Tres Tractatus*, pp. 229-230; Muthesius, *The Byzantine*, pp. 54-55. La vecchia ipotesi secondo cui il termine *quadrabulum* deriverebbe dal nome di un sobborgo di Baghdad (Crum, Quadrapulus, pp. 552-554) risulta poco persuasiva, soprattutto perché impone spiegazioni etimologiche

dal *Libro dell'Eparco*, *quadrabula* e *octapula* figurano di frequente anche nel *Liber Pontificalis*, che – analogamente a quanto osservato per il *fundatum* – ne documenta l'utilizzo sporadico per la guarnizione di altre stoffe.[106]

L'altare era, infine, ulteriormente impreziosito da un reliquiario (*capsa*) del peso di 10 libbre, che il patriarca dice essere stato acquistato a Costantinopoli.[107]

ante sepulchrum domni Ioannis petiam unam: introdotta quasi incidentalmente, la notizia della presenza all'interno della cappella di San Marco del *sepulchrum* di Giovanni I, zio e predecessore di Fortunato, riveste un notevolissimo interesse ed è confermata da Giovanni Diacono, secondo il quale il patriarca «sepultus [...] fuit in sancti Marci capella post sanctorum martyrum mausolea».[108]

Assieme a Vitale II (897-900), Giovanni I fu l'unico presule ad avere avuto l'onore di essere sepolto nel sacello intitolato all'Evangelista. Le particolari condizioni urbanistiche di Grado e la deposizione nella cattedrale delle reliquie di numerosi martiri contribuirono a fare di Santa Eufemia il luogo di sepoltura privilegiato dei vescovi locali fin dalle origini del *castrum*. Le loro tombe sembrano essere state però collocate soprattutto nell'edificio principale.[109] Non vi possono essere quindi dubbi che la collocazione della tomba di Giovanni I nella cappella di San Marco risponda a una scelta deliberata, presa con ogni probabilità dallo stesso Fortunato, che volle così istituire un collegamento diretto tra il suo predecessore e il fondatore della Chiesa di Aquileia-Grado, ribadendo la piena legittimità della carica episcopale da lui rivestita in virtù di una genealogia apostolica e familiare.[110]

diverse per nomi che sembrano costruiti secondo lo stesso criterio (Delogu, *L'importazione*, p. 128).

106. Delogu, *L'importazione*, pp. 128-129; Martiniani-Reber, *Tentures*, p. 292.

107. Il fatto che, riferendosi all'acquisto del reliquiario («capsa, quae venit coomparata de Costantinopoli libras X»), Fortunato non utilizzi la prima persona suggerisce che questo sia stato effettuato da altri e non da lui personalmente (McCormick, *Origins*, p. 258, n. 65).

108. Giovanni Diacono, *Istoria Veneticorum* II, 22, p. 107.

109. Picard, *Le souvenir*, pp. 348-360.

110. Un'ipotesi, questa, che potrebbe trovare conferma nella presunta distruzione da parte del patriarca della *pergula* fatta erigere da Giovanni II nella cappella di San Marco (Tavano, *Il culto*, p. 207).

in oratorio Petri ante corpora altare et super altare et in circuitu altaris pecciam unam; in oratorio ante corpora sancti Quirini tria edificavi altaria: unum in honorem sancti Michaelis, aliud sancti Pauli, tertium sancti Benedicti et ipsa in circuitu et desuper honorifice coperii: Fortunato fornisce quindi ulteriori dettagli sull'organizzazione di Santa Eufemia, della quale facevano parte anche cappelle e altari oggi scomparsi. Pur dotate di una qualche autonomia architettonica, tali strutture erano parte integrante della cattedrale e, diversamente da quanto sostenuto in passato,[111] nulla suggerisce una loro collocazione all'esterno dell'edificio, nell'area compresa tra la basilica di Santa Maria delle Grazie e il battistero di San Giovanni.

Il primo a essere citato è l'«oratorium Petri», dove il patriarca allestisce un altare addobbato con una *peccia*.[112] Segue poi la menzione degli altari dedicati dallo stesso Fortunato ai santi Michele, Paolo e Benedetto, tutti situati nella cappella di San Quirino.

La testimonianza di Fortunato permette di verificare la partecipazione di Grado al fenomeno della proliferazione delle reliquie e degli altari a esse connessi, ampiamente documentata nei territori dell'Europa occidentale tra IX e XI secolo.[113] Ed è appunto il confronto con le altre zone dell'*orbis christianus* a suggerire l'impiego degli altari della cappella di San Quirino nell'ambito di una liturgia stazionale, cadenzata dai ritmi del santorale. Allo stesso modo, si deve però ipotizzare che questi e gli altri altari secondari del complesso episcopale rispondessero anche a un'esigenza di preghiera e di devozione individuali, resa particolarmente urgente dalla progressiva riduzione dei fedeli al ruolo di spettatori passivi di una celebrazione eucaristica organizzata in modo sempre più scenografico e gerarchico, il cui scopo era innanzitutto quello di far risaltare l'importanza politica e sociale, oltre che religiosa, del clero.[114]

In sancto Laurentio blata I et desuper macioda unam. Ad sanctum Paulum in circuitu altaris quadrabulum I et desuper si-

111. Brunettin, *Il cosiddetto testamento*, pp. 100-101.

112. Sul significato di *oratorium* come "cappella", cfr. Mackie, *Early Christian Chapels*, pp. 3-4.

113. Sul fenomeno, si veda Ibsen, Magno et optimo, pp. 427-429; sullo specifico caso di Roma, Bauer, *La frammentazione*, pp. 385-446.

114. Bauer, *La frammentazione*, pp. 439-441.

militer: Fortunato menziona quindi un quarto altare, quello dedicato a san Lorenzo, cui ricorda di avere destinato due drappi preziosi: una *blata* e una misteriosa *macioda*.[115]

Il primo termine trova un ampio riscontro lessicografico: inizialmente utilizzato per indicare la cocciniglia (*coccus ilicus*), un insetto dal quale si ricavava un colorante utilizzato nella tintura dei tessuti, [116] durante l’età imperiale il latino *blatta* (da cui il greco βλάττα) passò a designare il colore porpora.[117] In un ulteriore sviluppo, βλάττα cominciò a essere utilizzato per la seta intinta nella porpora e, a partire dal IX secolo, per la seta *tout court*.[118] Da un punto di vista merceologico, il termine indicava, dunque, i tessuti di qualità più elevata dell’intera produzione serica bizantina, come dimostrato dalla presenza di diverse categorie di βλάττια tra i κεκωλυμένα, i “tessuti proibiti”.[119] Come già la *purpura* donata da Fortunato alla cattedrale di Santa Eufemia, anche la *blata* destinata all’altare di San Lorenzo può essere ritenuta di manifattura costantinopolitana.[120] Una supposizione, questa, che trova conforto nell’aggettivo *byzanteum/bizanteum* che accompagna le rare occorrenze di *blatin* (*blata*) nel *Liber Pontificalis*.[121]

115. Marano, *At the Crossroad*, pp. 299-300; Idem, *Le sete*, pp. 288-299.

116. Steigerwald, *Die Purpursorten*, pp. 224-237.

117. Costantino Porfirogenito, *Tres Tractatus*, pp. 205-207. Nell’*Edictum de Pretiis*, per esempio, il termine possiede il significato generico di “porpora” ed è utilizzato per indicare tessuti di diversa qualità, tutti colorati con la tintura di murice e dunque di valore e qualità elevatissimi. Secondo le cifre riportate nell’*Edictum*, il costo della lana grezza intinta nella porpora prima della filatura (βλάττα) era di 32.000 denari alla libbra, mentre quello della seta grezza (μεταξάβλαττα) e quello della seta di tonalità chiara (ὑποβλάττα) ammontava rispettivamente a 150.000 e 160.000 denari alla libbra (Bogensperger, *Purple*, pp. 244-245). Tenuto conto del fatto che l’*Edictum* fissa il prezzo dell’oro a 72.000 denari alla libbra, ne consegue che il costo della seta era addirittura superiore a quello del metallo prezioso, in una proporzione di 1:2.08 (Mrozek, *Le prix*, pp. 237-238).

118. Costantino Porfirogenito, *Tres Tractatus*, pp. 206-207.

119. *Das Eparchenbuch*, pp. 90-91, 102-105; Muthesius, *The Byzantine*, pp. 46-47.

120. Marano, *At the Crossroad*, p. 300; Idem, *Le sete*, pp. 288-289.

121. Leone III donò una «veste alba olosirica, ornata in circuitu blatti bizanteo et in fronte cruce de chrisoclabo” alla basilica di Santa Prisca, offrendo invece una «veste chrisoclaba in blatin byzanteo, habentem storiam Nativitatis et sancti Symeonis» al *titulus* di San Callisto e una «veste de blatin byzanteo cum periclysin

Il termine *macioda* è, invece, un *hapax*, anche se elementi diversi autorizzano a ritenere che esso qualificasse una stoffa di un qualche tipo. Giuseppe Cappelletti, l'autore della *Storia della chiesa di Venezia dalle origini ai nostri giorni* (1853), fa risalire l'etimologia di *macioda* alla parola ebraica *mahil* o *mechil*, "mantello, drappo".[122] È peraltro a un'altra parola di lingua semitica, l'arabo *masura* ("tubo, canna"), che viene ricondotto anche il greco μασουρωτά, utilizzato da Costantino Porfirogenito per indicare una particolare categoria di tessuti serici a righe, di cui l'imperatore era solito fare dono agli ospiti o agli esuli stranieri di riguardo.[123] Il termine potrebbe essere riconducibile a Masoura (Μάσουρα), città della Panfilia la cui produzione tessile godette di grande fama fino all'età islamica.[124] È dunque possibile che la *macioda* donata da Fortunato all'altare di San Lorenzo fosse un drappo di seta, il cui nome, verosimilmente sconosciuto al copista del *Codex Trevisaneus*, fu da questi trascritto in maniera erronea.[125]

Il patriarca menziona infine i due *quadrabula* che decoravano l'altare di San Paolo, collocati rispettivamente attorno e al di sopra di questo.

Ad fontes sancti Ioannis in circuitu quadrabulo unum et desuper fun[...], in circuitu fontes velum lineum unum: lasciata la basilica di Santa Eufemia, Fortunato rivolge la propria attenzione al battistero di San Giovanni (fig. 11), cui destina alcuni tessuti preziosi. Sono queste le uniche prove dell'interesse del patriarca per l'edificio,

de chrisoclabo et margaretis» alla basilica dei Santi Cosma e Damiano. Queste descrizioni confermano l'elevato valore della *blata*, che sembra essere stata utilizzata innanzitutto sotto forma di ritagli per guarnire e orlare drappi di maggiori dimensioni. Al contempo, la menzione di *blatin neapolitanum* suggerisce l'esistenza di surrogati e di tessuti di diversa provenienza rispetto a quella costantinopolitana (Delogu, *L'importazione*, pp. 127-128; Martiniani-Reber, *Tentures*, p. 295).

122. Anche Brunettin ritiene la *macioda* un tessuto, forse di lana (Brunettin, *Il cosiddetto testamento*, p. 103).

123. Costantino Porfirogenito, *Tres Tractatus*, pp. 109-111, 203).

124. Marano, *Le sete*, p. 289. Un papiro egiziano del VII secolo menziona, «στρώματα [...] φροντάρια ἀπὸ Μασούρα(ς))», vale a dire materassi e cuscini di Masoura (Diethart, *Lexikalische Rara*, p. 13). Sembrerebbe potersi, inoltre, riferire a Masoura anche l'aggettivo *ma'ṣūr* con cui le fonti arabe di età medievale qualificano alcune categorie di tessuti (Serjeant, *Material*, p. 93).

125. Marano, *At the Crossroad*, p. 301; Idem, *Le sete*, p. 289.

dove l'esistenza di una fase altomedievale è testimoniata dalla presenza di un triplo ordine di gradini (*subsellia*) individuato lungo le pareti dell'ottagono da Ferdinando Forlati e da questi successivamente rimosso per restituire il battistero al suo aspetto "paleocristiano".[126] Realizzati in materiali di recupero, i *subsellia* si impostano sui mosaici del VI secolo, per essere poi obliterati sotto il piano pavimentale della fase romanica. Questi indizi di cronologia relativa danno credito all'ipotesi secondo cui la realizzazione di queste strutture sarebbe da riferire a Fortunato, che si sarebbe così conformato alle direttive della Chiesa franca in materia di liturgia battesimale. Il caso di Grado non è peraltro isolato, ma trova confronto non solo ad Aquileia, dove la risistemazione del locale battistero con la costruzione della cosiddetta "Chiesa dei Pagani" è attribuita al patriarca Massenzio, ma anche a Castelseprio, Cividale del Friuli e Cittanova d'Istria, dove gli edifici battesimali furono tutti dotati in età carolingia di *subsellia* verosimilmente destinati ai catecumeni e/o fedeli che prendevano parte alla celebrazione del battesimo.[127]

I tessuti donati da Fortunato erano probabilmente destinati all'abside che chiudeva a est il battistero, nella quale sono stati ricollocati l'altare a cassa con il monogramma del vescovo Probino e l'antistante recinzione, ricostruita utilizzando i plutei del VI secolo e pilastrini di età carolingia rinvenuti *in situ*.[128] Tale sistemazione appare funzionale alla deposizione di reliquie, la cui presenza nel battistero fu senz'altro all'origine dell'utilizzo funerario dell'edificio protrattosi fino all'età moderna.[129]

126. Sul restauro del battistero, Castellan, *La selezione*, pp. 55-57.

127. Per i battisteri di Castelseprio e di Cividale del Friuli, cfr. Mirabella Roberti, *Il battistero*; Idem, *I battisteri*, pp. 46-47; Lusuardi Siena, *Il "battistero di Callisto"*, p. 58. A Cittanova d'Istria, dove la presenza di un triplice ordine di gradinate all'interno del battistero è documentata da un disegno inserito nell'opera di Jean Baptiste Séroux d'Agincourt, la realizzazione dei *subsellia* va probabilmente riferita all'iniziativa del già citato *episcopus Histriensis* Maurizio, in carica tra la fine dell'VIII e gli inizi del IX secolo (Cuscito, *Cristianesimo*, pp. 330-337).

128. Sull'altare, cfr, Zovatto, *Il pluteo*; Tagliaferri, *Le diocesi*, scheda 647, pp. 414-415; per la recinzione, Brusin, Zovatto, *Monumenti*, pp. 409-410, e Tagliaferri, *Le diocesi*, schede 648-654, 657-659, pp. 416-419, 420-421.

129. Documentato a partire dal V-VI secolo (Février, *Baptistères*, pp. 109-137), il fenomeno della deposizione di reliquie all'interno di battisteri trova ri-

Il *quadrabulum* citato da Fortunato doveva essere collocato al di sotto delle tre finestre che si aprono nell'abside («in circuitu»), mentre il *fundatum* era appeso al di sopra («desuper») dell'altare, assicurato a una trave la cui presenza è testimoniata dai due incassi ricavati nelle murature ai lati dell'arredo.[130]

Fortunato ricorda infine il «velum linteum unum» affisso «in circuitu fontes»,[131] a suggerire l'esistenza di una *pergula* soprastante la vasca battesimale, di cui non si hanno però riscontri archeologici.[132]

In ecclesia sanctae Marie altare et in circuitu fundato maiore I et unum damaschinum et unum fondatum album et de [do]randum iam libras XII et, si Deo placuerit, adimplere cupio et credo in Deo et vos nollite dubitare, quod dico, Deo iubente, sic facio: Fortunato prosegue nella descrizione del complesso episcopale illustrando i propri interventi nella basilica di Santa Maria delle Grazie, mantenutasi pressoché inalterata nella sue forme paleocristiane fino al IX secolo.[133] Quelle contenute nel "testamento" possono essere anzi ritenute le uniche notizie relative alla storia edilizia

scontro a Castelseprio e a Cividale del Friuli (Zovatto, *Il battistero*, p. 244; Brusin, Zovatto, *Monumenti*, p. 410, n. 31).

130. Anche nel *Liber Pontificalis*, si fa riferimento a tessuti (*cortinae*) affissi in corrispondenza degli ingressi principali e dell'arco trionfale delle basiliche di Roma, o, negli edifici privi di transetto, davanti all'abside e al presbiterio (de Blaauw, Cultus, pp. 563-564).

131. L'abbinamento di tessuti di lino a stoffe di seta è documentato dal *Liber Pontificalis*, che ricorda – per esempio – il dono da parte di Adriano I di numerosi *vela linea*, assieme a quello di *octapula*, *quadrapula*, *sirica*, *stauracia* e *tyrea*, alle basiliche dei Santi Cosma e Damiano, dei Santi Apostoli, di San Lorenzo flm, di San Pancrazio flm, di Santo Stefano Rotondo sul Celio e di San Valentino (Martiniani-Reber, *Tentures*, pp. 293-294).

132. Brunettin, *Il cosiddetto testamento*, p. 103. Il riesame dei materiali scultorei rinvenuti in Santa Maria delle Grazie ha permesso di abbassare la cronologia di alcune arcate di ciborio che, già attribuite a un mobile rettangolare di età carolingia (Lavers, *I cibori*, pp. 156-158; Tagliaferri, *Le diocesi*, schede 625 e 627-629, pp. 403-406), sono oggi riferite a un tegurio esagonale dell'XI secolo, in cui va riconosciuto l'antecedente e il modello del monumento eretto a Zara dal proconsole Gregorio tra il 1030 e il 1040 (Jakšić, *Il caso*, pp. 142-143). La collocazione di tale arredo nel battistero di San Giovanni è, però, resa incerta dal fatto che la larghezza massima delle arcate è superiore a quella dei lati del fonte (Skoblar, *Patriarchs*, pp. 130-132).

133. Cortelletti, *Santa Maria*, pp. 357-360.

della basilica durante l'alto medioevo. L'attribuzione di alcuni arredi liturgici all'iniziativa di Fortunato si basa, infatti, su un arbitrario quanto inconsistente collegamento tra le istanze filo-franche del patriarca e i caratteri stilistici di questi manufatti, la cui decorazione appartiene al repertorio carolingio.[134] In particolare, si sono riferiti alla committenza di Fortunato i frammenti iscritti di un ciborio che, già reimpiegati nel pavimento di Santa Maria delle Grazie, mostrano evidenti affinità con la *pergula* della cappella di San Marco, attribuita a Giovanni II.[135] Inoltre, la vicinanza tra Santa Maria delle Grazie e la cattedrale di Santa Eufemia non consente di escludere l'originaria appartenenza del ciborio a quest'ultimo edificio.[136]

L'unico arredo sicuramente realizzato da Fortunato in Santa Maria delle Grazie è l'altare citato nel "testamento", cui il patriarca destinò diversi tessuti. Se, come per Santa Eufemia, la menzione di un *damaschinum* va ritenuta una interpolazione del copista, non vi sono dubbi circa la genuinità della notizia riguardo alla donazione di un *fundatum* e di un *fundatum album*,[137] che l'espressione «in circuitu» indica collocati lungo il perimetro interno dell'emiciclo absidale.

Il passo successivo è di difficile interpretazione: non è infatti chiaro se le 12 libbre d'oro (all'incirca 4 kg) siano state destinate da Fortunato al rivestimento dell'altare o alla doratura del *fundatum album*. La prima opzione sembra, però, potersi escludere: se si ipotizza la realizzazione di una lamina dello spessore di 1 mm, la quantità di metallo appare sufficiente a rivestire una superficie di appena 30 cm^2.[138] È dunque più probabile che l'oro fosse riservato alla decora-

134. A questo proposito, cfr. Tagliaferri, *Le diocesi*, scheda 624, pp. 402-403.

135. Skoblar, *Patriarchs*, p. 131. l'iscrizione incisa sotto la fascia a cani correnti non offre, purtroppo, alcun appiglio all'ipotesi che collega la realizzazione dell'arredo alla presunta visita di Fortunato in Terrasanta, dalla quale il patriarca sarebbe tornato portando con sé alcune reliquie (*supra*).

136. Lavers, *I cibori,* p. 156.

137. Il colore bianco del secondo *fundatum* era probabilmente dato dalla sua realizzazione con fili di seta grezza (Muthesius, *Essential*, p. 160).

138. Il calcolo si basa sui rari esempi superstiti di rivestimenti in metallo prezioso di arredi liturgici di età tardoantica, realizzati utilizzando lamine dello spessore di circa 1 mm (Mundell Mango, *The Monetary Value*, pp. 124-127; Guidobaldi, *I cyboria*, p. 57).

zione del *fundatum*,[139] una categoria di tessuti che il *Liber Pontificalis* descrive come arricchito da ricami in metallo prezioso.[140]

Un particolare interesse riveste il passo successivo, in cui Fortunato assicura che, con l'aiuto di Dio, provvederà a realizzare la doratura, evidentemente non ancora eseguita al momento della stesura del "testamento". Si tratta di una ulteriore conferma che il "testamento" non può essere considerato un testamento vero e proprio, quanto piuttosto un documento politico di natura memorialistica, evidentemente redatto da Fortunato in previsione della deposizione che avrebbe dovuto rendere dinanzi al pontefice.[141]

Et coperii ipsam ecclesiam de plumbo de dono sancti Imperii: Fortunato ricorda quindi di avere provveduto al rifacimento delle coperture della basilica di Santa Maria delle Grazie, per il quale impiegò il piombo ricevuto in dono dall'Impero carolingio, usufruendo così di un privilegio solitamente riservato ai pontefici di Roma e agli abati dei principali monasteri del mondo franco.[142]

Come noto, il piombo fu utilizzato fin dall'antichità per il rivestimento dei tetti, sfruttandone la sostanziale inalterabilità agli agenti atmosferici.[143] Tale uso trova ampio riscontro anche nell'alto medioevo, specie in *Francia*, dove le fonti di età merovingia e carolingia fanno frequente riferimento alle coperture realizzate in questo materiale.[144] Gregorio di Tours ricorda, per esempio, il tetto della *basilica Martini* a Tours, che il suo predecessore, il vescovo Eufronio (556-573), aveva fatto rivestire di piombo su specifica richiesta di Clotario I (511-561).[145] I *Gesta Dagoberti*, composti tra l'800 e

139. Così anche in Brunettin, *Il cosiddetto testamento*, p. 104. Le fonti antiche insistono peraltro sul peso e sulla rigidità dei broccati e dei tessuti realizzati anche con fili metallici (Gleba, Auratae vestes, pp. 61-63)

140. Delogu, *L'importazione*, pp. 127-128.

141. Brunettin, *Il cosiddetto testamento*, pp. 104-105.

142. Marano, *At the Crossroad*, p. 294.

143. Menicali, *I materiali*, pp. 252-253.

144. McCormick, *Origins*, pp. 700-701.

145. Greg. Tur., *Hist.* IV, 20, pp. 152-153: «Sed et civitas Toronica ante annum iam igne consumpta fuerat, et totae eclesiae in eadem constructae desertae relictae sunt. Protinus beati Martini basilica, ordinante Chlothario rege, ab stagno cooperta est et in illa ut prius fuerat elegantia reparata». Sull'intervento di Eufronio, Pietri, *La ville*, pp. 375-376. La notizia precede di circa cent'anni la sostituzione delle tegole romane della basilica episcopale di Rouen con una nuova copertura in

l'835, fanno invece risalire a Dagoberto (623-629/639) la fornitura perpetua di 8.000 libbre di piombo consegnata ad anni alterni dai re franchi all'abbazia di Saint-Denis «ad cooperiendam [...] beatorum martyrum ecclesiam».[146] Testimonianze analoghe sono tramandate anche dalle fonti anglosassoni,[147] ma è soprattutto nelle fonti di età carolingia che le notizie relative ai tetti in piombo si fanno particolarmente numerose. L'esempio più illustre è certo quello della Cappella Palatina di Aquisgrana, che gli *Annales regni Francorum* descrivono come rivestita «tegulis plumbeis».[148] Una copertura in piombo caratterizzava anche la grandiosa basilica consacrata nel 799 dall'abate Angilberto nel monastero di *Centula* (Saint-Riquier),[149] mentre esempi più tardi sono quelli della chiesa dell'abbazia di Saint-Bertin

piombo, cui appartengono alcune lastre metalliche della fine del VI – inizi del VII secolo rinvenute in un riempimento successivo (Le Maho, *Les fouilles*, p. 13).

146. *Gesta Dagoberti*, 40, p. 419: «Denique eodem tempore plumbum, quod ei ex metallo censitum in secundo semper anno solvebatur, libras octo millia ad cooperiendam eandem supra dictorum beatorum martyrum ecclesiam eo ordine concessit, ut [...] in alio semper anno adduceretur et agentibus vel thesaurariis ipsius venerandi monasterii traderetur».

147. Secondo Beda il Venerabile, tra il 668 e il 669 il vescovo Eadberth di Lindisfarne avrebbe ricostruito una chiesa eretta dal suo predecessore, Finan, dotandola di una nuova copertura in *laminae* plumbee. Nel 669, il vescovo Wilfrid di York avrebbe invece coperto in piombo il tetto di un edificio di culto fondato dal re Edwin, mentre il *De Abbatibus* del monaco Æthelwulf (803-821) ricorda i tetti con tegole metalliche di una chiesa fondata dal re Osred (705-716) e di un'altra più tarda. Un diploma emesso a Canterbury nell'835 menziona, infine, la rendita annua di piombo, pari al valore di 300 *solidi*, che l'arcivescovo Ceolnoth e i suoi successori avrebbero dovuto utilizzare «ad opus [...] ecclesie» (Gem, *Architecture*, p. 50). Queste notizie trovano conferma archeologica nel ritrovamento di tegole in piombo presso i monasteri di Wearmouth and Jarrow (Trueman, Cramp, *Structural Lead*, pp. 37-39).

148. *Annales regni Francorum*, annum 829, pp. 176-177: «Post exactam hiemem in ipso sancto quadragesimali ieunio paucis ante sanctum pascha diebus Aquisgrani terrae motus noctu factus ventusque tam vehemens coortus, ut non solum humiliores domos, verum etiam ipsam sanctae Dei genitricis basilicam, quam capellam vocant, tegulis plumbeis tectam non modica denudaret parte».

149. Ariulfo, *Chron. Centul.* III, 21, p. 149: «Hac igitur ratione, et pia fidelium curiositate atque industria, coepit locus iterum aliquatenus aptari, et tectis non plumbo ut prius, sed ligneis tabulatis qualiter poterant obductis, clericorum exercitus cum aliquibus monachis Deo et sanctis quotidie ibidem vota laudum ferebant, uno ex clericis, nomine Gerberto, jure abbatis eis presidente».

e della chiesa costruita a Reims da Incmaro, entrambe dotate di coperture metalliche.[150]

In Italia le testimonianze sono meno numerose, ma ugualmente significative. Da un punto di vista archeologico si possono citare le tegole in piombo recanti i nomi degli arcivescovi Teodoro (677-691), Giovanni VII (850-878) e Gerardo (1170-1190), recuperate nel Settecento durante la demolizione della *basilica Ursiana* di Ravenna.[151] Una fornitura in piombo destinata alla basilica di San Pietro è citata in una lettera di Adriano I a Carlo Magno, in cui il pontefice nella primavera-estate del 786 chiede al sovrano di mantenere fede alla promessa di inviare a Roma 1.000 libbre di questo materiale.[152]

Alla luce di queste evidenze è lecito pensare che il metallo ottenuto da Fortunato provenisse dalle miniere di piombo argentifero di Melle nel Poitou, che – controllate dai re franchi – entrarono a pieno regime produttivo tra l'VIII e il IX secolo.[153]

La lettura delle fonti "ufficiali" dimostra che Carlo Magno attribuiva un considerevole valore simbolico all'integrità materiale degli edifici di culto e, in particolare, delle loro coperture. Questa diviene motivo di polemica e di scherno nei confronti dei Bizantini, dai quali, riferendosi alle deliberazioni del concilio di Nicea II (787), Carlo dice di non potere accettare lezioni di teologia, poiché nei loro territori le chiese mancano «non solum luminaribus et tymiamatibus, sed etiam [...] tegminibus».[154] La necessità di provvedere al restauro delle «do-

150. Per Saint-Bertin, cfr. Folcuino, *Gesta Abbatum Sithiensium* 58, p. 618: «[...] sancti Petri basilica asili est cooperta, annoque insequente sancti Bertini ecclesia plumbo est tecta»; per Reims, Flodoardo, *Hist. Remensis eccl.*, III, 5, p. 198: «Tecta templi plumbeis cooperuit tabulis ipsumque templum pictis decoravit cameris, fenestris etiam illustravit vitreis pavimentisque stravit marmoreis».

151. Novara, *Per una archeologia*, pp. 95-97.

152. *Codex Carolinus*, 70, p. 610: «Simili modo et hoc recordari credimus vestre a Deo precellentiae: qualiter [...] vestra excellentia nobis est pollicita dirigere stagni libras mille; simili modo et Ittherius vester fidelissimus per vestrum eximium dispositum similiter alias mille libras dirigere promisit. [...] Sed obnixe petimus, ut per comites vestros qui in Italia sunt actores, ipsum iam dictum stagnum dirigere iubeatis, per unumquoque comitem libras centum». Sulla lettera, Nelson, *The Setting*, pp. 126-128.

153. Téreygeol, *Production*, p. 133.

154. *Opus Caroli regis contra synodum* 3, pp. 494-495: «Denique in eorum plerisque locis, qui se imaginibus luminaria et tymiamata offerre glorian-

mus ecclesiarum» e dei loro «tegumenta» è affermata negli atti del concilio di Francoforte del 794, convocato proprio per discutere le decisioni della Chiesa d'Oriente in materia di culto delle immagini.[155] Qualche anno dopo, nell'807, Carlo dà indicazione ai suoi *missi* di ispezionare le chiese che si trovavano nei suoi domini e di verificare «quomodo structae aut destructae sint in tectis, in maceriis sive parietibus sive in pavimentis necnon in pictura etiam et in luminariis sive officiis».[156] Un compito analogo fu affidato ai *missi dominici* inviati in Terrasanta, dove il sovrano, in accordo con i califfi abbasidi, provvide al restauro delle basiliche di Gerusalemme e di Betlemme.[157]

Agli occhi di Carlo Magno, l'integrità delle chiese era precondizione necessaria per la corretta celebrazione del culto e della liturgia e, dunque, per il benessere spirituale e per la salvezza del *populus Christianus*. Allo stesso tempo, la cura degli edifici di culto era ritenuta un compito pastorale dei vescovi, come emerge chiaramente dalla *Epistola ad Carolum* dell'arcivescovo Leidrado di Lione.[158] In un momento compreso tra l'809 e l'812, questi scrive al sovrano per

tur, a quibus nos, qui id facere contempnimus, scandalum pati putamur, ita loca divino cultui mancipata dispicabilia sunt, ut, sicut legatis nostris sive illis, qui tempore reverendę memorię inlustrissimi viri patris mei, sive eis, qui a nobis illas sunt destinati in partes, referentibus conperimus, pleręque basilicę in eorum terris non solum luminaribus et tymiamatibus, sed etiam ipsis carent tegminibus, quippe cum in regno a Deo nobis concesso basylicę ipso / opitulante, qui eas conservare dignatur, affluenter auro argentoque, gemmis ac margaritis, ceteris venustissimis redundent apparatibus, et qui imaginibus luminaria concinnare et tymiamata adolere respuimus, loca divinis cultibus mancipata rebus pretiosissimis exornamus».

155. *Concilium francofurtense* 26, p. 169: «Ut domus ecclesiarum et tegumenta ab eis fiant emendata vel restaurata, qui beneficia exinde habent. Et ubi repertum fuerit per veraces homines, quod lignamen et petras sive tegulas, qui in domus ecclesiarum fuerint et modo in domo sua habeat, omnia in ecclesia fiant restaurate, unde abstracte fuerunt».

156. *Capitula de causis diversis*, p. 136: «Volumus itaque atque praecipimus, ut missi nostri per singulos pagos praevidere studeant omnia beneficia quae nostri et aliorum homines habere videntur, quomodo restaurata sint post annunciationem nostram sive destructa. Primum de aecclesiis, quomodo structae aut destructae sint in tectis, in maceriis sive parietibus sive in pavimentis necnon in pictura etiam et in luminariis sive officiis». Un commento al passo in La Rocca, *Le élites*, pp. 261-263.

157. McCormick, *Charlemagne's Survey*, pp. 147-148.

158. de Jong, *Charlemagne's Church*, pp. 103-105.

informarlo del fatto che nella sua cattedrale il divino offizio era celebrato secondo le direttive regie («secundum ritum sacrii palatii») e che, oltre ad avere dotato i *sacerdotes* dei libri sacri e dei *vestimenta* loro necessari, egli aveva provveduto a restaurare le chiese e i monasteri della città, dotandoli di nuovi *tegumenta*.[159]

È nella prospettiva di questi documenti che si deve quindi leggere il restauro delle coperture della basilica di Santa Maria: il dono di piombo fornì l'occasione a Carlo Magno per dimostrare la considerazione di cui Fortunato godeva presso di lui e al patriarca l'opportunità di manifestare la propria adesione al programma di riforma religiosa promosso dal sovrano franco.

et in meo certamine, et stravi ipsam porticum cum lapide usque in plateam publicam: dopo avere reso omaggio alla generosità regia, Fortunato sottolinea di avere finanziato personalmente la pavimentazione della basilica di Santa Maria e del suo nartece, lastricando in pietra non solo l'edificio di culto, ma anche la piazza a esso antistante. Tale affermazione potrebbe avere trovato conferma nello scavo di proprietà Fumolo, dove l'area funeraria rimasta in uso fino al VII secolo fu successivamente occupata da un ambiente porticato, per la cui cronologia appaiono egualmente plausibili sia

159. Leidrado di Lione, *Epistola ad Carolum*, pp. 543-544: «De restauratione quoque ecclesiarum, in quantum valui, non cessavi, ita ut eiusdem civitatis maximam ecclesiam, quae est in honore sancti Johannis Baptistae, a novo reparavit et macerias de novo texi, similiter ecclesiae sancti Stephani tegumentum de novo instauravi. Ecclesiam quoque sancti Nicetii de novo etiam raedificavi, similiter ecclesiam sanctae Mariae. Praeter monasteriorum restaurationes domus quoque episcopales unam restauravi, quae iam pene destructa erat; quam operui. Aliam quoque domum cum solario de novo aedificavi et duplicavi; et hanc propter vos paravi, ut, si in illis partibus vester esset adventus, in ea suscipi possetis. Claustrum quoque clericorum ita construxi, in quo nunc omnes sub uno conclavi manere noscuntur. In eadem civitate alias restauravi ecclesias. Unam quidem in honorem sanctae Eulaliae, ubi fuit monasterium puellarum in honorem sancti Georgii, quam de novo operui et ex parte macerias eius a fundamentis erexi. Alia quoque domus in honorem sancti Pauli de novo operta est. Monasterium quoque puellarum in hon. s. Petri dedicatum – ubi corpus sancti Annemundi martyris humatum est, quod ipse sanctus martyr et episcopus instituit – ego a fundamentis tam ecclesiam quam domum restauravi; ubi nunc sanctimoniales numero 32 [...] habitare videntur, [...] et monasterium regale insulae Barbarae [...] ita restauravi, ut tecta de novo fierent, et aliqua ex maceriis a fundamentis erigerentur, ubi nunc monachi secundum regularem disciplinam numero 90 habitare videntur».

una datazione al VII-VIII secolo sia una attribuzione a un momento più recente, compreso tra la fine dell'VIII e gli inizi del IX secolo.[160]

In sancto Zenone in circuitu altare et desuper palchum unum. Ad sanctum Pancratium similiter. Fortunato sembra fare quindi ritorno all'interno della basilica di Santa Maria, dove si trovavano un altare dedicato a san Zenone e uno intitolato a san Pancrazio,[161] cui il patriarca donò due tessuti ciascuno, indicati con il nome non altrimenti attestato di *palchum*.

Eclesia sanctae Agate, ubi requiescunt 40 et duo martyres, erat in ruinis posita et quando impetus maris veniebat, usque ad ipsa corpora ambulabat, sed tanta erat Dei misericordia, quod ipsa aqua feriebat parietes longe de ipsa corpora pedes 5, quod plures nostri sacerdotes viderunt: il passo segna lo spostamento di Fortunato all'esterno del *castrum*, dove si trovava l'«eclesia sanctae Agate», da lui ricostruita perché in rovina.[162]

Oggi scomparsa, la chiesa di Santa Agata non può essere localizzata con precisione: Fortunato la posiziona nei pressi dell'attuale Bevazzana (*infra*), ma non vi sono elementi per riferire all'edificio il gruppo di rovine sommerse che, individuate a una profondità di 6 m nella laguna a ovest di Grado, sono indicate dalla toponomastica locale come "piere de S. Agata".[163]

Secondo quanto affermato dal patriarca, la ricostruzione della chiesa si era resa necessaria per l'azione distruttrice del mare. L'«impetus maris» aveva però miracolosamente risparmiato le reliquie dei quarantadue martiri deposte all'interno della basilica,

160. L'esatta datazione di questo intervento è resa difficoltosa dalla massiccia presenza di materiali residuali negli strati relativi alle strutture, in cui sono stati raccolti solo pochi e problematici reperti di cronologia più recente (Brogiolo, Cagnana, *Nuove*, pp. 98-100).

161. Il fatto che Fortunato non faccia precedere la qualifica di *ecclesia* al titolo di san Zenone e di san Pancrazio esclude che le due strutture possano essere identificate come edifici di culto dotati di una propria autonomia architettonica, come sostengono invece Marocco, Ecclesiarumque, p. 233, e Brunettin, *Il cosiddetto testamento*, p. 106.

162. Sulla chiesa di Santa Agata, Bovini, *Grado*, pp. 219-221; Brunettin, *Il cosiddetto testamento*, pp. 107-112; Marocco, Ecclesiarumque, pp. 230-231; Dorigo, *Le opere*, pp. 91-92.

163. Schmiedt, *Archeologia*, p. 32; Marocco, Ecclesiarumque, p. 231.

arrestandosi a cinque piedi dai *corpora*.[164] Fortunato non fornisce purtroppo alcun elemento utile alla definizione delle coordinate agiografiche di questo gruppo di santi, ma evidenti ragioni di ordine cronologico ne escludono l'identificazione con i quarantadue ufficiali bizantini martirizzati dal califfo al-Mut'asim dopo la conquista della città di *Amorium* in Frigia (838).[165] È però possibile istituire un collegamento tra i martiri citati da Fortunato e la notizia contenuta in una lettera dell'826-827, in cui il patriarca Venerio di Grado menziona agli imperatori Ludovico il Pio e Lotario il «beatus Marcus evangelista et beatus Hermagora, archisacerdos et martyr, cum quadraginta sociis suis sanctorum veneranda corpora hic pio amore amplectimur».[166] Un totale dunque di quarantadue santi personaggi, i cui resti erano evidentemente custoditi a Grado.[167]

Ego autem, cum Dei misericordia, reedificavi eam a fundamentis in altitudinem et in longitudinem ubi iam impetus maris accedere numquam potest et super ipsa corpora feci arcus volutiles et super ipsos alios arcus volutiles. Et feci ibi altare in honorem sancti Felicis et Fortunati, paratum cum auro et argento; et ante ipsa corpora subtus similiter altare paratum cum auro et argento et desuper capsa, que empta fuit in Constantinopoli libras XV; et super ipso arcu volutili, qui est super altare sancti Felicis et Fortunati, edificavi altaria IV: sancte Cecilie, sanctae Eugenie, sanctae Agne[tis] et sancte Felicitati: la formula «a fundamentis in altitudinem et in longitudinem», con cui Fortunato afferma di avere ricostruito la chiesa di Santa Agata, non ha qui carattere formulare, ma attesta la completa riedificazione dell'edificio, spostato in un luogo più riparato rispetto alla collocazione originaria.

164. L'autore del *Chronicon Gradense* colloca le reliquie dei quarantadue martiri nella chiesa di San Vitale, ma è probabile che egli confonda l'edificio con Sant'Agata, in cui era presente un altare dedicato a san Vitale (Colombi, *Storie*, pp. 157-158).

165. Sul culto dei quarantadue martiri di *Amorium*, Halkin, *Passion*, pp. 152-169; Efthymiadis, *Ευωδίου Μοναχού*; Kazhdan, Patterson Ševčenko, s.v. *Forty-Two Martyrs of Amorion*, i, pp. 800-801.

166. *Epistolae variorum inde a morte Caroli Magni usque ad divisionem imperii collectae* III 11, p. 315.

167. Colombi, *Storie*, p. 158.

Il patriarca fornisce anche una descrizione degli apprestamenti interni alla basilica, focalizzandosi sul luogo più importante della struttura, quello dove riposavano le reliquie dei quarantadue martiri.[168] Il passo non è di immediata comprensione e la sua interpretazione dipende dal significato da attribuirsi all'espressione «arcus volutiles», che compare anche in un altro luogo del "testamento", dove indica però decori di argento (*infra*). In questo caso non sembrano esservi dubbi circa il fatto che il riferimento sia qui a due serie di archi a volta sovrapposti, elevati in successione al di sopra delle reliquie.[169] Una ipotesi confermata da un passo della *Istoria Veneticorum*, in cui Giovanni Diacono attribuisce a Fortunato la costruzione «a fundamentis» della «chiesa di s. Agata martire nella cui cripta pose quarantadue corpi di martiri» (trad. Luigi A. Berto).[170]

L'edificio costruito dal patriarca era dunque dotato di una cripta, al pari di quelle che negli stessi anni si andavano allestendo nelle località vicine di Cividale del Friuli, Aquileia e Cittanova d'Istria con il verosimile intento di rispondere alle direttive di Carlo Magno circa l'adeguamento delle Chiese del regno al rito romano.[171]

168. Da un punto di vista linguistico, il passo è privo di "sgrammaticature" ed "errori" rispetto al latino classico. Questo solleva interessanti interrogativi circa le modalità di redazione del "testamento": tale peculiarità suggerisce che infatti Fortunato abbia qui avuto modo di rivedere quanto scritto.

169. Brunettin, *Il cosiddetto testamento*, pp. 109-110; Dorigo, *Le opere*, pp. 91-92.

170. Giovanni Diacono, *Istoria Veneticorum* II, 28, p. 112: «Ecclesiam vero sanctae Agathe martyris a fundamentis ipse [*scil.* Fortunatus] edificare devotissime fecit, ubi martyrum quadraginta et duo corpora in eiusdem ecclesiae cripta recondivit». Non trova invece riscontro la proposta di Lavers, *I cibori*, pp. 161-162, che identifica negli «arcus volutiles» le arcate di un ciborio.

171. A Cividale del Friuli, l'allestimento della cripta va verosimilmente riferito all'iniziativa del patriarca Paolino, che proseguì l'opera di rinnovamento del complesso episcopale cominciata dal suo predecessore Sigualdo nella tarda età longobarda (Lusuardi Siena, Piva, *Scultura*, pp. 523-524; Borzacconi, *La riorganizzazione*, p. 273). Nel caso di Aquileia, si è molto discusso circa l'inquadramento cronologico della cripta della basilica patriarcale, variamente datata tra la prima età carolingia e la fine del X – inizi dell'XI secolo (Mingotto, *La cripta*, pp. 159-179; Villa, *Cultura*, pp. 75-88). È tuttavia probabile che la costruzione della cripta si collochi tra il patriarcato di Paolino e quello di Massenzio (Villa, *Edifici*, pp. 77-88) e che il modello aquileiese di cripta a sala rettangolare sia stato riproposto in

La sistemazione allestita da Fortunato nella cripta di Santa Agata, una delle più complesse tra quelle descritte nel "testamento", appare non a caso funzionale alla ricezione delle pratiche liturgiche connesse alla *depositio* e al culto delle reliquie, tipiche dell'età carolingia. Il patriarca ricorda innanzitutto la dedicazione ai santi Felice e Fortunato di un altare rivestito di oro e di argento. Il "testamento" fornisce così una testimonianza della diffusione anche nell'ambiente gradese del culto tributato a questa coppia di fratelli-martiri che, originari di Vicenza, erano stati decapitati ad Aquileia durante le persecuzioni dioclezianee.[172]

Dinanzi all'altare principale, Fortunato ne sistemò un secondo, sul quale era collocato un reliquiario (*capsa*) di manifattura bizantina del peso di 15 libbre. Tale allestimento sembrerebbe assimilabile alle sistemazioni dei sarcofagi post-altare descritti nelle fonti carolinge: per esempio, nella Pianta di San Gallo (820 circa), la tomba del santo titolare dell'abbazia e l'altare a esso addossato sono collocati al fondo del presbiterio. È forse questo l'esempio più celebre della tipologia della mensa-reliquiario, replicata in numerosi santuari del mondo franco ed elaborata per la prima volta a Tours dal vescovo Perpetuo, che attorno al 470 fece disporre il sarcofago di Martino dietro all'altare principale della basilica del santo.[173]

chiave più matura a Cittanova dall'*episcopus Histriensis* Maurizio (Jurković, *Istria*, pp. 125-127).

172. Prove dell'esistenza di un culto dei due martiri sono presenti tanto ad Aquileia quanto a Vicenza. Ad Aquileia, la prima attestazione è contenuta nell'*incipit* del VII sermone del vescovo Cromazio (388/389-406), la cui testimonianza è in parte confermata da Venanzio Fortunato (*Carmina* VIII, 3, vv. 165-166). La devozione nei confronti di Felice e Fortunato portò alla costruzione di una basilica suburbana eretta alla metà del V secolo sul sito di una precedente *memoria*, collocata nell'ambito di un cimitero dal quale provengono numerose epigrafi che alludono alla vicinanza di una sepoltura martiriale. Anche Vicenza vanta un'antica basilica paleocristiana, in cui erano custodite le reliquie dei due santi (Cuscito, *Martiri*, pp. 57-61; Idem, Signaculum, pp. 135-139).

173. Jacobsen, *Saints' Tombs*, pp. 1107-1143. In Italia settentrionale, un esempio di altare-mensa è tuttora osservabile nella sistemazione romanica (1141) della chiesa di San Lorenzo di Gozzano, dove l'altare è addossato a un cenotafio, eretto su una sepoltura privilegiata, forse quella di san Giuliano (Pantò, Pejrani Baricco, *Chiese*, pp. 42-48).

Fortunato sembra quindi spostarsi dalla cripta alla parte superiore della chiesa, sorretta dagli archi soprastanti l’altare dei santi Felice e Fortunato, che resta comunque il punto focale dell’intera descrizione di Santa Agata.

È nella parte superiore dell’edificio che si trovavano gli altari dedicati alle sante Cecilia, Eugenia, Agnese e Felicita. Il culto di queste martiri romane risulta bene attestato a Ravenna e nell’area altoadriatica fin dal VI secolo,[174] a smentire l’ipotesi secondo cui le loro reliquie sarebbero giunte a Grado direttamente da Roma in occasione della dedicazione degli altari loro intitolati.[175] Del resto, il reliquiario cilindrico di età tardoantica rinvenuto sotto l’altare di Santa Eufemia conteneva anche i resti di santa Agnese.[176]

Questo tipo di apprestamento potrebbe trovare confronto nella chiesa di Santo Stefano a Verona, un santuario martiriale di origine paleocristiana rinnovato in epoca altomedievale con la costruzione di un ambulatorio inferiore che, sorretto da una volta a botte, fungeva forse da camera delle reliquie, alla quale corrispondeva un ambulatorio superiore, scandito da cinque nicchie di dimensioni digradanti verso i lati esterni.[177] Già attribuita al IX secolo, tale sistemazione va però più probabilmente riferita alla fine del secolo seguente e, in particolare, all’iniziativa del vescovo Ulderico (995-1001).[178]

Et post corpora beatissimorum martyrum in illa absida edificavi altare sancte Lucie, laus Deo omnipotenti. Ista altaria de palliis et linteaminibus honorifice cooperta sunt et dedi ibi patenas et calices de argento: Fortunato fa ritorno nella cripta, nella cui abside afferma di avere edificato un altare in onore di santa Lucia, collocato alle spalle di quello dei santi Felice e Fortunato.

Il patriarca conclude quindi la sua descrizione della chiesa di Santa Agata con la menzione dei *pallia* (“tovaglie d’altare”)[179] e dei

174. Baldini Lippolis, *La Processione*, pp. 388-393.

175. Dorigo, *L’architettura*, pp. 193-194.

176. Marocco, *Oggetti*, pp. 256-257.

177. Dorigo, *Le opere*, p. 92.

178. Valenzano, *Il problema*, pp. 242-245.

179. In quanto vocabolo tecnico del linguaggio liturgico ed ecclesiastico, *pallium* si applica a due ambiti semantici: da un lato esso indica l’abito proprio del monaco o il velo delle monache, dall’altro esso è utilizzato per indicare la striscia di lana bianca con croci nere indossata dal papa e dagli arcivescovi non solo

tessuti da lui destinati, assieme a patene e calici di argento, al corredo di tutti gli *altaria* dell'edificio.

et unum casale in Pencircus, cum vineis et terris et olivetis, quem ego emi de filiis Badaario, et non ricordo aut unum aut duos casales, qui pertinent de iure sancte Ecclesie nostre. Et dedi ibi argentum libras X in manum Agao corepiscopo et omnem consuetudinem de sancta Ecclesia sic prendat sicut archipresbiter aut archidiaconus; et dedi ibi unam casam prope ipsa ecclesia, quam emi de hominibus de Bevaziano: Fortunato riferisce quindi di avere dotato la chiesa di Santa Agata di un adeguato patrimonio fondiario, costituito da un casale con vigne e oliveti, che il patriarca aveva acquistato dai figli di un certo Baduario nella località altrimenti ignota di *Pencircus*, e da uno o due casali appartenenti «di diritto» alla Chiesa di Grado. Fortunato afferma poi di avere consegnato una prebenda consistente in 10 libbre d'argento a un certo Agao, qualificato con il titolo di *episcopus* o *corepiscopus*. Considerato che il "testamento" era verosimilmente redatto in minuscola carolina e non presentava dunque alcuna spaziatura tra le parole, è probabile che il copista abbia frainteso il nome e la titolatura del prelato.[180] Il passo doveva quindi menzionare un «Agao corepiscopus», il cui nome risulta assimilabile a quello di altri personaggi di origine transalpina (franca o alamanna) che le fonti ricordano essersi trasferiti in Italia tra l'VIII e il IX secolo.[181] Certo la presenza a Grado di un *corepiscopus* appare

come segno di onore, ma anche di giurisdizione (Du Cange 6, col. 119c). *Pallium* aveva però anche il significato generico di "tessuto prezioso" utilizzato, appunto, per la copertura degli altari e della suppellettile sacra (Braun, *Der christlichen Altar*, pp. 11-13).

180. Brunettin, *Il cosiddetto testamento*, p. 111.

181. Berto, *In Search*, p. 29. Le fonti altomedievali conservano il ricordo della presenza in Italia di svariati individui di nome Hagano/Agano, tutti di origine transalpina (Morlet, *Les noms*, p. 120). Nel territorio di Lucca, oltre al *comes* Agano dell'838-840, sono attestati un Aghino «homo francisco», che nell'810 sottoscrive un atto di donazione, e un Heghino «homo alamanno», che nell'840 presenzia a una permuta vescovile e appone il proprio *signum manus* su una carta di livello (Schwarzmaier, *Lucca*, p. 175). A questi personaggi si aggiungono il vescovo Aganone di Bergamo, in carica tra l'837 e l'867, e l'*Adgan* che nell'VIII-IX secolo tracciò il proprio nome sulle pareti rocciose del santuario di San Michele Arcangelo sul Gargano (Arcamone, *Antroponimia*, pp. 255-317).

sorprendente. Come noto, secondo la definizione di Isidoro di Siviglia, il titolo di *corepiscopus* qualificava i «vicarii episcoporum» che, residenti «in vicis et villis», godevano di poteri e funzioni limitate rispetto a quelle dei vescovi, delineandosi come figure intermedie rispetto a questi ultimi, cui erano subordinati, e anche ai presbiteri.[182] A differenza che nelle regioni dell'Oriente, dove i corepiscopi risultano bene attestati fin dal III secolo, in Occidente le testimonianze permangono numericamente esigue fino all'VIII secolo, quando le fonti di area franca cominciano a segnalare la presenza di corepiscopi nelle campagne delle regioni di recente cristianizzazione, dove l'ampia estensione delle diocesi e la scarsità dei centri urbani ne rendeva necessaria l'azione pastorale presso le popolazioni rurali.[183] Una situazione, questa, difficilmente paragonabile a quella della *Venetia* lagunare e dell'Italia settentrionale nel suo complesso. È però possibile che Fortunato abbia voluto affidare ad Agao l'officiatura della chiesa di Santa Agata, attribuendogli le funzioni ausiliarie e vicariali di arcipresbitero e arcidiacono, assunti dai corepiscopi con la progressiva nullificazione giuridica delle loro prerogative originarie.[184]

Infine, Fortunato ricorda di avere concesso ad Agao una casa che, collocata nei pressi della chiesa di Sant'Agata, egli aveva acquistato dagli abitanti di *Bevaziano*, la già citata Bevazzana, località dell'attuale terraferma alle foci del Tagliamento.[185]

De ecclesia autem sancti Peregrini, quam Gradisiani in illorum peccato fundamenta everterunt per timore Franchorum, nos, Deo iubente, a fundamentis reedificavimus eam; scolas, mansiones et porticus in honore edificavimus: oltre alla chiesa di

182. Isid., *De off.* 6, p. 64: «Corepiscopi, id est vicarii episcoporum, iuxta quod canones ipsi testantur, instituti sunt ad exemplum septuaginta seniorum tamquam consacerdotes propter sollicitudinem pauperum. Hii in vicis et villis constituti gubernant sibi commissas ecclesias, habentes licentiam constituere lectores, subdiaconos, exorcistas. Presbiteros autem aut diaconos ordinare non audent praeter conscientiam episcopi in cuius regione praesse noscuntur. Hii autem a solo episcopo civitatis cuius adiacent ordinantur».

183. Sulla figura del corepiscopo resta fondamentale il volume di Gottlob, *Die abendländische Chorepiskopat*, da integrarsi con il recente lavoro di Müller, *Gedanken*, pp. 77-94.

184. Brunettin, *Il cosiddetto testamento*, pp. 111-112.

185. Dorigo, In flumina, cc. 113-115.

Santa Agata, Fortunato ricostruì anche un altro edificio extramuraneo, l'«ecclesia sancti Peregrini», di cui non è ugualmente possibile determinare l'esatta collocazione.[186]

Secondo quanto riferito dal patriarca, la ricostruzione aveva fatto seguito alla demolizione perpetrata dagli stessi *Gradisiani*, che avevano abbattuto l'edificio spinti «dal timore dei Franchi».

Fortunato non fornisce purtroppo ulteriori dettagli circa le motivazioni del gesto, ma non manca di sottolineare l'errore dei suoi concittadini, compiuto «in illorum peccato». L'episodio si presta a una duplice interpretazione. Il culto di san Pellegrino, vescovo di Auxerre martirizzato al tempo di Diocleziano, era particolarmente popolare in *Francia* e la distruzione di un edificio di culto a lui dedicato potrebbe avere avuto connotazioni antifranche, configurandosi come un atto di protesta contro le ingerenze carolinge nella vita del ducato di Venezia.[187] Per quanto suggestiva, l'ipotesi non trova però effettivo riscontro e nulla esclude che l'«ecclesia sancti Peregrini» fosse in realtà dedicata all'omonimo martire romano e non al santo "straniero".[188] È dunque verosimile che Fortunato abbia voluto condannare la distruzione dell'edificio in quanto atto sacrilego,[189] forse motivato dalla volontà di impedire che, nel caso di un attacco franco, il nemico utilizzasse la chiesa come base operativa per assediare il *castrum* di Grado.[190]

Nelle righe successive, Fortunato evoca la costruzione o ricostruzione delle *scolae*, *mansiones* e *porticus* annesse alla chiesa di San Pellegrino, in cui doveva risiedere il clero incaricato dell'officiatura della chiesa.

186. La chiesa è altrimenti ignota, fatta eccezione per un riferimento contenuto nel *Chronicon Gradense*, che riprende però il "testamento" di Fortunato (Bovini, *Grado*, p. 221; Marocco, Ecclesiarumque, p. 235; Brunettin, *Il cosiddetto testamento*, p. 113; Dorigo, *Le opere*, p. 90).

187. Marocco, Ecclesiarumque, p. 235.

188. Proprio la confusione tra i due personaggi spiegherebbe la grande popolarità tra i pellegrini franchi della chiesa di San Pellegrino in *Naumachia* a Roma, dedicata a un martire locale e non all'omonimo vescovo di Auxerre (Osborne, *New Evidence*, pp. 103-111).

189. Brunettin, *Il cosiddetto testamento*, p. 113.

190. È possibile che nell'810 Pipino abbia cercato di conquistare il ducato di Venezia tramite una manovra "a tenaglia", attaccandone i territori da Albiola (a sud) e da Grado (a nord) (Berto, *La* Venetia, p. 200).

Ecclesia autem sancti Joannis maior tota erat inusta et scola in ruinis posita, quia et ego nec alii introire ubi ante abuit traves 18. Ego autem feci venire magistros de Francia, misi ibi traves XXX: fatto ritorno all'interno del *castrum*, Fortunato si dedica alla descrizione degli interventi da lui patrocinati presso l'«ecclesia [...] sancti Joannis maior», concordemente identificata con la basilica paleocristiana di Piazza della Corte/Piazza della Vittoria. Come per Santa Maria delle Grazie, anche per la chiesa di San Giovanni Evangelista le testimonianze relative alle fasi altomedievali dell'edificio sono estremamente esigue, riducendosi a tre capitelli corinzi di età carolingia.[191] Pur nella sua modestia, il dato è comunque significativo, in quanto i capitelli appaiono compatibili con la notizia contenuta nel "testamento" riguardo al rifacimento delle coperture della chiesa, cui Fortunato avrebbe provveduto per rendere nuovamente agibile l'edificio in rovina.

Secondo quanto riferito dal patriarca. il restauro fu eseguito da alcuni *magistri* giunti «de Francia».[192] La notizia richiama il contenuto di una lettera di Adriano I, con cui all'indomani della Pasqua del 799 il pontefice chiede a Carlo Magno di inviare un «magister in partibus Spoletii» incaricato della selezione del legname necessario al restauro del tetto della basilica di San Pietro.[193]

191. Tagliaferri, *Le diocesi*, schede 619-621, pp. 398-399.

192. Messina, Feci venire, pp. 145-148. Sul significato del termine *magister* nelle fonti di età medievale, cfr. Binding, Architectus.

193. *Codex Carolinus*, n. 65, p. 593: «De camarado autem, quod est ypochartosin ad renovandum in basilica beati Petri apostoli, nutritori vestro, prius nobis unum dirigite magistrum, qui considerare debeat ipsum lignamen, quod ibidem necesse fuerit, ut, sicut antiquitus fuit, ita valeat renovari. Et tunc per vestram regalem praecellentiam iussionem dirigatur ipse magister in partibus Spoletii, et demandationem ibidem de ipso faciat lignamen, quod in predicto ypochartosin, hoc est camarado, necesse fuerit, quia in nostris finibus tale lignamen minime reperitur». La sostituzione delle travi del tetto della navata centrale della basilica di San Pietro era, dunque, propedeutica al rifacimento del soffitto a cassettoni (*camaradum* o *ypochartosin*), che nelle intenzioni del pontefice doveva tornare al suo aspetto originario: Geertman, More Veterum, pp. 30-34; de Blaauw, Cultus, pp. 521-522. Il ricorso ai boschi del territorio di Spoleto appare conseguenza diretta della confisca dei possedimenti papali in Italia meridionale, la cui perdita privò i pontefici delle tradizionali fonti di approvvigionamento di legname (Prigent, *Les empereurs*, pp. 588-589).

Fortunato fornisce così una preziosa testimonianza riguardo alla mobilità delle maestranze altomedievali.[194] È con il nome di *Francia* che a partire dalla fine del V e gli inizi del VI secolo le fonti indicano i territori compresi tra la sponda sinistra del Reno e la Loira.[195] Non vi sono dunque elementi per affermare che i *magistri* reclutati da Fortunato provenissero dal ducato del Friuli.[196] Allo stesso modo, nulla lascia intendere che si debba riconoscere in essi una bottega di scalpellini itineranti, responsabili della realizzazione di alcuni arredi liturgici tuttora conservati a Grado.[197] Le parole di Fortunato non lasciano, infatti, dubbi riguardo al fatto che i *magistri* abbiano presieduto alla realizzazione di un'importante opera di carpenteria, quale appunto le coperture della chiesa di San Giovanni;[198] una attività per la quale le maestranze franche erano celebri.[199] Fortunato si servì di *magistri* non solo per sostituire le

194. Sul fenomeno della mobilità delle maestranze durante il medioevo, Binding, *Wanderung*.

195. Sul significato di *Francia* in età carolingia, Ewig, Descriptio, pp. 145-151; sul X secolo, Gandino, *Il vocabolario*, pp. 246-248; Berto, *Il vocabolario*, pp. 195-196.

196. Così invece in Gabersceck, *La scultura*, p. 391.

197. Lavers, *I cibori*, p. 157 attribuisce ai *magistri* e alla committenza di Fortunato il ciborio frammentario rinvenuto all'interno della basilica di Santa Maria, che va invece ritenuto opera di Giovanni II (Skoblar, *Patriarchs*, p. 130).

198. Messina, Feci venire, pp. 146-147; Dorigo, *Le opere*, p. 91.

199. A partire dal V-VI secolo, le fonti descrivono gli arditi campanili in legno che rappresentavano un tratto distintivo dei più importanti edifici di culto della Gallia. Il primo a ricordare una struttura di questo tipo è Gregorio di Tours, il quale descrive la *turris* con campana posta a coronamento dell'accesso occidentale alla basilica di San Martino a Tours. La *turris* avrebbe peraltro avuto un precedente nel congegno (*machina*) a forma di guglia fatto collocare dal vescovo Perpetuo sulle coperture del medesimo edificio (Vieillard-Troiekouroff, *Les monuments*, p. 317). Inoltre, lo stesso Gregorio di Tours qualifica con l'epiteto di «faber lignarius» l'abate Leone, che resse il monastero martiniano per soli sei mesi nel 526 ed esperto nella costruzione di "torri rivestite d'oro" («Turres olocriso tectas»). Si deve quindi attendere un secolo e mezzo perché le fonti tornino a citare *turres* e *turriculae* lignee che, impreziosite da decorazioni o coperture in oro o argento, sembrano essere state relativamente frequenti sui tetti delle chiese del periodo tardomerovingio e carolingio. A quanto pare, la chiesa di San Pietro nel monastero di Saint-Wandrille de Fontenelle avrebbe posseduto una *turricula*, eretta negli anni 730 dall'abate Teudesind e restaurata alla fine dell'VIII secolo da Witlaic, per essere poi coronata tra l'823 e l'833 dalla svettante *pyramis* in legno fatta realizzare da Ansegiso. Durante

traves del tetto della basilica, portandone il numero da 18 a 30,[200] ma – al pari di Adriano I – egli dovette sfruttarne le competenze per il reperimento e il taglio del legname destinato alla chiesa di San Giovanni Evangelista.

Il ducato venetico non possedeva un retroterra forestale sufficiente a soddisfare la domanda di questa materia prima, specie quelle della cantieristica navale.[201] Si può quindi supporre che i Franchi abbiano concesso a Fortunato di approvvigionarsi di legname, nella vasta *silva* sita «in pago Foroiulii» citata nel diploma del 1028 con cui l'imperatore Corrado II riconosce al patriarca Poppone di Aquileia i diritti regalistici di caccia e pesca su un'am-

la prima metà del IX secolo, *turriculae* in legno sono attestate anche sulle chiese dell'abbazia di Prüm (801) e del monastero dei Santi Marcellino e Pietro a Seligenstadt (830 circa). Negli anni 860, la chiesa dell'abbazia di Saint-Bertin fu invece provvista di un *tristegum*, una complessa struttura a tre piani che, dotata di un montante ligneo verticale (*stipitis*), venne a sostituire un *turrile* di poco precedente, ma «antiquo more [...] factum» (Trevisan, *Campane*, pp. 136-139). La più celebre tra le strutture di questo tipo sembra però essere stata la *casabula* che si elevava per un'altezza di 33 piedi sul tetto della basilica di Saint-Denis (Stoclet, *La* Descriptio, pp. 110-112). È appunto alla *casabula* che papa Stefano II (752-757) sembra essersi ispirato per la realizzazione della *turris* da lui collocata «super basilicam beati Petri, quam ex parte inauravit et ex parte argento investivit, in quo tribus posuit campanis, qui clero et populum ad officium Dei invitarent» (de Blaauw, Campanae, pp. 369-372). L'imitazione dei modelli franchi è documentata anche in diverse località dell'Inghilterra anglosassone (Gem, *Staged Timber*, pp. 40-50).

200. In mancanza di appigli archeologici è difficile valutare la portata dell'intervento di Fortunato, che sembra però essersi limitato alla messa in opera di nuove coperture, probabilmente realizzate secondo una tecnica differente rispetto a quella precedente, senza tuttavia procedere a un ampliamento dell'edificio (Messina, Feci venire, pp. 147-148).

201. A pochi anni di distanza dalla stesura del "testamento", nel trattato tra l'imperatore Lotario e i Veneziani (840) emerge preoccupazione per la regolamentazione dei diritti di questi ultimi sul reperimento del legname in terraferma (*Pactum Lotharii* 25, p. 134: «Equilense vero capulare debent in ripa sancti Zenonis usque ad fossam Metamauri et Gentionis secundum consuetudinem omnen arborem non portantem et vergere cum carro aut collum aut quantum sibi placuerit anteposita fossa Gentionis, ubi minime presumat cum nave introire; et arbores non portantes infra ipsos fines designatas licentiam habeat, quantum sibi ad collum portare potuerit, lignamen faciendum, non ad pectus trahendum, nec amplius per nullum capitulum arbores portantes deleret: et qui arbores portantes delere, componat solidos C, et si aliter introire presumpserit, suprascripte subiaceat pene. Et licentiam habeant peculia vestra in ipsos fines pascere pabulare».

pia fascia di territorio compreso tra il corso dell'Isonzo e quello del Livenza.[202]

Monasterio sanctae Dei genitricis Marie in insula Barbinio dedi argenti libras 3, navem cum omni armatura sua, grani modia centum; misimus ibi presbiteros et clericos, qui ibi Dominum celi quottidie laudant: l'ultima parte del "testamento" è dedicata ai monasteri della laguna di Grado, tra le poche fondazioni del territorio dell'attuale Friuli-Venezia Giulia sulle cui origini altomedievali non sussistono dubbi.[203]

Il primo a essere citato è il «monasterium sanctae Dei genitricis Marie in insula Barbinio», situato a nord-est del *castrum* e tuttora esistente. La testimonianza più antica riguardante il *monasterium* è contenuta nella bolla del 731, con cui papa Gregorio III ingiunge al patriarca Callisto di Aquileia la restituzione «in integro» al «Gradensi archiepiscopo» delle *possessiones* di «Centenaria et Musiones», da lungo tempo appartenenti alla Chiesa di Grado.[204] Se la presenza sull'isola di due capitelli e di un frammento di arco di ci-

202. *Die Urkunden Konrads. II*, n. 132, p. 178: «[...] Silvam sitam in pago Foroiulii in comitatu Warienti comitis – incipientem a flumine Isontio usque ad mare et sic subtus stratam que vulgo dicitur [via] vel strata Vngarorum usque in illum locum, ubi fluentum Flumen nascitur, et ita deorsum per Flumen usque ad terminum, qui est inter predium Ocini comitis quod vocatur Cortis Naonis et inter predium sancte Sextensis abbatie, et usque flumen Meduna, secus huius decursum usque ad flumen Liquentia dictum et usque ad Liquentie introitum in mare». Sullo sfruttamento dei boschi nel territorio del Patriarcato di Aquileia in età medievale, cfr. Miniati, *Lo sfruttamento*, pp. 62-78. Già in età romana Aquileia era stata il terminale del commercio del legname dell'entroterra friulano, in parte destinato al consumo locale e in parte all'esportazione. L'evidenza archeologica attesta l'utilizzo nell'edilizia locale di quercia, abete bianco, olmo e pioppo, mentre le testimonianze epigrafiche documentano l'attività di *sectores materiarum* (segatori specializzati) e di *dendroforii* (Previato, *Aquileia*, pp. 694-698).

203. L'origine dei due monasteri è fatta risalire al patriarca Elia, cui le cronache medievali attribuiscono anche la fondazione dei cenobi di San Pietro d'Orio, collocato su un'isola a tre chilometri a ovest di Grado, e di Sant'Andrea, a ovest di Porto Buso. Difficile dire se tali notizie riflettano una memoria autentica o se discendano, in tutto o in parte, dal progetto di costruzione della memoria delle origini veneziane inteso a ricondurre al primo patriarca di Grado le istituzioni religiose di maggior prestigio del ducato (Cantino Wataghin, *Istituzioni*, pp. 301-305; per il ruolo conferito a Elia nella cronachistica medievale, si veda anche Cuscito, *L'origine*, pp. 157-174).

204. *Documenti relativi alla storia di Venezia* I, n. 23, pp. 26-27.

borio risalenti alla fine dell'VIII – inizi del IX secolo risulta scarsamente significativa in ordine alla cronologia del monastero,[205] non vi sono dubbi circa il fatto che la fondazione si inserisca in una logica di consolidamento dell'insediamento gradese dei vescovi di Aquileia, nel momento in cui questo assume caratteri di permanenza.[206] Non è infatti un caso che le *possessiones* di *Centenaria* e *Musiones* si collochino nei pressi di Aquileia, immediatamente a sud della Beligna e della contigua località "La Farella", forse sede di uno stanziamento longobardo.[207]

Ancora più significativa la particolare posizione dell'«insula Barbinio» (l'attuale Barbana), che svolgeva funzione di cerniera tra Grado e uno scalo portuale collocato sulla terraferma, in corrispondenza dello sbocco a mare di un antico ramo dell'Isonzo.[208] Del resto, il dono al monastero di una imbarcazione «cum omni armatura sua» è indicativo del coinvolgimento dei monaci in attività commerciali.[209] Allo stesso modo, l'offerta di 3 libbre d'argento e di cento modi di grano, assieme all'invio nell'isola di presbiteri e chierici cui era affidato il servizio liturgico quotidiano, appare funzionale al rafforzamento di un'istituzione che doveva rivestire un ruolo fondamentale nelle strategie, anche economiche, del patriarcato.

Monasterium sancti Iuliani in insula, quod in ruinis positum erat, edificavimus; misimus ibi presbiteros et dedi illi argenti libras 2, ut ibi die noctuque officium faciat: una funzione analoga a quella di Santa Maria di Barbana era svolta dal «monasterium sancti Iuliani in insula", al cui ruolo commerciale fa riferimento, sia pure in termini assai oscuri, il *Chronicon Altinate*.[210] Posto a controllo del Canale Anfora, il monastero si collocava, infatti, in una posizione

205. Tagliaferri, *Le diocesi*, schede 664-666, pp. 424-425.

206. Cantino Wataghin, *Istituzioni*, p. 304.

207. Ivi, p. 304. Sulle località di *Centenaria*, *Musiones* e "La Farella", Buora, *Aquileia longobarda*, pp. 9-12 (documento disponibile all'URL www.federarcheo.it › wp-content › uploads › Aquileia-l).

208. Cantino Wataghin, *Istituzioni*, p. 304. Il sito di Barbana, che in età romana ospitava un luogo di culto dedicato a Beleno, faceva parte del sistema portuale di Aquileia (Schmiedt, *Archeologia*, pp. 35-37; Gaddi, *Approdi*, pp. 263-264).

209. Cantino Wataghin, *Istituzioni*, pp. 304-305.

210. *Origo Civitatum Italiae seu Venetiarum*, p. 78: «littore secundo [...] monasterium est constitutum: in eo litus, propter quod item forum fusteum erat stantem, altitudinis magne habentem, Anforis litus apellatur».

chiave nelle comunicazioni di Grado con l'entroterra e, viceversa, della terraferma con le rotte marittime dell'Adriatico.[211]

Per il periodo precedente la fondazione del monastero, le evidenze archeologiche suggeriscono per San Giuliano una lunga frequentazione funeraria di età romana, cui fece seguito lo sviluppo di un insediamento tardoantico, al quale va riferita la piccola chiesa paleocristiana (m 5,70 x 9,80), i cui resti sono oggi inglobati nelle murature di una casa colonica.[212] Non è purtroppo chiaro il nesso tra questa aula e il successivo *monasterium* altomedievale, che Fortunato afferma di avere restaurato perché in rovina. Se il riferimento al cattivo stato delle strutture del monastero lascia intendere un intervento di natura edilizia da parte del patriarca, quest'ultimo garantì a San Giuliano anche un sostegno materiale tramite il dono di 2 libbre di argento. Inoltre, come nel caso di Barbana, Fortunato provvide infine a inviare a San Giuliano alcuni presbiteri «perché giorno e notte vi officiassero».

La notizia è di grande interesse, perché permette di fare luce sul tipo di organizzazione che regolava la vita delle comunità monastiche altomedievali della laguna di Grado. Come noto, nelle fonti di area ravennate e bizantina, il termine *monasterium* non qualificava sempre e soltanto le esperienze monastico-cenobitiche propriamente intese, ma poteva applicarsi, oltre che ai mausolei funerari,[213] anche a chiese battesimali o rurali servite da un sacerdote e a custodie di "santuari" sorvegliate e officiate da un clero radunato in collegi sul modello dei canonici, non soggetto a un'osservanza regolare.[214] È appunto a quest'ultima situazione che sembrano potersi ricondurre i *monasteria* di Santa Maria e di San Giuliano, in cui non è affatto scontato riconoscere comunità organizzate secondo le regole di un monachesimo regolare di stampo benedettino, come è invece il caso dei monasteri dei Santi Ilario e Benedetto a Dogaletto di Mira (Venezia) e di Santa Maria di Sesto al Reghena (Pordenone).[215] Fortunato avrebbe, dunque, optato per una soluzione in linea con le preferen-

211. Cantino Wataghin, *Istituzioni*, p. 304.

212. La datazione della chiesa a epoca paleocristiana si basa essenzialmente sulle caratteristiche della tecnica costruttiva: Marchesan, *Problemi*, pp. 100-103.

213. Farioli Campanati, *Le tombe*, pp. 165-172.

214. Tilatti, *Un monastero*, p. 274; Idem, *Il monachesimo*, pp. 338-339.

215. Tilatti, *Un monastero*, p. 274.

ze carolinge per la vita comune del clero, affidando la celebrazione dell'officio liturgico nei *monasteria* gradesi a collegi non di monaci, ma di sacerdoti e chierici.[216] Un tipo di organizzazione che trova un preciso riscontro nella vicina San Canzian d'Isonzo presso Aquileia, dove un diploma di Ludovico il Pio del 17 febbraio 819 ricorda la presenza di un collegio di chierici che custodiva il locale santuario dei santi Canziani.[217]

In sancta ecclesia maiori dedi pro sacerdotes inter castone et siricas planetas XVI, credo et amplius, dalmaticas VIIII; septe sunt et de una fecit sibi diaconus Venerius tunicam et de alia Mauricius, qui in perditione ambulavit, tunicas syricas octo de bono linteamine ad omne subdiacono et acolitos de alio linteamine per sanctas ecclesias intus et foras, credo, quod intuere non possum: le ultime righe del "testamento" sono dedicate ai donativi di Fortunato al clero di Grado. In primo luogo, il documento cita le elargizioni del patriarca ai *sacerdotes* della cattedrale di Santa Eufemia, la «sancta ecclesia maiori», ai quali furono destinate numerose vesti. Tra queste spiccano «siricas planetas XVI», ove l'aggettivo *siricus* non indica un taglio "alla siriana", ma un riferimento al materiale, la seta, in cui le pianete erano realizzate.[218] A queste, il patriarca aggiunse anche «dalmaticas VIIII», due delle quali furono utilizzate per ricavarne tuniche

216. Su questi aspetti, Ling, *The Cloister*.

217. Sul *monasterium* altomedievale, cfr. Tavano, *Un monastero altomedievale*, pp. 161-169, e Tilatti, *Un monastero*, pp. 277-283. Collocato nell'attuale area comunale di San Canzian d'Isonzo, dove le fonti medievali situano le *Aquae Gradatae*, il santuario ospitava non solo il culto dei tre fratelli martiri della *gens Cantia*, ma anche quello di san Proto, il loro pedagogo, e di san Crisogono. Le sue origini possono essere fatte risalire alla metà del IV secolo, periodo al quale si data una prima *memoria* rettangolare (m 4 x 6,30), dalla quale provengono frammenti di intonaco sul quale sono incisi i graffiti lasciati dai fedeli. Questo primo impianto fu oggetto di due ristrutturazioni, l'ultima delle quali segnalata da un'aula, anch'essa rettangolare (m 8 x 14), che le caratteristiche stilistiche della pavimentazione musiva collocano attorno alla metà del V secolo. Il complesso comprendeva inoltre una basilica (m 16 x 32) della fine del V – inizi del VI secolo che, sorta nell'ambito di un'area cimiteriale, ospitava la tomba dei santi Canziani, in precedenza segnalata da una *exedra* monumentale, assimilabile a una tipologia di monumenti diffusi nei cimiteri paleocristiani di Salona (Cuscito, Signaculum, pp. 151-158).

218. Brunettin, *Il cosiddetto testamento*, p. 116.

dal diacono Venerio e da un certo Maurizio, un personaggio – forse un *sacerdos* – di cui Fortunato ricorda la fine «in perditione».[219] Il patriarca sottolinea la qualità di questi indumenti, che egli definisce «de bono linteamine», termine con il quale si indicavano solitamente i tessuti di lino, ma che qui riveste il significato generico di "stoffa".[220] Tale accezione è confermata dalla successiva menzione delle tuniche «de alio linteamine» distribuite da Fortunato a suddiaconi e accoliti perché le utilizzassero non solo durante i servizi liturgici, ma anche nella vita di tutti i giorni.[221]

Appartiene al passo anche l'espressione «inter castone(s)», il cui significato non è chiaro. Tuttavia, accogliendo una delle traduzioni che ne dà il Du Cange, il termine *castones* andrebbe qui inteso nel senso di "montoni castrati". Il che potrebbe apparire sorprendente se poche righe più avanti Fortunato non citasse i cavalli da lui inviati sulle isole di Barbana e di San Giuliano.

Dimisi per illas insulas cavallos XII, Deus scit, meliores fuere de quinquagenos vel sexagenos manchosos, armalino, lana, canabe, coria, filtros, saumas ursinas, scrineas ferro amplius valente quam solidos cento, vino amphoras amplius quam duocento, sine alias causas quod ego non possum recordare; XVIII caldarias maiores comparavi de illos missos, quae illos rame de casa Ioanni magistro milite tulerunt: dopo avere ricordato l'invio nelle isole di Barbana e di San Giuliano di dodici cavalli del valore di 50 o 60 *mancosi*, il patriarca passa a elencare una serie di beni ammassati nei magazzini della Chiesa di Grado.[222] Fortunato enumera manufatti in cuoio, pellicce d'ermellino, feltri e tessuti di canapa,[223] per poi citare alcune «saumas ursinas», che

219. Sui due personaggi, cfr. Berto, *In Search*, pp. 244, 465.

220. Brunettin, *Il cosiddetto testamento*, p. 116.

221. Ivi, p. 116.

222. Ivi, pp. 116-117.

223. In Italia settentrionale, la canapa (*Cannabis sativa*) fu utilizzata per la produzione di tessuti fin dall'età del Bronzo. Alla luce del riferimento contenuto nel "testamento", vale la pena citare la recente scoperta ad Aquileia, presso l'ex fondo Sandrigo, di un sistema di vasche di età romana e tardoantica (III-IV e V-VI secolo) verosimilmente utilizzato per la macerazione della canapa, da cui si ricavava la fibra da impiegare nella tessitura (Cottica, Marchesini, Marvelli, *Novità archeologiche*, pp. 153-166).

si possono assimilare ai *sagmata*, le "bardature in pelle d'orso" citate da Eginardo nella *Vita Karoli*.[224] I magazzini della Chiesa di Grado custodivano anche scrigni di ferro del valore di oltre 100 *solidi* e più di 200 anfore di vino,[225] cui si aggiungevano altri oggetti che Fortunato afferma di non ricordare con precisione. Il patriarca menziona, però, diciotto grandi calderoni in rame, da lui acquistati dai *missi* che li avevano portati dalla casa del *magister militum* Giovanni, forse Iohannes Fabriacus (in carica nel 741-742) o l'omonimo *dux*, il cui figlio Maurizio si era macchiato dell'uccisione del patriarca Giovanni I.[226]

Breve quanto in domo sancti Hermagore inveni: in primis grano modia XV, vino amphoras 9, auro facto pesante manchosos XXX et III, argento facto de mesa libras 72. Ego inde habeo hic ad me 60 libras et I sic perpesa quod in domo remansit; si plus invenit inter isto, quod ego habeo, et illo, tunc sciatis quod dempto de meo certamine et si minus invenit [quod], si Deo placuerit, ego illo habeo restaurare; de toto isto, pervivente in secula, non volo me habere, sed omnia reverta in sancta Ecclesia. Laudo ego Deo de me habeo completa missa quod ad me habeam: il documento giunge quindi all'elencazione dei beni conservati presso la sede arcivescovile, la *domus sancti Hermagore*, espressione che richiama l'uso invalso a partire dall'VIII secolo di indicare la residenza episcopale con il termine *domus*; quest'ultimo si impose infatti su quello di *episcopium* che, utilizzato so-

224. Eginardo, *Vita Karoli* 33, p. 462: «Ad hanc tertiam totius summae portionem, quae similiter ut ceterae ex auro et argento constat, adiungi voluit omnia ex aere et ferro aliisque metalli svasa atque utensilia cum armis et vestibus alioque aut pretioso aut vili, ad varios usus facto suppellectili, ut sunt cortinae, stragula, tapetia, filtra, coria, sagmata, et quicquid in camera atque vestiario eius eo die fuisset inventum, ut ex hoc maiore illius partis divisiones fierent et erogatio elemosinae ad plures pervenire potuisset».

225. Nonostante le ricerche archeologiche degli ultimi anni abbiano dimostrato la circolazione e l'utilizzo di questi contenitori anche nel mondo altomedievale, il termine *anfora* va qui probabilmente inteso nel senso di unità di misura (all'incirca 160 litri), massicciamente attestata nei polittici e nei contratti agrari italiani dell'VIII-IX secolo e con la quale si computava la produzione vinicola dei grandi monasteri (Pasquali, *Tecniche*, pp. 423-437).

226. Berto, *In Search*, pp. 145, 312.

prattutto nelle regioni di tradizione bizantina, si fece più raro, pur senza scomparire del tutto.[227]

L'obiettivo di Fortunato è quello di ribattere alle accuse di malversazione che gli erano state rivolte tramite la presentazione di un vero e proprio rendiconto contabile, inteso a dimostrare l'assoluta correttezza della sua amministrazione.[228] I magazzini della *domus* episcopale di Grado conservavano 15 modi di grano, 9 anfore di vino e oro per un peso di 33 *mancosi*. Il patriarca ricorda, inoltre, 72 libbre di «argento facto de mesa». A meno di non supporre che Fortunato si riferisca qui all'argenteria in uso sulla tavola vescovile, il termine *mesa* difficilmente può essere inteso nel senso di "mensa", che pure figura tra i suoi significati.[229] Più probabilmente, esso va ritenuto un equivalente del latino classico *media* ("a metà"), a suggerire la presenza di argento semilavorato tra i beni nella disponibilità del patriarca.[230] Di questo metallo, Fortunato dichiara di avere preso 61 libbre e ribadisce di avere fornito un resoconto accurato di quanto conservato presso l'episcopio, attribuendosi il merito delle eccedenze e sostenendo di essere pronto a colmare gli eventuali ammanchi con il proprio patrimonio personale.

Egli esplicita, infine, la volontà di lasciare i suoi beni alla Santa Chiesa di Grado, senza che però questa postilla possa essere considerata una conferma della natura testamentaria del documento.[231]

Thesaurus sancte Ecclesie salvus est, quod ibi inveni, scepto fuit unus calix parvulus et non benefactus, pervivente in secula, non pensavit amplius quam 114 manchosos. Ad augendum L manchosos transmisi in Franciam et bonas gemmas adamantinas et aiaguntos et faceret meliore et maiore: l'unico oggetto che Fortunato ammette di avere asportato dal tesoro è «un calice, piccolo e di mediocre fattura, che non pesava più di 114 mancosi», da lui inviato «in Franciam» assieme a 50 mancosi e pietre preziose «perché lo si rendesse migliore e più grande».

227. L'affermazione del termine *domus*, ampiamente utilizzato nella Gallia merovingia e carolingia per indicare le residenze episcopali, riflette con ogni probabilità un influsso culturale franco (Miller, *The Bishop's Palace*, pp. 263-268).

228. Brunettin, *Il cosiddetto testamento*, p. 118.

229. Du Cange, t. 5, 358.

230. Louis, Short, s.v. *mesa*.

231. Brunettin, *Il cosiddetto testamento*, p. 119.

L'espressione «gemmas adamantinas et aiaguntos» con cui il patriarca indica le pietre in questione è stata a lungo fraintesa e solo di recente si è giunti a una sua corretta interpretazione.[232] Il primo termine è stato tradotto in "diamanti", trascurando però il fatto che queste pietre non trovarono impiego nell'oreficeria dell'Europa occidentale prima del XIV secolo.[233] È dunque probabile che «gemmas adamantinas» sia un errore del copista per *alamandinas* (*alamandinus*), "granati", il cui utilizzo costituisce, del resto, uno dei tratti più caratteristici delle arti suntuarie altomedievali.[234] A questo proposito, viene naturale ricordare il celebre Calice di Chelles, che la tradizione attribuisce a sant'Eligio, figura attorno alla quale si costruì la fama degli orefici franchi.[235] Per restare entro un ambito cronologico più prossimo a quello del "testamento", si può citare la cosiddetta "Coppa dei Tolomei" che, già appartenuta – come il Calice di Chelles – al tesoro dell'abbazia di Saint-Denis, fu trasferita al Cabinet des Médailles della Biblioteca Nazione di Parigi al tempo della Rivoluzione.[236] La coppa, un *kantharos* in onice di fabbrica alessandrina del I secolo a.C., poggiava su una base preziosa, probabilmente realizzata al tempo di Carlo il Calvo e decorata con gemme e granati montati su castoni, a conferma del rinnovato sviluppo dell'oreficeria a *cloisonnée* durante il IX secolo.[237] La scelta di utilizzare granati per

232. Beghelli, *From the Bible*, pp. 251-252.

233. *Ibidem*.

234. Ivi, p. 252. Il termine latino *almandinus* deriva dalla città di Alabanda in Caria, dove, secondo Plinio il Vecchio (*Naturalis Historia*, XXXVII, 25), si lavoravano i granati estratti nella vicina Ortosia. Fino al VII secolo, l'Asia Minore rimase, assieme all'India e allo Sri Lanka, la principale zona di approvvigionamento di queste pietre. Dopo tale data, le analisi archeometriche attestano la progressiva sostituzione delle gemme di origine orientale con pietre provenienti dalla Scandinavia, dalla Boemia, dai Pirenei e dalla Penisola iberica, evidente conseguenza dell'interruzione delle vie commerciali del Mar Rosso e dell'Oceano Indiano provocata dalle conquiste islamiche (Périn *et al.*, *Provenancing Merovingian*, pp. 69-75).

235. Andato distrutto durante la Rivoluzione Francese, il calice era decorato da larghe bande verticali di materiali colorati (blu, verdi, bianchi e rossi) disposti a scacchiera e a lisca di pesce, realizzate con inserti di vetro e granati (Lusuardi Siena, *Eligio*, pp. 163-170; Vierk, *Werke*, pp. 312-314).

236. Gaborit-Chopin, *L'orfèvrerie*, pp. 14-16.

237. L'oreficeria a *cloisonnée* conobbe un rinnovato sviluppo al tempo di Carlo il Calvo, periodo al quale risalgono oggetti come la croce processionale che porta il nome di questo sovrano, la "Coupe de Saint-Denis", l'"Ecrain de Charlemagne" e

la decorazione di un calice, molto probabilmente destinato alla celebrazione eucaristica, era senz'altro appropriata. Per il loro colore rosso scuro queste pietre simboleggiavano, infatti, il sangue versato da Cristo sulla croce, mentre per la loro capacità di riflettere e amplificare la luce evocavano il fulgore della Resurrezione.[238]

Tra le gemme da lui affidate agli orefici franchi, Fortunato cita anche alcuni misteriosi «ajaguntos». Partendo dall'ipotesi di un errore del copista, Giordano Brunettin ha proposto di leggere il termine in *argentum*, una soluzione che permetterebbe anche di meglio comprendere la correlazione con la frase «et facere meliore et maiore».[239] In realtà, è più probabile che il copista del *Codex Trevisaneus* abbia travisato il latino *hyacinthus* o una delle sue numerose varianti medievali, con cui si indicava appunto il giacinto, una delle pietre preziose (da identificarsi con le ametiste o gli zaffiri) utilizzate più di frequente nell'oreficeria altomedievale.[240]

Si sanus est dominus Ludovicus, ego credo quod sancta Ecclesia illum perdere non habet et si aliquid venit, confido in Deo. Non vado de ista luce antea quam ego restaurare. Credite, non profeta sum, nec filius profete, nam promissa a Deo sic erit quod in magno honore et gratia sancti Imperii in sancta mea reverto Ecclesia, in pace et tranquillitate vobiscum diebus vite mee gaudebo: il "testamento" si chiude con quella che appare a tutti gli effetti una dichiarazione politica di intenti. Fortunato augura buona salute all'imperatore Ludovico, auspicando che la «sancta Ecclesia» non lo osteggi ed esprimendo la propria totale fiducia nell'operato di Dio. Il patriarca si dichiara poi convinto di restare in vita fino a quando non avrà dimostrato l'infondatezza delle accuse di cui era

l'*antependium* raffigurato nel dipinto della Messa di Saint-Gilles (Gaborit-Chopin, *L'orfèvrerie*, pp. 16-26).

238. Sul simbolismo del granato si veda Dell'Acqua, *The* Carbunculus, pp. 158-160, 165-166.

239. Lo stesso Brunettin non esclude però che il termine rappresenti un neologismo, dovuto all'intensificazione del latino *acutus* con il franco *aigu*, a indicare una pietra dura lavorata (Brunettin, *Il cosiddetto testamento*, p. 120).

240. Di tale uso è testimonianza il *Liber Pontificalis*, che tra gli oggetti preziosi donati nell'VIII e nel IX secolo dai papi e dai sovrani franchi alle chiese di Roma cita di frequente recipienti liturgici tempestati di "giacinti" (Beghelli, *From the Bible*, pp. 236-239).

oggetto. Pur ammettendo di non essere «profeta [...] nec filius profete», egli si dice sicuro di un ritorno alla sua Chiesa e che ciò avverrà con gli onori e i favori del «sanctum Imperium». Queste ultime parole suonano come una tardiva dichiarazione di fedeltà ai Franchi, in cui si coglie però una implicita e orgogliosa affermazione del ruolo rivestito da Fortunato quale unico garante della supremazia carolingia nelle lagune della *Venetia*.

Conclusioni

Nel loro studio sul tesoro di Montecassino in età carolingia, Armand O. Citarella e Henry M. Willard sottolineano che la formazione e la composizione dello stesso possono essere considerate il risultato delle relazioni politiche e socioeconomiche che tra VIII e IX secolo il monastero intrattenne con l'Italia centro-settentrionale controllata dai Franchi, il Mezzogiorno longobardo e il Mediterraneo arabo e bizantino. I due studiosi affermano senza esitazioni che questa impressionante accumulazione di denaro e beni di lusso, di cui resta traccia unicamente nella descrizione che ne fa Leone Marsicano nella *Cronica monasterii Casinensis*, provenisse dalla disponibilità di surplus produttivo che l'abbazia estraeva dal proprio patrimonio fondiario e dalla sua immissione sul mercato mediterraneo attraverso la mediazione dei mercanti delle città campane.[1] Le migliaia di pezzi di moneta d'oro e d'argento, le oreficerie e i drappi di seta destinati all'addobbo degli edifici di culto del monastero sarebbero, dunque, una eclatante testimonianza della vivacità dei traffici interregionali che avvenivano lungo le coste meridionali del Tirreno, soprattutto tra la Sicilia e Roma, e che facevano di questa regione la zona di scambio commerciale marittimo più complessa dell'intero Mediterraneo altomedievale assieme all'Egeo.[2]

1. Citarella, Willard, *The Ninth-Century Treasure*, pp. 11-14.
2. Wickham, *Framing*, pp. 735-738.

È lecito chiedersi se anche gli *exotica* citati nel "testamento" di Fortunato possano essere considerati, come ritiene Michael McCormick, una indicazione dei flussi commerciali transitanti nell'alto Adriatico, regione dalla quale cospicue quantità di merci mediterranee avrebbero raggiunto i mercati dell'Italia settentrionale e dell'Europa continentale.[3] Per McCormick, il "testamento" sarebbe una delle numerose fonti che comproverebbero l'esistenza in età carolingia di un vivace commercio internazionale, la cui "esplosione" sarebbe stata innescata dalla conquista franca della Penisola italiana e dall'integrazione dei vari mercati regionali europei.

Il quadro che emerge dalle ricerche più recenti è, però, decisamente più complesso e il progresso delle conoscenze archeologiche consente di proporre una ricostruzione dell'economia italiana tra VIII e IX secolo più articolata e complessa rispetto a quella di McCormick.

Per gran parte dell'VIII secolo l'Italia visse una fase di crescita economica, i cui prodromi vanno individuati negli avvenimenti della fine del secolo precedente. Il trattato di pace siglato nel 680 tra Longobardi e Bizantini, che pose fine a oltre cent'anni di aspri conflitti, e la quasi contemporanea conquista da parte del duca Romualdo dei porti pugliesi di Brindisi e Taranto, che permise il collegamento delle regioni interne del principato beneventano con le rotte di navigazione adriatica, gettarono le basi per una ripresa delle relazioni commerciali della Penisola con il mondo mediterraneo.[4] Non è un caso che durante i primi decenni dell'VIII secolo l'alto Adriatico si definì, al pari del Tirreno e del basso Adriatico-Jonio, come uno dei tre spazi economici interregionali che, connessi tra loro e non privi di ramificazioni interne, si snodavano lungo le coste italiane.[5] Questi spazi avevano i propri capisaldi nelle roccaforti bizantine delle coste tirreniche e adriatiche, ove le *élites* locali, approfittando delle opportunità offerte dalle riforme amministrative e fiscali che avevano portato all'istituzione dei du-

3. Una convinzione alimentata dalla ripetuta menzione nel "testamento" di *mancosi*, che, come si è visto, lo storico statunitense identifica con i *dinār* islamici (McCormick, *Origins*, pp. 333-335).

4. Delogu, *Le origini*, pp. 34-35.

5. Hodges, *Adriatic*, pp. 230-234.

cati in Italia, erano riuscite a ritagliarsi ampi margini di autonomia politica ed erano state in grado di stipulare accordi commerciali con i loro vicini longobardi senza l'intervento delle autorità imperiali. Il riassetto dell'organizzazione statale e la conseguente trasformazione dei meccanismi di prelievo, accumulazione e smistamento delle risorse, fino ad allora gestite in maniera "dirigistica" dai funzionari dell'Impero, ebbero effetti profondi sulle strutture insediative ed economiche dell'Italia bizantina, ove si assistette alla nascita e allo sviluppo di vere e proprie *gateway communities*, impegnate nella ridistribuzione delle merci di origine mediterranea verso i territori longobardi.[6]

Il caso più eclatante è certamente quello di Comacchio, sorta all'interno di un'area lagunare protetta, in un sito privo di preesistenze romane e, benché posto a breve distanza da Ravenna, svincolato da qualsiasi legame di subordinazione alle gerarchie laiche e religiose dell'Esarcato. La società comacchiese del VII e VIII secolo mostra tratti di peculiarità che consentono di assimilarla a quella dei grandi *emporia* del Mare del Nord: essa rivela una spiccata vocazione commerciale, risultando inizialmente priva di quelle istituzioni politiche e religiose che si svilupperanno solo nel corso del IX secolo.[7] Un tratto, questo, che bene emerge dal Capitolare di Liutprando del 715 o 730, nel quale si descrivono le navi dei *milites* di Comacchio che risalivano il Po e i suoi affluenti cariche di sale, pepe, olio e *garum*, e dalla cultura materiale del sito, dove – oltre alle strutture di un porto dotato di pontili, banchine e magazzini – gli scavi hanno messo in luce quantitativi significativi di anfore globulari di origine mediterranea, diffuse anche nei centri di consumo (città e monasteri) della pianura padana.[8]

6. Delogu, *Le origini*, pp. 117-120; Di Muro, *La terra*, pp. 84-86. Un fenomeno analogo è per certi versi osservabile anche nell'Egeo, dove a partire dal VII secolo si verificò un notevole sviluppo delle comunità costiere e insulari, dedite alla produzione e alla distribuzione del surplus agricolo prodotto nelle aree interne e continentali (Cosentino, *Insularity*, pp. 89-104).

7. Sui caratteri della società comacchiese del VII-VIII secolo, Gelichi, Lupicinus presbiter.

8. Sulle caratteristiche materiali del porto di Comacchio, cfr. Gelichi, Beltrame, *I porti*, pp. 118-119; sui ritrovamenti di anfore, Negrelli, *Modelli*, pp. 11-18, e Gelichi, *Local*, pp. 222-228.

Lo sviluppo di Comacchio si pone nel solco della crescita economica che caratterizza il *regnum Langobardorum* dopo la crisi del VII secolo e che, testimoniata anche dall'attività edilizia e dalla fioritura artistica della cosiddetta "rinascenza liutprandea",[9] interessa la Penisola fino ai decenni finali dell'VIII secolo e alla conquista franca. L'imposizione del dominio carolingio sembra avere avuto un effetto depressivo sull'economia dell'Italia centro-settentrionale. La progressiva sostituzione della classe dirigente longobarda con la nuova aristocrazia franca, insediata per lo più nelle campagne e detentrice di patrimoni terrieri sempre più ampi, spesso acquisiti a discapito dei piccoli e medi proprietari che avevano avuto parte attiva nella crescita dell'VIII secolo, e l'irrigidimento del controllo sulle strutture sociali e di mercato determinarono infatti il graduale distacco dal circuito degli scambi mediterranei di questa parte della Penisola, periferica rispetto al centro politico ed economico dell'Impero carolingio.[10]

Ovviamente, questi avvenimenti non determinarono la totale interruzione delle relazioni commerciali dell'Italia centro-settentrionale con il Mediterraneo. Tuttavia, il calo della domanda interna dell'area padana causarono la progressiva eclissi di un centro come Comacchio. Di questo declino sono testimonianza tanto le fonti scritte quanto le evidenze archeologiche: a partire dalla fine dell'VIII – inizi del IX secolo, le anfore globulari si fanno sempre più rare nei contesti comacchiesi, la cui cultura materiale perde la propria specificità per apparentarsi a quella di centri come Rimini, la laguna di Venezia e forse Ravenna.[11]

Diversa sorte conobbero i territori del *ducatus* di Venezia che, sfuggiti all'annessione franca, non furono inglobati nel nuovo assetto politico dell'Italia carolingia. L'appartenenza, quantomeno formale, all'Impero d'Oriente permise loro di mantenere le relazioni con gli altri centri bizantini dell'Adriatico e di svilupparle di pari passo al consolidamento delle posizioni imperiali in Dal-

9. Brogiolo, *L'architecture*, pp. 296-304.

10. Di Muro, *La terra*, pp. 117-131.

11. Sul "declino" di Comacchio, cfr. Delogu, *Le origini*, pp. 120-122; sulle testimonianze archeologiche e sull'evoluzione della società comacchiese nel IX secolo, si rimanda a Gelichi, *Il vescovo*, pp. 301-302.

mazia e in Illirico.[12] Uno dei caratteri distintivi della società altoadriatica dell'alto medioevo è dato, infatti, dal legame con il mare e la navigazione; un legame, questo, che trovava espressione nel possesso di imbarcazioni e nell'organizzazione di spedizioni, anche commerciali, che vedevano *tribuni* e *capitanei* raggiungere mete lontane come Costantinopoli.[13] È altresì vero che la crescita commerciale di Venezia fu un fenomeno graduale, che si dispiegò nell'arco di più secoli e che può dirsi veramente compiuto solo attorno all'Anno Mille. Anche nel *Pactum Lotharii*, spesso portato a testimonianza della proiezione mercantile della Venezia altomedievale, l'attenzione del sovrano si concentra più sulle controversie relative ai diritti di pascolo e legnatico, le quali dovevano insorgere periodicamente tra gli abitanti della terraferma e del ducato, che non sulle questioni relative al commercio.[14]

Per tutto il periodo compreso tra l'VIII e il IX secolo, a Venezia la dimensione marittima convive con elementi, come l'investimento terriero, che apparentavano la società venetica a quella del *regnum italicum*.[15] La fisionomia dei *tribuni* come possessori emerge chiaramente dal testamento di Giustiniano Particiaco, dal quale risulta che, oltre a oro, argento, monete e spezie certamente acquisite tramite la pratica del commercio, il duca possedeva anche case, vigne, campi, orti, valli per la pesca e l'aucupio, corti, selve, pascoli e mulini, disseminati tra Rialto, Jesolo, Torcello, i lidi, le isole della laguna e sulla terraferma, fino al territorio di Treviso.[16]

In questo quadro, la posizione di Grado risulta quantomeno peculiare: l'importanza della sede patriarcale sembra, infatti, riflettersi anche sulle strutture economiche del *castrum*, nell'ambito

12. Delogu, *Le origini*, p. 123.

13. Borri, *The Waterfront*, pp. 51-67.

14. Pazienza, *Venice*, pp. 149-156.

15. Le somiglianze tra Venezia e il *regnum italicum* sono anche di carattere politico-istituzionale (Gasparri, *Venezia*, pp. 61-82).

16. *Documenti relativi alla storia di Venezia* I, n. 53, pp. 93-96: «aurum, argentum vel speciebus, [...] solidos [...] terra vineas, pratas, campos, pascuas, silvas, arboribus fructiferis et infructiferis seu casas, stabulis, que nos edificare iussimus, sive peculia maiores, minores, cum cavalis, boves, porcis, quas ibidem congregavimus, vel ordineo, quasi illuc esse videmini, [...] fero, navigia, sceu lacos, hubi aquimolos hedifficati fuerint, una cum piscationibus et avium captionibus suis».

delle quali un ruolo preponderante era infatti rivestito dalle istituzioni ecclesiastiche. Una situazione che, fatte le debite proporzioni tra la ricchezza e il prestigio delle due sedi, richiama quella di Ravenna, dove la Chiesa sembra essere stato il principale motore dell'economia cittadina.[17]

Tanto la Chiesa ravennate tanto quella gradese erano impegnate in attività mercantili. Una delle testimonianze più esplicite in tal senso è rappresentata dal già citato diploma con cui Carlo Magno concede l'esenzione dal pagamento del *teloneum*, del *siliquaticum*, del *laudaticum* e del *cispitaticum* per quattro imbarcazioni di proprietà di Fortunato o del patriarcato. Fin dal VI-VII secolo le fonti attestano l'esistenza di flotte e imbarcazioni di proprietà ecclesiastica, che, nel caso di Ravenna, rappresentavano una delle componenti essenziali per il funzionamento economico del patrimonio ecclesiastico.[18] Che gli arcivescovi ravennati ricavassero ingenti somme d'oro e d'argento dalla vendita del grano, dell'olio e del vino prodotti nei loro possedimenti è peraltro testimoniato da Andrea Agnello per i presuli del suo tempo.[19]

17. Già nella tarda antichità le fonti collocano Ravenna tra le sedi ecclesiastiche dell'Impero con maggiori disponibilità economiche. Tra la metà del V e la metà del VII secolo, il patrimonio della Chiesa di Ravenna risulta distribuito su una vasta area compresa tra l'Istria, la Romagna, il Veneto, la Pentapoli, l'Umbria e la Sicilia, con probabili appendici anche in Calabria e in Campania. Stando alla testimonianza di Andrea Agnello, al tempo dell'arcivescovo Mauro (649-671) i soli possedimenti siciliani fruttavano una rendita annuale di 51.000 *solidi*, cui si aggiungevano – oltre a 50.000 *modii* di grano – anche vasellame e manufatti di pregio. Si può stimare che la rendita complessiva del patrimonio ravennate alla metà del VII secolo si aggirasse attorno ai 65.000-70.000 *solidi*. Tale quadro fu solo parzialmente modificato dalla caduta in mano longobarda dell'Esarcato (754) e dalla successiva conquista franca dell'Italia centro-settentrionale, che privò la Chiesa ravennate di un vicino interlocutore politico, senza che questo abbia però comportato un significativo ridimensionamento della sua base patrimoniale (Cosentino, *Ricchezza*, pp. 418-424).

18. Flotte più o meno grandi sono testimoniate nel VI e VII secolo per le Chiese di Alessandria, di Ravenna, di Roma e di Napoli (Cosentino, *Credito*, pp. 149-155.

19. Andrea Agnello, *Liber Pontificalis Ecclesiae Ravennatis* 104, p. 345: «venundant frumentum ecclesia et oleum et humida vina, et faciunt ex illis pondera argenti et auri dabuntque principibus et potestatibus, ut demergant sacerdotes suos, etiam plebem universa». Cfr. Cosentino, *Ricchezza*, p. 430.

Non sappiamo, purtroppo, in quale tipo di traffici le navi di Grado fossero coinvolte e quale tipo di merci trasportassero, ma il contenuto del diploma di Carlo Magno è simile a quello del privilegio concesso da Costantino IV (668-685) o, forse, da Costante II (641-668) alla Chiesa di Ravenna, con il quale, tra le altre cose, si esentavano gli appartenenti al clero dal pagamento del *ripaticum*, del *portaticum*, del *siliquaticum* e del *teloneum*.[20] Rispetto al *praeceptum* imperiale, che colloca le attività dei *sacerdotes* e dei *clerici* ravennati in uno spazio sostanzialmente indefinito (*qualibet*, "ovunque"), il diploma concesso a Fortunato risulta, però, assai più preciso, secondo una caratteristica di questo genere di documenti di età carolingia.[21] Carlo Magno esentò le *naves* della Chiesa di Grado non solo dalle imposte sulle transazioni commerciali (*teloneum*, *siliquaticum* e *laudaticum*), ma anche dal pagamento dei diritti di ormeggio e di attracco nei porti (*cispitaticum*).[22] È quindi molto probabile che le imbarcazioni della Chiesa di Grado frequentassero gli scali, soprattutto fluviali, del regno italico, dove, come in altre aree dell'Europa altomedievale, era ancora in vigore un'organizzazione di tipo doganale.[23]

20. Andrea Agnello, *Liber Pontificalis Ecclesiae Ravennatis* 115, pp. 353-354: «Temporibus Constantini imperatoris maioris, patris Eraclii et Tiberii, [Reparatus] Constantinopolim perrexit, et quicquid imperatori postulavit, obtinuit. Inter ceteras confirmationes exarare iusserunt tale praeceptum, ut nullus sacerdos vel quicumque clericus qualibet censum in publico dedisset, non ripaticum neque portaticum vel siliquacio aut teloneum nullus ab eis exigere debuisset». Sul *praeceptum*, si vedano Guillou, *Régionalisme*, pp. 176-178, e Stoclet, Immunes, pp. 102-106. Per la datazione del *privilegium*, Cosentino, *Constans II*, pp. 160-166.

21. Stoclet, Immunes, p. 103.

22. Il significato di *teloneum* e *siliquaticum* non pone problemi trattandosi, come noto, di imposte indirette di origine tardoromana pagate rispettivamente sui dazi doganali e sulla vendita delle merci. Risulta invece più difficile determinare la natura del *laudaticum*, il cui nome indica forse il compenso versato dalle parti coinvolte all'ufficiale pubblico incaricato di presiedere alle contrattazioni commerciali. Il termine *cispitaticum* (attestato anche nelle grafie *c(a)espitaticum*, *cespaticum*, *cispaticum*, *cepstaticum*) sembra risalire al latino *cippus*, a richiamare i pali ai quali si assicuravano le imbarcazioni nei porti (Stoclet, Immunes, pp. 150-160).

23. Il diploma concesso da Carlo Magno alla Chiesa di Grado conferma il controllo esercitato dai sovrani altomedievali, non solo franchi, sui traffici commerciali e, soprattutto, sulle imposte indirette che da questi derivavano. Un aspetto, questo, che negli ultimi anni ha attirato l'attenzione di diversi studiosi, tra cui

L'attività commerciale del patriarcato è ulteriormente testimoniata dalla donazione della «nave cum omni armatura sua» effettuata da Fortunato a favore del monastero di Santa Maria di Barbana. Una notizia di grande interesse, tanto più alla luce delle ricerche storiche e archeologiche condotte nei territori dell'Europa centro-settentrionale, che hanno evidenziato il ruolo fondamentale svolto dai monasteri nello sviluppo dei commerci su media e lunga distanza durante l'età carolingia.[24] Un fenomeno che la documentazione disponibile permette di cogliere con assoluta chiarezza anche per l'Italia, sia nelle regioni centro-settentrionali entrate nell'orbita franca sia nel Mezzogiorno longobardo.[25]

Per quel che riguarda l'Italia Padana, Aldo A. Settia ha portato l'attenzione sull'esistenza di una rete di scali e approdi implementata e sostenuta dalle maggiori abbazie dell'area, che movimentavano il surplus produttivo dei propri patrimoni fondiari lungo l'asse del Po e dei suoi affluenti, destinandolo ai porti marittimi della costa adriatica dai quali ricevevano merci di origine mediterranea.[26] Lo sviluppo di questo *network* commerciale risale, con ogni probabilità, alla tarda età longobarda, come lasciano intuire alcuni provvedimenti regi che, oltre a creare condizioni favorevoli agli scambi veicolati da alcuni cenobi, rivelano l'esistenza di un ampio sistema di esazione di gravami legati al commercio e quella di mercati e di porti da cui i sovrani percepivano tributi.[27]

McCormick, *Origins*, pp. 579-580; Middleton, *Early Medieval*, pp. 313-358; Di Muro, *Economia*, pp. 107-111.

24. Per una visione d'insieme, si vedano Marazzi, *The Early Medieval*, pp. 739-767 e Hodges, *Dark Age*, pp. 67-90.

25. Sull'Italia settentrionale, cfr. Settia, Per foros; sull'Italia meridionale, si vedano Marazzi, Portus monasterii, e Di Muro, *La terra*, pp. 77-82.

26. Settia, Per foros, pp. 201-212.

27. Un primo provvedimento di questo tipo è attestato da un diploma di Astolfo, che nel 744 accordò al monastero di Nonantola il permesso di istituire mercati sulle proprie terre, cedendo ai monaci anche i diritti lungo il fiume *Gena* (forse il Secchia) qualora vi avessero ormeggiato «naves cum mercimonia». Nel 772 il re concesse invece al monastero bresciano di San Salvatore l'esonero da tutti i tributi e telonei connessi ai *mercatora* e ai *portoria* del regno, mentre nel 770-772 Desiderio emanò un diploma per un cenobio che avrebbe dovuto essere fondato in Italia centrale sotto il patronato della regina Ansa, esentandone gli uomini dal pagamento del teloneo (Di Muro, *La terra*, pp. 81-82).

Nel corso dell'VIII secolo si collocherebbe anche la fondazione del monastero di Santa Maria di Barbana, che rappresentava uno snodo fondamentale nelle comunicazioni tra la terraferma e il *castrum* di Grado, così come analoga funzione doveva svolgere il *monasterium sancti Iuliani in insula*, posto a controllo del Canale Anfora.

Nell'ambito della ricca documentazione relativa al coinvolgimento delle istituzioni monastiche nelle reti di traffico dell'VIII e IX secolo, il confronto geograficamente e cronologicamente più vicino al caso dei monasteri di Grado è offerto dall'abbazia dei SS. Ilario e Benedetto, istituita presso l'attuale Dogaletto di Mira (Venezia) dai duchi Agnello e Giustiniano Particiaco, con il consenso e alla presenza di Fortunato, del vescovo Cristoforo di Olivolo e del *populus* di Venezia.[28] La fondazione del monastero avviene in perfetta e non casuale coincidenza cronologica con il trasferimento della sede politica del ducato da Malamocco alle *insule* di Rialto, operato dagli stessi Particiaci agli inizi del IX secolo.[29] Essa sembra rispondere a una precisa strategia delle *élites* ducali, intenzionate a definire e a consolidare la propria area di influenza, politica ed economica, in terraferma. Successivamente alla sua nascita, l'abbazia dei Santi Ilario e Benedetto accrebbe notevolmente i propri possessi fondiari e, nel corso del X secolo, entrò in conflitto con i vescovi di Treviso, sotto la cui giurisdizione ecclesiastica e influenza politica ricadevano i territori interessati dall'espansione patrimoniale dei monaci.[30] Una traiettoria non dissimile da quella che le fonti permettono di ricostruire, sia pure molto sommariamente, per i monasteri gradesi e, in particolare, per quello di Santa Maria, che, come si è visto, agli inizi dell'VIII secolo fu al centro di una controversia tra il patriarca di Grado e quello di Aquileia per il controllo di alcune proprietà.

Ad avvicinare ulteriormente il caso dei monasteri gradesi a quello dei Santi Ilario e Benedetto è anche la funzione commercia-

28. *Documenti relativi alla storia di Venezia* I, n. 44, pp. 71-75. Sulla fondazione e la storia del monastero nel IX e X secolo si vedano, da ultimo, Rapetti, *Il doge*, pp. 3-26, e Corrò, Moine, Primon, *Fragili equilibri*, pp. 203-208.

29. Rapetti, *Il doge*, pp. 3-5.

30. Rapetti, *Il doge*, pp. 12-13; Corrò, Moine, *Il territorio di Sant'Ilario attraverso le carte*, pp. 59-65.

le di quest'ultimo. L'abbazia sorgeva presso la foce orientale del Brenta, in un punto nodale lungo i percorsi fluviali che collegavano Venezia ai centri dell'entroterra.[31] Non è un caso che le recenti indagini archeologiche eseguite presso il sito abbiano consentito di documentare la presenza di merci di importazione, tra le quali spiccano – accanto a recipienti in pietra ollare di origine alpina, a ceramiche depurate a pasta chiara e a invetriate in monocottura di fabbricazione nord-italica – significative quantità di anfore globulari provenienti dal Mediterraneo orientale e dall'Italia meridionale e un frammento di scaldavivande (*chafing dish*) in *Glazed White Ware* costantinopolitana.[32]

Quanto esposto finora sembra dunque confermare il coinvolgimento di Grado nelle reti di traffico internazionali, come apparentemente suggerito anche dalla frequente menzione di *mancosi* nel "testamento" di Fortunato. Questi vi compaiono tanto come unità di peso e riferimento di valore quanto come moneta coniata, che, come tale, poteva trovare un effettivo utilizzo nelle transazioni commerciali, sia pure solo per l'acquisto di merci pregiate e costose quale la seta.

Quest'ultimo fatto non è di per sé sorprendente, se si considera che i ritrovamenti monetali consentono di appurare come nel territorio dell'attuale Friuli-Venezia Giulia la circolazione monetaria si sia mantenuta più ricca e vivace rispetto a quella di altri settori dell'Italia settentrionale durante tutto il periodo altomedievale (VI-XI secolo).[33] Non vi sono dubbi riguardo al fatto che tale vivacità sia il riflesso della funzione di crocevia commerciale svolta dalla regione, dove sono stati effettuati abbondanti rinvenimenti di numerario carolingio e, in minor misura, di moneta beneventana, bizantina e islamica.[34] L'ingresso dei *mancosi* nel circuito monetario del Friuli

31. Calaon, Ferri, Bagato, *SS. Ilario e Benedetto*, p. 503.

32. Gelichi *et al.*, *Importare*, pp. 56-82.

33. Passera, *La circolazione*, pp. 93-114.

34. Per il periodo compreso tra il 768 e l'840, in Friuli-Venezia Giulia si hanno sette attestazioni di moneta carolingia: un denario di Carlo Magno (o di Carlo il Calvo) della zecca di Melle e un denario di Ludovico il Pio della zecca di Venezia sono segnalati a Aquileia; due denari di Carlo Magno e due denari di Ludovico il Pio sono stati recuperati a Venzone (Udine); un denaro di Carlo il Calvo di provenienza ignota faceva infine parte della collezione dell'erudi-

altomedievale avvenne senz'altro attraverso l'Adriatico, sia attraverso gli scambi commerciali sia – nel caso della Chiesa di Grado – attraverso la riscossione di canoni. Del resto, accogliendo l'ipotesi secondo cui il *mancosus* andrebbe identificato con il solido siciliano minorato, si è sostenuto che la relativa diffusione di questa moneta nell'area altoadriatica possa essere ricondotta alle rendite che la Chiesa di Ravenna ricavava dai suoi possedimenti in Italia meridionale. La riscossione di tributi e di canoni in *mancosi* è ricordata anche nel Placito di Risano, in cui, oltre a menzionare esplicitamente i 344 *solidi mancosi* che i *capitanei* dell'Istria raccoglievano nella provincia e consegnavano al duca, si riportano le lamentele rivolte al patriarca Fortunato e ai vescovi locali che avevano incamerato i proventi delle tasse destinate per tradizione alle città.[35]

È indubbio che Fortunato avesse a propria disposizione anche un'ingente quantità di oro e di argento, sia sotto forma di metallo grezzo e semilavorato, sia sotto forma di monete, di suppellettile e di arredi liturgici (Tabella 1).

In un contesto storico in cui l'oro sembra avere circolato in misura minore secoli rispetto ai secoli precedenti,[36] all'inizio

to settecentesco Gian Giuseppe Liruti (Passera, *La circolazione*, pp. 103-104). Ritrovamenti di moneta beneventana sono documentati a Cividale, dove si conoscono due *tremisses* di Romualdo II (706-731), mentre un solido di Sicone I (817-832) e un denario di Radelchi (fine del IX – inizi del X secolo) provengono da località non identificate (Arslan, *Emissione*, p. 287). Per quel che concerne la moneta bizantina, un *follis* di Costantino V (751-755) della zecca di Siracusa è stato recuperato a Montereale Valcellina (Pordenone), mentre un *follis* di Leone V (886-912) della zecca di Costantinopoli è stato recuperato nel corso di indagini di superficie eseguite nel territorio della valle del Bût (Saccocci, *Tra est ed ovest*, p. 105). Assai più modeste le attestazioni di moneta islamica: in una lettera del 1729, Gian Domenico Bertoli ricorda il rinvenimento ad Aquileia di un *dirham* d'argento abbaside o aglabita e di un *fals* di bronzo di incerta identificazione. Sempre ad Aquileia, nel Museo archeologico locale si conserva un *dinār* d'oro non meglio specificato. Un *fals* anonimo del periodo omayyade, risalente al 77-87 anno dall'Egira (696-706), è stato raccolto presso Venzone, località dalla quale proviene anche una dracma sassanide della metà del V secolo, verosimilmente giunta in Friuli in un momento successivo alla sua emissione (Saccocci, *Ritrovamenti*, pp. 137-149).

35. Krahwinkler, *Patriarch*, pp. 68-69.

36. McCormick, *Origins*, pp. 385-386; sulla circolazione dell'oro nell'Europa dell'VIII e IX secolo, si veda anche Pinar Gil, *L'oro*, pp. 81-85.

dell'età carolingia l'accumulazione di ingenti quantitativi di questo metallo costituiva una prerogativa esclusiva delle *élites* laiche ed ecclesiastiche più eminenti. Il possesso di grandi quantità d'oro avvicina, dunque, Fortunato ai rappresentanti dei ceti dirigenti laici ed ecclesiastici dell'epoca, confermando quanto evidente a livello numismatico e archeologico circa l'accumulazione di moneta e manufatti aurei in corrispondenza dei centri nevralgici delle grandi vie di comunicazione dell'Europa carolingia, in relazione diretta con i traffici commerciali che interessavano le Alpi orientali e l'Adriatico nord-occidentale.[37]

Diversamente da quanto accade con l'oro, le fonti dell'Italia settentrionale (come di altre regioni) contengono numerosissimi riferimenti al possesso da parte delle *élites* altomedievali di abbondanti quantitativi di argento non monetato.[38] Nel "testamento", Fortunato afferma di avere con sé 61 delle 72 libbre di argento che egli aveva trovato presso la *domus sancti Hermagore* al momento della sua entrata in carica e che egli aveva evidentemente portato con sé durante i suoi spostamenti. Il patriarca ricorda, inoltre, di avere affidato 10 libbre di argento al *corepiscopus* Agao perché potesse svolgere le funzioni di arcidiacono e di arçipresbitero della chiesa del monastero di Santa Maria di Barbana, alla cui comunità furono invece concesse 3 libbre dello stesso metallo. Si tratta di quantitativi non trascurabili, con cui tra VIII e IX secolo si potevano acquistare appezzamenti di terreno e immobili.[39]

37. Pinar Gil, *L'oro*, pp. 79-81.

38. Balzaretti, *Elites*, pp. 403-437.

39. Il *dossier* di Totone di Campione comprende una *cartola venditionis* datata al 799, nella quale un certo Martino dichiara di avere ricevuto dallo stesso Totone tre libbre di argento monetato, «compotati per unaquaque libras dinarios nomiro duocentus quatragenta», per alcuni beni situati a *Mellano* (l'attuale Melano presso Riva San Vitale, in Canton Ticino). Un documento del 3 marzo 814, anch'esso conservato nell'archivio del monastero di Sant'Ambrogio a Milano, ricorda alcune proprietà «in Mediolano», il cui valore è indicato in «duas liberas de argento». Un atto di vendita redatto a Pavia nell'835 registra, invece, le 7 libbre d'argento versate da un certo Hunger al notaio Paolo per una proprietà di 19 *iugera*, che, collocata nelle vicinanze di Gnignano (Milano), comprendeva al proprio interno una fattoria, vigne, campi, prati, castagneti, boschi e arativi («sedminas, vites, camporas, pratellas et stalarias [...] inter silvas et terras arvatus»). Infine, nell'849 Gumperto, un prete di Turate, pagò a Teodoro, un *munetarius* di Pavia, la somma di 12 libbre

Queste transazioni rimandano a una sfera non propriamente o non pienamente economica, introducendo il tema dello scambio di doni e contro-doni tra Fortunato e i suoi interlocutori. Il dono era, del resto, un elemento centrale delle relazioni politiche altomedievali e, come Janet L. Nelson ha bene evidenziato, esso non rispondeva a vere e proprie regole prescrittive, ma implicava l'utilizzo di un linguaggio, fatto di usi e simboli, che le parti coinvolte dovevano conoscere e comprendere, onde perseguire i propri scopi ed evitare crisi e fraintendimenti. L'obiettivo primario dello scambio di doni era, infatti, quello di creare una rete di relazioni, dalla quale tutte le parti coinvolte traevano vantaggio.[40]

Le regole di questo gioco trovano esemplificazione nella carriera di Fortunato, durante la quale il patriarca svolse sia il ruolo di donatore sia quello di destinatario di doni, in uno scambio sempre effettuato nell'ambito di precise strategie politiche vòlte a tessere e consolidare alleanze tra il patriarca e i suoi interlocutori.

Sebbene non immediatamente assimilabili alla categoria del «gift exchange», i numerosi interventi edilizi promossi da Fortunato all'interno e all'esterno delle mura del *castrum* rivestirono indubbiamente una notevole importanza economica (Tabella 2), ponendosi al labile confine che separava il dono dalle donazioni pie o da altre forme di elargizione. Purtroppo, il "testamento" non fornisce alcuna informazione riguardo alle somme spese e alle modalità di finanziamento dei lavori, ma è indubbio che l'episcopato di Fortunato abbia segnato una stagione di significativi investimenti nella sfera edilizia. La costruzione e la cura degli edifici di culto rientravano tra i compiti pastorali dei vescovi e, al tempo stesso, rappresentavano una forma privilegiata di messa in circolazione di ricchezza, attraverso l'acquisizione di materiali a volte rari o preziosi e la mobilitazione di manodopera qualificata e non. Neppure a Roma, dove il grandioso programma di riqualificazione materiale ed estetica della città promosso dai pontefici della prima età carolingia poté contare sul decisivo supporto logistico e finanziario dei sovrani franchi, l'attività edilizia sembra avere

d'argento per l'acquisto di tutta la terra che questi possedeva a Saronno (Balzaretti, *Elites*, pp. 814-827).

40. Nelson, *The Setting*, pp. 116-148.

modificato durevolmente l'organizzazione economica locale.[41] È quindi molto improbabile che ciò possa essere accaduto a Grado, dove i progetti patrocinati da Fortunato furono realizzati durante il ristretto arco di tempo dell'effettiva permanenza del patriarca nella sua sede, ovverosia tra l'810 e il l'821 circa. Allo stesso tempo non vi è però ragione di dubitare che questi lavori abbiano fornito uno stimolo, sia pure temporaneo, allo sviluppo dell'attività artigianale, giacché gran parte delle risorse investite dal patriarca furono tesaurizzate nelle chiese del *castrum* sotto forma di arredi preziosi.

Gli arredi commissionati da Fortunato erano ispirati alle opere di oreficeria monumentale del mondo franco, di cui il patriarca aveva conoscenza diretta grazie ai suoi soggiorni oltralpe. È sempre all'ambito carolingio che rimandano le soluzioni adottate per dare una nuova veste agli impianti cultuali di Grado, dove, analogamente a quanto si osserva ad Aquileia, a Cividale e in Istria, il rinnovamento architettonico della prima età carolingia implicò la scelta di soluzioni architettoniche inedite rispetto alla tradizione locale. Esemplificativo in tal senso è il caso della basilica di Sant'Agata, dotata di una cripta in cui erano ospitate le reliquie dei quarantadue martiri citate da Fortunato. Anche la realizzazione all'interno del battistero di *subsellia*, su cui dovevano trovare posto i catecumeni e i fedeli che prendevano parte alla celebrazione del battesimo, appare indicativa della volontà di Fortunato di conformarsi alle direttive della Chiesa franca in materia di liturgia battesimale e, più in generale, della sua adesione al programma di riforma religiosa promosso da Carlo Magno.

Come ad Aquileia, dove per il restauro della cattedrale il patriarca Massenzio poté avvalersi del sostegno materiale di Carlo Magno perché provvedesse al recupero degli «atria vel reliquas constructiones» della sede patriarcale,[42] anche Fortunato usufruì della generosità dei sovrani franchi, che gli fornirono il piombo utilizzato per il rifacimento delle coperture della basilica di Santa Maria. Il significato di un simile dono può difficilmente essere

41. Delogu, *Rome*, pp. 108-110.

42. *Die Urkunden Pippins, Karlmanns und Karls des Grossen*, n. 214, pp. 285-287: «[...] traderemus vel confirmaremus, quatenus opportunius atque decentius atria vel reliquas constructiones, quae ad honorem illius loci pertinerent».

sottovalutato: Grado figura, infatti, tra i principali centri religiosi dell'epoca, beneficiati da Carlo Magno e dai suoi successori con una analoga fornitura di piombo, proveniente con ogni probabilità dai giacimenti di Melle. Tuttavia, se Roma e le abbazie di St. Denis o di Saint-Bertin si trovavano entro i confini dell'Impero carolingio, il *castrum* di Grado sorgeva in un territorio nominalmente bizantino e la decisione di contribuire al restauro dei suoi edifici di culto rivela l'importanza che i Franchi attribuivano alla sua Chiesa e la profondità dell'influenza che erano persuasi di esercitare su quest'ultima. Carlo Magno considerava l'integrità materiale degli edifici di culto una premessa necessaria al benessere spirituale dei suoi sudditi e l'invio di piombo a Grado sembra suggerire che ritenesse tali anche gli abitanti del *castrum*.

Dai territori d'Oltralpe provenivano anche le maestranze impiegate da Fortunato nel restauro del tetto della basilica di San Giovanni, che – al pari del *magister* inviato da Carlo Magno a papa Adriano I per sovrintendere al rifacimento delle coperture della basilica vaticana – si occuparono probabilmente del reperimento e della messa in opera del legname necessario all'esecuzione dei lavori.

Il transito di beni di pregio in direzione di Grado non procedeva solo dalle aree sottoposte alla dominazione franca, ma avveniva anche dalle regioni appartenenti all'Impero bizantino. L'esempio più eclatante è quello dei tessuti preziosi, che compaiono ripetutamente nel "testamento".

I quantitativi di seta donati da Fortunato alle chiese di Grado (Tabella 3) non possono essere nemmeno lontanamente paragonati al numero dei drappi con cui i pontefici inondarono le basiliche romane tra la fine dell'VIII e la metà del IX secolo.[43] Per rendersi conto della sproporzione, è sufficiente scorrere le medie aritmetiche annuali risultanti dal rapporto di drappi donati da ciascun papa e la durata del relativo pontificato che, ricavabili dal *Liber Pontificalis*, non corrispondono necessariamente all'andamento effettivo delle donazioni. A fronte della quarantina di drappi donati da Fortunato durante tutto l'arco del suo episcopato, i valori ricostruibili per Adriano I sono di 44,70 drappi l'anno, di 50,24 per Leone III,

43. Marano, *Le sete*, pp. 290-291.

di 59,25 per Pasquale I, di 19,12 per Gregorio IV (828-844), di 44,33 per Sergio II (844-847) e di 90,25 per Leone IV (847-55).[44]

Ciononostante, si può osservare come i tessuti ricordati nel "testamento" appartengano alle categorie citate più di frequente nel *Liber Pontificalis*, come *vela*, *quadrabula* e *fundata*. Sembra che la disponibilità di questi tessuti sulla piazza romana dipendesse solo in parte dalle richieste dei papi e che fosse invece condizionata dalle trasformazioni del regime di controllo sulla produzione serica a Bisanzio. Nonostante ciò, è indubbio che i pontefici abbiano svolto la funzione di procacciatori e distributori della seta nella Roma dell'VIII e IX secolo.[45] Un ruolo che, in una certa misura, Fortunato dovette rivestire a Grado.

La menzione di sete tra gli oggetti preziosi che facevano parte del corredo femminile dei ceti più elevati dimostra l'esistenza di un commercio di questi tessuti.[46] Lo stesso Fortunato ricorda, d'altra parte, di avere comperato una *cortina* del valore di 40 *solidi* dalla *socera* di un certo Passibo, la quale doveva averla evidentemente acquistata in precedenza. È altresì vero che l'importazione e lo smercio di prodotti di lusso destinati a una clientela più o meno ristretta non presuppongono linee di traffico consolidate, ed è invece probabile che questi beni circolassero in maniera occasionale e tramite canali disparati.[47] A questo proposito, tra le stoffe donate da Fortunato alle chiese di Grado si deve rilevare la presenza di una *purpura* e di una *blata*, la cui appartenenza alla categoria dei κεκωλυμένα ne rende inverosimile l'acquisizione per via commerciale. Tutto lascia intendere che Fortunato sia entrato in possesso di questi tessuti durante il suo soggiorno costantinopolitano,

44. Delogu, *L'importazione*, pp. 124-126.

45. Ivi, pp. 137-140.

46. Nella sua donazione al monastero di Sant'Eugenio del 730, il gastaldo di Siena Waldeperto ricorda i tessuti preziosi appartenuti alla moglie Optileota, tra cui erano vesti di seta, *pallii* – stoffe di porpora e seta, talvolta intessute d'oro, di manifattura quasi esclusivamente orientale –, e poi ancora «tuniche, fibule d'oro e una veste d'oro». Anche il *vir magnificus* Rotperto di Agrate, un personaggio certo benestante, ma di livello sociale non eccelso, nel 745 poté lasciare alla figlia Gradane un «vestito vel ornamento fabricato aureo», ossia un vestito intessuto e decorato in oro (Gasparri, *I mercanti*, pp. 37-47). Sulla circolazione della seta nell'Europa carolingia, McCormick, *Origins*, pp. 719-725.

47. Delogu, *Le origini*, p. 106.

quando la particolare condizione di "ospite-ostaggio" non dovette precludergli la possibilità di beneficiare della generosità imperiale, che – come noto – si manifestava spesso nel dono di sete.[48] La seta era un materiale particolarmente adatto a essere utilizzato come dono diplomatico: per la sua preziosità ed esclusività, essa era infatti capace di evocare la ricchezza e lo splendore di Costantinopoli.[49] L'esibizione di drappi preziosi nelle chiese di Grado doveva, dunque, ricordare la vicinanza di Fortunato al potere imperiale.

Per certi versi, il soggiorno costantinopolitano di Fortunato può essere paragonato ai viaggi "non commerciali" che i *capitanei* dell'Istria avevano compiuto periodicamente nella capitale d'Oriente prima della conquista franca. Come sono gli stessi *capitanei* a ricordare nel Placito di Risano,[50] lo scopo di questi viaggi era, infatti, il conferimento di cariche e titoli aulici bizantini, accompagnato dal dono di vesti preziose e di armi da parata, che di queste dignità erano il simbolo.[51] Tali forme di scambio "non commerciale" rivestivano una fondamentale funzione identitaria, poiché contribuivano all'affermazione e al rafforzamento del senso di appartenenza a quella che Gherardo Ortalli ha definito "bizantinità latina" e che aveva il proprio elemento fondante nella fedeltà all'Impero d'Oriente.[52]

48. Marano, *At the crossroad*, p. 303; Idem, *Le sete*, pp. 290-291. Sulla condizione dei rifugiati, degli esuli e degli ostaggi alla corte imperiale bizantina, si veda Herrin, *Constantinople*, pp. 739-756.

49. Muthesius, *'Being' in Constantinople*.

50. Tali viaggi sono assimilabili alle forme di «noncommercial exchange» esaminate da Cutler, *Gift*, *passim*.

51. *Documenti relativi alla storia di Venezia* I, p. 64: «Ab antiquo tempore, dum fuimus sub potestate Grecorum imperii, habuerunt parentes nostri consuetudinem habendi actus tribunati, domesticos, seu vicarios, nec non locoservator, et per ipsos honores ambulabant ad communione et sedebant in congressu, unusquique per suum honorem, et, qui volebant meliorem honorem habere de tribuno, ambulabat ad Imperium, quod ordinabat illum ypato. Tunc ille, qui imperialis erat hypatus in omni loco secundum illum magistrum militum procedebat». Sul passo, cfr. Borri, *Gli Istriani*, pp. 21-24. La consegna di ricchi doni in occasione del conferimento di cariche imperiali è ricordata da Giovanni Diacono riguardo alla nomina del duca Orso I Particiaco (864-881) e di Pietro, figlio di Orso II Particiaco (911-932), a *protospatharios* (Ravegnani, *Dignità*, pp. 20-21).

52. Ortalli, *Realtà*, pp. 309-320. L'entusiasmo delle *élites* adriatiche per i rituali di corte bizantini è testimoniata anche da Godescalco, che ricorda come alla

Vale la pena soffermarsi anche sull'immagine di Fortunato quale emerge dalle fonti carolinge, in cui la figura del patriarca è spesso associata all'offerta di doni. L'unico dettaglio che gli *Annales Mettenses Priores* riportano riguardo alla visita del patriarca a Salz nell'803 sono le «duas portas eburneas, mirifico opere sculptas», da lui offerte – «inter cetera donaria» – a Carlo Magno. Una notazione tanto più interessante se si considera l'importanza dell'incontro, avvenuto in contemporanea o a ridosso del ritorno in *Francia* degli emissari che il re franco aveva inviato a Costantinopoli per condurre le trattative di pace con la *basilissa* Irene, ai quali nel frattempo si erano aggregati gli ambasciatori di Niceforo I, che aveva deposto l'imperatrice l'anno precedente. Se le trattative tra le due parti si conclusero forse con il reciproco riconoscimento delle rispettive sfere di influenza in Italia, il soggiorno di Fortunato a Salz coincise con la sua cooptazione nell'orbita franca. È in tale occasione che egli ottenne per sé l'abbaziato di Moyenmoutier e per la Chiesa gradese i privilegi e le immunità qui ripetutamente citati.

Tali concessioni rientrano in una strategia ampiamente utilizzata da Carlo Magno nei confronti dell'episcopato e, più in generale, delle istituzioni ecclesiastiche della Penisola, di cui, specie nelle aree di frontiera o nelle zone strategicamente più rilevanti del regno, il sovrano cercò di assicurarsi la fedeltà e la collaborazione tramite un consistente numero di donazioni e diplomi. Studi recenti hanno dimostrato la funzione fondamentale rivestita nel sistema di comunicazioni dell'Impero carolingio dalle gerarchie ecclesiastiche, cui era demandata la trasmissione e la disseminazione delle direttive regie, non solo in materia religiosa.[53]

Se l'offerta a Carlo Magno delle *portae* d'avorio e degli altri *donaria* con cui Fortunato si era presentato a Salz aveva suggellato l'ingresso di Grado nell'orbita carolingia, così, all'indomani della Pace di Aquisgrana, il supporto logistico fornito dal patriarca

metà del IX secolo i *Dalmatini*, abitanti della «Dalmatiam longissimam revera regionem», navigassero spesso fino a Costantinopoli. Il monaco di Orbais non menziona il conferimento di cariche, ma è probabile che questo fosse l'obiettivo di tali viaggi (Borri, *Gli Istriani*, pp. 22-23).

53. Gravel, *Distances*, pp. 159-170.

alla ribellione del *dux Pannoniae inferioris* Liudewit segnala la fine delle speranze riposte dal patriarca nei Franchi quali garanti delle prerogative della sede gradese. L'invio a Liudewit di *artifices* e *murarii*, una vera e propria forma di "esportazione di capitale umano",[54] va senz'altro assimilato a un dono *tout court* e dimostra una volta di più l'abile utilizzo da parte di Fortunato di questa forma di comunicazione, politica e sociale più che economica. Non vi sono dubbi circa il fatto che la maggior parte dei beni e degli oggetti citati nel "testamento" siano entrati nella disponibilità del patriarca attraverso scambi di natura non prettamente commerciale, che si collocano altresì in quella che Chris Wickham ha definito una "zona grigia" tra la redistribuzione in senso polanyiano e il commercio vero e proprio.[55]

Il caso di Grado pare, dunque, bene inserirsi nel contesto adriatico dell'età carolingia, per il quale, come si è visto, le ricerche degli ultimi anni tendono a ridimensionare il volume dei traffici e a valorizzare il significato economico delle attività di scambio alternative al commercio. A questo proposito, oltre a evocare ancora una volta il caso di Ravenna, può essere utile proporre un confronto con il monastero di San Vincenzo al Volturno, nel territorio dell'attuale provincia di Isernia in Molise.

L'abbazia sorgeva in un'area di notevole rilevanza strategica, situata com'era al confine tra il principato longobardo di Benevento, ancora esposto sul proprio fianco meridionale alle incursioni bizantine, e l'Italia conquistata dai Franchi. Approfittando di questa situazione, gli abati di San Vincenzo si assicurarono il patronato tanto dei principi e dell'aristocrazia beneventana, sotto la cui giurisdizione ricadevano, quanto dei sovrani franchi, accumulando così un consistente patrimonio terriero, esteso su tutta l'Italia meridionale. Questo patrimonio mise a disposizione dei monaci le risorse necessarie all'esecuzione di un cantiere di proporzioni ragguardevoli e di lunga durata come quello avviato dall'abate Giosuè (792-817) con la costruzione della basilica del San Vincenzo Maggiore e la monumentalizzazione dell'intero complesso mona-

54. Cutler, *Gifts*, pp. 253-255.
55. Wickham, *The Mediterranean*, pp. 162-163; Idem, *Conclusion*, p. 479.

stico.[56] In questo contesto, il commercio su lunghe distanze pare avere interessato quasi esclusivamente le materie prime impiegate nella fabbricazione dei manufatti di lusso in metallo, vetro e smalto destinati all'arredo dell'abbazia e ai suoi benefattori laici.[57] Allo stesso modo, è molto probabile che oggetti come il pomo di spada in giada di provenienza centroasiatica, i frammenti di bacini in *Lustreware* abbaside e la guarnizione smaltata appartenente a una *gabata* (bacile) di fabbricazione irlandese, che costituiscono le uniche tracce superstiti del tesoro monastico razziato dai Saraceni il 10 ottobre 881, siano giunti a San Vincenzo al seguito di visitatori eminenti.[58]

Come San Vincenzo al Volturno, anche Grado si trovava all'intersezione di sfere di influenza diverse: quella bizantina, che ancora deteneva la sovranità sul ducato di Venezia, e quella franca, che proprio sul ducato aveva concentrato le proprie mire, anche nell'ottica di una ulteriore espansione verso i Balcani occidentali, dove gli Slavi cominciavano a strutturarsi in senso etnico e politico.

Queste sfere di influenza si sovrapponevano agli spazi economici interregionali dell'alto Adriatico e del basso Adriatico-Jonio, all'interno dei quali la produzione e la distribuzione di beni erano gestite innanzitutto dalle autorità politiche ed ecclesiastiche e lasciate solo in misura limitata all'iniziativa "privata".[59] Il rafforza-

56. Nel corso dei primi decenni del IX secolo il complesso monastico si strutturò attorno a due poli distinti e complementari: il San Vincenzo Maggiore, un imponente edificio a tre navate progettato per raggiungere una lunghezza di oltre 60 m, una larghezza di 30 m e un'altezza di 21 m, e gli spazi destinati alla comunità monastica, collocati sulla sponda sinistra del Volturno e collegati alla chiesa abbaziale da un sistema di corridoi porticati. La cripta anulare sottostante l'abside del San Vincenzo Maggiore, ispirata ai modelli romani dell'età di papa Pasquale I, fu completata dal successore di Giosuè, Talarico (817-823). Incerta resta invece l'attribuzione al IX secolo dell'atrio antistante il San Vincenzo Maggiore, che le indagini più recenti spingono a datare alla fine del X secolo (Marazzi, *La 'Basilica Maior'*, pp. 248-253).

57. Hodges, *Trade*, pp. 271-273.

58. Ivi, pp. 272-273.

59. Esemplificativo il caso di Ravenna, dove nel passaggio tra tarda antichità e alto medioevo le fonti continuano ad attestare l'esistenza di quel ceto artigiano e commerciale cresciuto all'ombra delle attività economiche della corte imperiale prima ed esarcale poi. I membri di tale ceto, qualificati con la denominazione di *viri honesti*, godettero di un certo benessere e, ancora nel IX-X secolo, appaiono

mento del controllo bizantino sulle aree costiere dell'Italia, dell'Istria e della Dalmazia, tramite lo *stolos* siciliano prima e il *théma* di Cefalonia poi, spiega almeno in parte la diffusione della moneta bizantina e delle anfore globulari in queste regioni.[60] I frequenti ritrovamenti di *solidi* siracusani di Costantino V (741-775) effettuati nell'entroterra dalmata possono essere, infatti, ricondotti ai tentativi bizantini di assicurarsi il sostegno politico e militare delle città costiere dell'Adriatico orientale, cui Costantinopoli cercò di garantire le risorse finanziarie necessarie al pagamento dei tributi da queste versati agli Slavi che ne minacciavano l'indipendenza.[61] Meccanismi analoghi devono avere presieduto alla circolazione delle armi e della suppellettile liturgica di manifattura carolingia, verosimilmente giunti in Dalmazia come "doni diplomatici" per il tramite dei missionari franchi.[62]

in grado di partecipare alla vita economica della città, raccordandosi però alle iniziative dell'episcopato e dell'aristocrazia di tradizione militare (Cosentino, *Ricchezza*, pp. 430-431). Anche nell'area padana, dove l'attività dei mercanti veneziani pare essere stata significativa, i traffici commerciali erano controllati dalle Chiese locali e dai grandi monasteri della regione, come San Colombano di Bobbio o Santa Giulia di Brescia (Gasparri, *I mercanti*, pp. 42-46).

60. Prigent, *Notes*, pp. 339-401.

61. Gli studi hanno da tempo portato l'attenzione sulla concentrazione di queste monete nel territorio compreso tra il corso dei fiumi Zrmanja e Cetina, dove diverse decine di *solidi* siracusani sono stati rinvenute all'interno delle ricche sepolture dei rappresentanti dell'*élite* slava locale. La presenza in queste tombe anche di oggetti di abbigliamento e di armamento di manifattura carolingia riflette le relazioni che le popolazioni dell'area intrattenevano con entrambe le "superpotenze" dell'epoca, tanto con i Franchi quanto i Bizantini (Curta, *A Note*, pp. 269-270; a conclusioni analoghe giungono, sia pure con sfumature diverse, anche Šeparović, *Treaty of Aachen*, pp. 174-191 e Budak, *One More Renaissance?*).

62. Le armi deposte nelle tombe dell'*élite* slava comprendono spade del tipo Pedersen H e K e punte di lancia ad alette, verosimilmente prodotte in Renania (Curta, *A Note*, pp. 270-272). Per quel che riguarda la suppellettile liturgica, si deve ricordare innanzitutto il turibolo in argento fuso, decorato a *Kerbschnitt* e niello, recuperato a Vrlika, presso la foce del fiume Cetina. Esso trova un preciso confronto in un analogo oggetto in bronzo proveniente dal sito di Gradište presso Baseli, a nord della città di Krani in Slovenia. Entrambi risalenti alla prima età carolingia, i due manufatti furono probabilmente prodotti in Italia settentrionale, alle cui officine vanno ricondotti anche i coevi reliquari in argento dell'isola di Mezzo/Lopud (Ragusa) e del tesoro della chiesa parrocchiale di Nin, dove si conserva il poco più tardo reliquario di Sant'Anselmo, forse realizzato a Milano. La provenienza di

Allo stesso tempo, sebbene non si abbia notizia della presenza di missionari greci in Dalmazia, gli ultimi decenni dell'VIII secolo segnano una stagione di rinnovati contatti tra le Chiese della regione e il patriarcato di Costantinopoli, come dimostra la partecipazione di diversi vescovi dalmati al concilio di Nicea II (787) e, prima ancora, a quello iconoclasta di Hieria (754).[63] Inoltre, i Bizantini fecero ampio ricorso al dono di reliquie quale strumento di azione diplomatica presso le comunità che vivevano nella periferia adriatica dei loro domini: nei primi anni del IX secolo, svariate città dell'alto Adriatico accolsero le reliquie di santi orientali.[64] Esemplare in tal senso il caso di Venezia, dove, pressoché in contemporanea alla traslazione delle spoglie di san Marco da Alessandria (829), giunsero anche le reliquie di san Teodoro e di san Zaccaria, le une forse portate in laguna dal *patrikios* Niceta nell'806, le altre inviate nell'819 dall'imperatore Leone V (813-820).[65]

questi oggetti conferma quanto noto dalle fonti scritte, che segnalano l'attività nei Balcani occidentali di missionari provenienti dall'Italia settentrionale (Milošević, *Oggetti*, pp. 245-251).

63. Prigent, *Notes*, pp. 402-408. Le liste episcopali e il *De administrando Imperio* di Costantino Porfirogenito ricordano la partecipazione al concilio di Nicea II dei vescovi di Salona-Spalato, Arbe (Rab), Apsara-Opsora (Ozor) e Cattaro-Kotor (Darrouzès, *Listes épiscopales*, pp. 24-25).

64. Nell'809, gli abitanti di Kotor poterono consacrare la chiesa di san Trifone con alcune reliquie del martire traslate direttamente da Costantinopoli. Stando alla *Translatio sancte Anastasie*, la cui prima redazione non è però anteriore al XVII secolo, anche le reliquie di santa Anastasia, giunte a Zara nell'804, proverrebbero da Costantinopoli, dove il vescovo Donato le avrebbe ottenute in occasione di una sua visita nella capitale imperiale (Vedriš, *Martyrs*, pp. 175-186). La notizia dell'origine costantinopolitana delle reliquie suscita qualche perplessità, poiché il culto di santa Anastasia, martirizzata a *Sirmium* sotto Diocleziano (304), risulta bene attestato nell'area di Nikopolis già agli inizi dell'VIII secolo. All'ambito epirota rimanda peraltro, sia pure indirettamente, il culto delle sante tessalonicesi Irene, Chione e Agape, presto affiancatosi a quello di Anastasia, forse per il tramite di Antonio che, parente di santa Teodora di Salonicco, occupò la cattedra episcopale di Durazzo prima di fare ritorno in patria e di assurgere alla carica arcivescovile (Prigent, *Notes*, pp. 406-407).

65. Il culto di entrambi i santi è attestato a Venezia fin da epoca molto antica. Secondo Giovanni Diacono, la chiesa di San Teodoro, in cui la tradizione annalistica identifica la prima cappella ducale, andò distrutta durante l'incendio che devastò Rivo Alto nel 977, assieme al vicino *palatium*, alla basilica di San

Per Grado, Fortunato ricorda l'acquisto di due reliquari costantinopolitani, senza però accennare al loro contenuto.[66] D'altronde, in un luogo già ricco di reliquie, la necessità di acquisire nuovi resti sacri doveva essere sentita con minore urgenza che altrove. L'attenzione di Fortunato si concentrò, dunque, sulla celebrazione ed esaltazione delle reliquie già conservate nelle chiese del *castrum*, le quali rappresentavano potenti strumenti di affermazione della superiorità primaziale di Grado e, di riflesso, dell'autorità patriarcale. La realizzazione di arredi preziosi e installazioni liturgiche era funzionale all'esaltazione della figura dello stesso Fortunato. Per questa ragione, tali operazioni non possono essere lette solo in una prospettiva religiosa e devozionale, ma vanno considerate un messaggio rivolto agli interlocutori e ai rivali del patriarca. Gli arredi e, in particolare, gli altari allestiti da Fortunato servivano, infatti, a definire le condizioni, le forme rituali e la retorica dell'approccio alle reliquie sacre, nell'ambito delle quali il patriarca si presentava come il solo custode dei resti sacri e il solo mediatore nella comunicazione tra i fedeli e i santi, questi ultimi garanti di benefici oltremondani, ma anche di tangibili vantaggi politici e materiali. Cancelli, recinzioni, tessuti e ornamenti, tutti realizzati in materiali preziosi, erano, quindi, funzionali all'esal-

Marco, alla chiesa di Santa Maria di Zobenigo e a trecento abitazioni. La menzione in un testamento del 1006 di un tale Giovanni, «presbitero notario nostro et vicario ecclesiae beati Theodori martyris», lascia però intuire la rapida ricostruzione dell'edificio. Per la chiesa e il monastero di San Zaccaria esiste invece un atto di fondazione di dubbia autenticità, ma un *terminus ante quem* per la loro esistenza è fornito dal testamento del duca Giustiniano Particiaco (829), che predispose doni e privilegi in loro favore (Osborne, *Politics*, pp. 375-378).

66. Il culto di santi orientali trova riscontro anche a Grado, dove il *Chronicon Altinate* ricorda l'esistenza di una chiesa di San Mena, la cui immagine compare anche su una delle formelle della cattedra eburnea di San Marco (Marocco, Ecclesiarumque, p. 234). Si data al IX secolo un frammento di architrave che, a giudicare dalle scarne informazioni disponibili, proviene dall'isola lagunare di Gorgo e che apparteneva probabilmente alla *pergula* di una chiesa intitolata ai santi Cosma e Damiano, come attesta il segmento superstite dell'iscrizione lacunosa e variamente risarcita, ma con i nomi sicuri dei due santi. Nulla permette, però, di escludere l'origine tardoantica dell'edificio, che potrebbe infatti risalire all'età giustinianea, periodo durante il quale si situa la prima, massiccia diffusione del culto dei due *Anargyroi* nell'area adriatica (Cuscito, *Origine*, pp. 99-111).

tazione della gloria dei santi e alla prefigurazione dello splendore dei cieli, ma rappresentavano altresì un diaframma, se non un vero e proprio ostacolo, frapposto tra i fedeli e le reliquie, a sottolineare così il ruolo di intermediazione svolto da Fortunato che, assieme al clero, godeva del diritto esclusivo di accesso alla zona dell'altare, dove il fulcro eucaristico era strettamente congiunto a quello martiriale.[67]

Ispirata ai più aggiornati modelli artistici elaborati nell'ambito carolingio, la committenza di Fortunato appare finalizzata innanzitutto al perseguimento di un programma politico. Nella secolare contesa tra Aquileia e Grado, il cui esito rimase incerto fino alla celebrazione del concilio di Mantova dell'824, Fortunato poté vantare il possesso delle reliquie più importanti per la storia della Chiesa aquileiese, che rappresentavano i segni tangibili della legittimità del suo patriarcato. Se, per riprendere le parole di Walter Cupperi, gli altari preziosi e le mense-reliquario allestite da Fortunato nelle chiese del *castrum* di Grado possono essere considerati «espressione del protagonismo dei santi» e «di una concezione imponderabilmente corporea del sacro e di una religiosità estremamente sensibile a fattori aniconici e spaziali rinvianti alla persona»,[68] essi sono ugualmente rivelatori di una concezione della funzione episcopale che trasferiva alla figura di Fortunato il carisma di coloro che l'avevano preceduto alla guida della Chiesa gradese, ai quali il patriarca era legato da una parentela tanto spirituale, quanto, per il tramite dello zio Giovanni I, biologica.

Se la loro perdita pressoché totale impedisce di coglierne appieno la dimensione propriamente artistica, gli oggetti descritti nel "testamento" possono essere comunque apprezzati quale espressione di particolari condizioni politiche, economiche e culturali, e forniscono una chiave di accesso alla personalità di Fortunato, in quanto trascrizione materiale della concezione che questi aveva di sé e della carica patriarcale. Parte essenziale del suo programma

67. Cupperi, *"Visibilità"*, pp. 33-35. Sotto questo punto di vista, gli interventi di Fortunato nelle chiese di Grado compongono un programma per certi versi non dissimile da quello realizzato negli stessi anni da papa Pasquale I a Roma. Per quest'ultimo, si vedano le osservazioni di Emerick, *Altars*, pp. 43-63.

68. Cupperi, *"Visibilità"*, p. 49.

politico, questi manufatti appartengono a pieno titolo alla biografia del patriarca, che se ne servì nel corso della sua intera carriera per perseguire i propri obiettivi e per forgiare quella fitta trama di rapporti politici e diplomatici grazie ai quali poté svolgere un ruolo di primo piano nel "Grande Gioco", che tra la fine dell'VIII e gli inizi del IX secolo vide i Franchi e i Bizantini sfidarsi, per quasi un ventennio, lungo le sponde dell'Adriatico.

Tabella 1. Spese e donativi in metallo

Monete o metallo	Oggetto	Rif. al testo
20 *mancosos*	somma versata al vescovo Cristoforo per l'acquisto di un *velum maior*	r. 5
32 *solidos auri mancosos*	somma destinata all'abbellimento di un *turibulum parvum de auro*	r. 11
70 *solidos*	valore complessivo di *vasa deaurata et deargentata fronte*	rr. 13-14
40 *solidos*	somma versata alla *socera* di Passibo per l'acquisto di una *cortina*	rr. 14-15
15 *solidos*	somma versata per l'acquisto di una *peccia*	r. 16
10 *libras*	peso di un reliquario (*capsa*) acquistato a Costantinopoli	rr. 34-35
12 *libras* (oro)	quantità d'oro destinata alla doratura di un *fundalum album* (?)	rr. 44-45
15 *libras*	peso di un reliquario (*capsa*) acquistato a Costantinopoli	rr. 60-61
10 *libras* (argento)	quantità d'argento consegnata al corepiscopo Agao	rr. 69-70
3 *libras* (argento)	quantità di argento donata al monastero di Santa Maria di Barbana	rr. 79-80
2 *libras*	quantità di argento donata ai presbiteri del monastero di San Giuliano	r. 84
50 o 60 *manchosos*	valore di 12 cavalli inviati nelle isole di Barbana e di San Giuliano	rr. 91-92
33 *manchosos*	peso complessivo dell'oro conservato presso la *domus sancti Hermagore*	r. 98
72 *libras* (argento)	peso complessivo dell'argento semilavorato conservato presso la *domus sancti Hermagore* (di cui Fortunato dichiara di avere con sé 61 libbre)	rr. 98-100
114 *manchosos*	peso di un *calix parvulus*	rr. 106-107
50 *manchosos*	somma inviata in Francia per la decorazione di un *calix parvulus*	rr. 107-108

Tabella 2. Interventi edilizi

Edificio	Rif. al testo	Descrizione	Tipologia
cattedrale di S. Eufemia	r. 6	*misi tabulatum in ambas scolas*	ripavimentazione delle *scolae*
basilica di S. Maria	rr. 47-48	*et coperii ipsam ecclesiam de plumbo de dono sancti Imperii*	restauro delle coperture
basilica di S. Maria	rr. 48-49	*in meo certamine, et stravi ipsam porticum cum lapide usque in plateam publicam*	pavimentazione della superficie compresa tra l'atrio della basilica e la piazza antistante
chiesa di S. Agata	rr. 54-58	*Ego autem, cum Dei misericordia, reedificavi eam a fundamentis in altitudinem et in longitudinem ubi iam impetus maris accedere numquam potest et super ipsa corpora feci arcus volutiles et super ipsos alios arcus volutiles*	ricostruzione dell'edificio di culto
chiesa di S. Pellegrino	rr. 73-76	*De ecclesia autem sancti Peregrini, quam Gradisiani in illorum peccato fundamenta everterunt per timore Franchorum, nos, Deo iubente, a fundamentis reedificavimus eam; scolas, mansiones et porticus in honore edificavimus*	ricostruzione dell'edificio di culto e dei suoi annessi
chiesa di S. Giovanni	rr. 76-79	*Ecclesia autem sancti Joannis maior tota erat [inusta] et scola in ruinis posita, quia et ego nec alii introire ubi ante abuit traves 18. Ego autem feci venire magistros de Francia, misi ibi traves XXX*	ricostruzione dell'edificio di culto e restauro del tetto
monastero di S. Giuliano	rr. 82-83	*Monasterium sancti Iuliani in insula, quod in ruinis positum erat, edificavimus*	ricostruzione del monastero

Tabella 3. Donativi in tessuti preziosi

N.	Tipologia	Iconografia	Rif. al testo	Collocazione	Contesto	Edificio
2	*duos damaschinos*	-	r. 2	altare	presbiterio	cattedrale di S. Eufemia
1	*unam purpuram*	-	r. 2	altare	presbiterio	cattedrale di S. Eufemia
1	*unum fundalum*		r. 2	altare	presbiterio	cattedrale di S. Eufemia
1	*unum istoriale cum istoria de Epifania*	Epifania	rr. 2-3	altare	presbiterio	cattedrale di S. Eufemia
2	*lineas cortinas historiales*	-	rr. 3-4	*sedilia*	presbiterio	cattedrale di S. Eufemia
1	*velo maiore*	-	r. 4	*ante reges*	presbiterio	cattedrale di S. Eufemia
1	*venedo maiore*	-	rr. 5-6	*in ambas scolas*	area antistante il presbiterio	cattedrale di S. Eufemia
1	*cortinam*	-	r. 14	-	presbiterio	*in alia ecclesia*
1	*peciam unam*	-	r. 16	-	-	*ad sedem sancti Marci*
2	*cortinas lineas duas, unam de cubitis L. et v. aliam de 30*	-	rr. 16-17	-	-	*ad sedem sancti Marci*
2	*cortinas*	-	r. 19	*ante cancellos de secretario*	*secretarium*	*ad sedem sancti Marci*
1	*brandeo velo*	-	r. 19	*ante cancellos de secretario*	*secretarium*	*ad sedem sancti Marci*
8	*peccias*	-	r. 25	altare	-	*ad corpora beatissimorum martyrum*
1	*velo maiore unum istoriale*	immagini	rr. 26-27	*in circuitu per cancellos*	-	*ante regias sancti Quirini*

3	*peccias*	-	r. 33	-	altare	*regia sancti Quirini*
1	*velum*	-	r. 33	*ante regias sancti Marci*	-	cappella di S. Marco
1	*quadrabulum*	-	r. 34	*in circuitu altaris*	altare	cappella di S. Marco
1	*petiam unam*	-	rr. 35-36	*ante sepulchrum domni Ioannis*	tomba	cappella di S. Marco
1	*pecciam unam*	-	r. 36	*ante corpora altare*	altare	*in oratorio Petri*
1	*pecciam unam*	-	r. 36	*et super altare*	altare	*in oratorio Petri*
1	*pecciam unam*	-	rr. 36-37	*in circuitu altaris*	altare	*in oratorio Petri*
-	*tessuti*	-	rr. 39-40	*in circuitu et desuper (altaribus)*	altare	*in oratorio ante corpora sancti Quirini*
1	*blata*	-	r. 40	-	-	*in sancto Laurentio*
1	*macioda*	-	r. 40	-	-	*in sancto Laurentio*
1	*quadrabulum*	-	r. 41	*in circuitu altaris*	altare	*ad sanctum Paulum*
1	*quadrabulum*	-	r. 41	*desuper altaris*	altare	*ad sanctum Paulum*
1	*quadrabulum*	-	rr. 41-42	*in circuitu (altaris?)*	altare	*ad fontes sancti Ioanni*
1	*fundalum*	-	r. 42	*desuper (altaris?)*	altare	*ad fontes sancti Ioanni*
1	*velum linteum*	-	r. 43	*in circuitu fontes*	battistero	*ad fontes sancti Ioanni*
1	*fundato maiore*	-	r. 44	*in circuitu (altaris)*	altare	*in ecclesia s(anctae) Marie*
1	*damaschinum*	-	r. 44	*in circuitu (altaris)*	altare	*in ecclesia s(anctae) Marie*
1	*fundalum album et de [do]randum*	-	r. 45	*in circuitu (altaris)*	altare	*in ecclesia s(anctae) Marie*
-	*de palliis et linteaminibus*	-	rr. 65-66	-	altare	chiesa di S. Agata

Bibliografia

Abbreviazioni

BAR	British Archaeological Reports
CISAM	Centro Italiano di Studi sull'Alto Medioevo (Spoleto)
MEFR	Mélanges de l'École Française de Rome
MGH	*Monumenta Germaniae Historica*
SAAME	Centro Interuniversitario per la Storia e l'Archeologia dell'Alto Medioevo (Venezia)
Settimane di Spoleto	Settimana di Studio della Fondazione del Centro Italiano di Studi sull'Alto Medioevo

Fonti primarie

Andrea Agnello, *Liber Pontificalis Ecclesiae Ravennatis*, ed. Oswald Holder-Egger, *MGH, Scriptores rerum Langobardicarum et Italicarum saec. VI-IX*, Hannoverae, 1878.

Annales Mettenses Priores, ed. Bernhard von Simson, in *MGH, Scriptores rerum Germanicarum in usum scholarum separatim editi*, X, Hannoverae, 1910.

Annales regni Francorum, ed. Friedrich Kurze, in *MGH, Scriptores rerum Germanicarum in usum scholarum separatim editi*, VI, Hannoverae, 1895.

Ariulfo, *Chronicon centulense*, ed. Ferdinand Lot, *Hariulf, Chronique de l'abbaye de Saint-Riquier*, Paris, 1894 (Collection de textes pour servir à l'étude et à l'enseignement de l'histoire).

Capitolare di Lotario dei missi *– febbraio 832*, in *I capitolari italici. Storia e diritto della dominazione carolingia in Italia*, a cura di Claudio Azzara e Pierandrea Moro, Roma, Viella, 1998 (Altomedioevo, 1), pp. 147-151.

Capitula de causis diversis, ed. Alfred Boretius, in *MGH, Capitularia regum Francorum*, I, Hannoverae, 1883, pp. 135-136.

Capitulare de villis vel curtis imperialibus, ed. Alfred Boretius, in *MGH*, *Capitularia regum Francorum*, I, Hannoverae, 1883, pp. 82-91.

Chronica patriarcharum Gradensium, ed. Georg Waitz, in *MGH*, *Scriptores rerum Langobardicarum et Italicarum saec. VI - IX*, 3, Hannoverae, 1878.

Chronicon Altinate, Chronicum Venetum quodo vulgo dicunt Altinate, ed. Henry Simonsfeld, in *MGH*, *Scriptores*, XIV, Hannoverae, 1883.

Codex Carolinus, ed. Wilhelm Gundlach, in *MGH, Epistolae Merowingici et Karolini aevi*, III, Berolini, 1892, pp. 469-657.

Concilium Francofurtense, ed. Albert Werminghoff, in *MGH*, *Concilia*, 2.1 (*Concilia Aevi Karolini* 742-817), Hannoverae, 1906.

Costantino Porfirogenito, *De administrando imperio*, ed. Romilly J.H. Jenkins, Washington D.C., Dumbarton Oaks Research Library and Collection, 1967.

Costantino Porfirogenito, *Tres Tractatus*, ed. John F. Haldon, *Constantine Porphyrogenitus. Three Military Treatises on Military Expeditions. Introduction, Edition, Translation and Commentary*, Wien, 1990 (Corpus Fontium Historiae Byzantinae, XXVIII).

Cronica de singulis patriarchis nove Aquileie, in *Cronache veneziane antichissime*, ed. Giovanni Battista Monticolo, Istituto Storico Italiano per il Medioevo, Roma, 1890 (Fonti per la Storia d'Italia), pp. 7-16.

Andrea Dandolo, *Chronica per extensum descripta*, ed. Ester Pastorello, Bononia, Zanichelli, 1938.

Giovanni Diacono, *Istoria Veneticorum*, ed. Luigi Andrea Berto, Istituto Storico Italiano per il Medio Evo, Bologna, 1999 (Fonti per la Storia dell'Italia Medievale, Storici Italiani dal Cinquecento al Millecinquecento ad uso delle scuole, 2).

Paolo Diacono, *Historia Langobardorum*, ed. Ludwig Bethmann et Georg Waitz, in *Scriptores rerum Langobardicarum et Italicarum saec. VI-IX*, Hannoverae, 1878, pp. 12-187.

Documenti relativi alla storia di Venezia anteriori al Mille, ed. Roberto Cessi, 2 voll., Padova, 1942-1943.

Charles du Fresne Du Cange, *Glossarium mediae et infimae latinitatis*, Niort, L. Favre, 1883-1887.

Eginardo, *Vita Karoli*, ed. Georg H. Pertz, in *MGH, Scriptores in Folio*, Hannoverae, 1829, pp. 425-465.

Das Eparchenbuch Leons des Weisen, ed. Johannes Koder, Wien, Verlag der Österreichischen Akademie der Wissenschaften, 1991 (Corpus Fontium Historiae Byzantinae, XXXIII).

Epistolae Langobardicae collectae, ed. Wilhelm Gundlach, in *MGH, Epistolae Merowingici et Karolini aevi*, III, Berolini, 1892, pp. 691-715.

Epistolae variorum inde a morte Caroli Magni usque ad divisionem imperii collectae, ed. Ernst Dümmler, in *MGH, Epistolae Karolini aevi*, III, Berolini, 1897, pp. 299-369.

Flodoardo, *Historia Remensis ecclesiae*, ed. Martina Stratmann, in *MGH, Scriptores*, XXXVI, Hannoverae, 1998.

Folcuino, *Gesta abbatum Sithiensium*, ed. Oswald Holder-Egger, in *MGH, Scriptores*, t. XIII, Hannoverae, 1881, pp. 600-635.

Gesta Abbatum Fontanellensium, ed. Georg H. Pertz, in *MGH, Scriptores*, II, Hannoverae, 1976, pp. 270-301.

Gesta Dagoberti I regis francorum, ed. Bruno Krusch, in *MGH, Scriptores rerum Merovingicarum*, II, pp. 396-425.

Gregorio di Tours, *Historiarum libri X*, ed. Bruno Krusch, fasc. 1 et 2, Hannoverae, 1937-1942; fasc. 3, *Praefatio et indices*, ed B. Krusch, Wilhelm Levison, Hannoverae, 1951, in *MGH, Scriptores Rerum Merovingicarum* I, 1.

Gregorio I, *Registrum Epistolarum*, ed. Paul Ewald, Ludo-Moritz Hartmann, in *MGH Epistolae* I-II, 2 voll., Berolini, 1887-1893.

Isidoro di Siviglia, *De ecclesiasticis officiis*, ed. Christopher M. Lawson, Turnhout, Brepols, 1989 (Corpus Christianorum, Instrumenta Lexicologica Latina, 51).

Leidrado di Lione, *Epistola ad Carolum*, ed. Ernst Dümmler, in *MGH, Epistolae*, IV, Hannoverae, 1895.

Leonis III. papae epistolae X, ed. Karl Hampe, in *MGH, Epistolae Karolini aevi*, III, Berolini, 1897, pp. 85-104.

Liber de Sancti Hildulfi successoribus in Mediano monasterio, ed. Georg Waitz, in *MGH, Scriptores*, IV, Hannoverae, 1841, pp. 86-92.

Liber Pontificalis. Texte, introduction et commentaire, ed. Louis Duchesne, voll. 2, Paris, 1886-1892.

Opus Caroli Regis contra synodum (*Libri Carolini*), ed. Ann Freeman, in *MGH, Concilia* II, Supplement band 1, Hannoverae, 1998.

Origo civitatum Italie seu Venetiarum (Chronicon Altinate et Chronicon Gradense), a cura di Roberto Cessi, Roma, Tipografia del Senato, 1933.

Pactum Lotharii, ed. Alfred Boretius, Victor Krause, in *MGH, Legum Sectio II, Capitularia regum Francorum*, II, Hannoverae, 1890-1897, n. 233, pp. 130-135.

Placiti del Regnum Italiae, ed. Cesare Manaresi, Roma, 1955-1960.

Ss. Ilario e Benedetto e S. Gregorio, ed. Luigi Lanfranchi e Bianca Strina, *Fonti per la storia di Venezia*, Sezione II. *Archivi Ecclesiastici, Diocesi Castellana*, Comitato per la pubblicazione delle fonti relative alla storia di Venezia, Venezia, 1965.

Ferdinando Ughelli, *Italia Sacra, sive de Episcopis Italiae, et insularum adjacentium*, Venetiis, Apud Sebastianium Coleti, MDCCXX.

Die Urkunden Konrads. II, ed. Heinrich Bresslau, in *MGH, Diplomata regum et imperatorum Germaniae*, IV, Hannoverae et Lipsiae, 1908.

Die Urkunden Pippins, Karlmanns und Karls des Grossen, ed. Engelbert Mühlbacher, in *MGH, Diplomata Karolinorum*, I, Hannoverae, 1906.

Fonti secondarie

Adriatico altomedievale (VI-XI secolo): scambi, porti, produzioni, a cura di Sauro Gelichi e Claudio Negrelli, Atti del Convegno di Venezia - 19 marzo 2015, Venezia, Ca' Foscari-Digital Publishing, 2017 (Studi e ricerche, 4).

L'Adriatico dalla tarda Antichità all'alto Medioevo, a cura di Gian Pietro Brogiolo e Paolo Delogu, Atti del Convegno di Studio (Brescia, 11-13 ottobre 2001), Firenze, All'Insegna del Giglio, 2005.

The Age of Affirmation. Venice, the Adriatic and the Hinterland between the 9th and 10th Centuries, edited by Stefano Gasparri and Sauro Gelichi, Turnhout, Brepols, 2017 (SAAME, 8).

L'Altare d'Oro di Sant'Ambrogio, a cura di Carlo Capponi, Cinisello Balsamo, Silvana Editoriale, 1996.

Maria Andaloro, *Il* Liber Pontificalis *e la questione delle immagini da Sergio I ad Adriano I*, in *Roma e l'età carolingia. Atti delle Giornate di Studio (3-8 maggio 1976)*, a cura dell'Istituto di storia dell'arte dell'Università di Roma, Roma, Multigrafica, 1976, pp. 69-77.

Maria Andaloro, *Immagine e immagini nel* Liber Pontificalis *da Adriano I a Pasquale I*, in «Mededelingen van het Nederlands Instituut te Rome», 60-61 (2001-2002), pp. 46-103.

Maria Grazia Arcamone, *Antroponimia altomedievale nelle iscrizioni murali*, in *Il santuario di S. Michele Arcangelo sul Gargano dal VI al*

IX secolo, a cura di Carlo Carletti e Giorgio Otranto, Bari, Edipuglia, 1980, pp. 255-317.

Ermanno A. Arlsan, *Emissione e circolazione della moneta nei ducati di Spoleto e Benevento*, in *La trasformazione del mondo romano e le grandi migrazioni. Nuovi popoli dall'Europa settentrionale e centro-orientale alle coste del Mediterraneo*, a cura di Carlo Ebanista e Marcello Rotili, Atti del Convegno internazionale di studi (Cimitile-Santa Maria Capua Vetere, 16-17 giugno 2011), Cimitile, Tavolario Edizioni, 2012, pp. 283-301.

Artistes, artisans et production artistique au Moyen-Âge. Actes du Colloque international (Centre National de la Recherche Scientifique, Université de Rennes II – Haute-Bretagne, 2-6 mai 1983), sous la direction de Xavier Barral i Altet, Paris, Editions Picard, 1986-1990.

Andrea Augenti, Enrico Cirelli, *Classe: un osservatorio privilegiato per il commercio della tarda Antichità*, in *LRCW 3. Late Roman Coarse Ware, Cooking Wares and Amphorae in the Mediterranean. Archaeology and Archaeometry. Comparison Between Western and Eastern Mediterranean*, a cura di Simonetta Menchelli, Sara Santoro, Marinella Pasquinucci e Gabriella Guiducci, Oxford, Archaeopress, 2010 (BAR – International Series, 2185), pp. 605-615.

Claudio Azzara, Venetiae. *Determinazione di un'area regionale tra antichità e alto Medioevo*, Treviso, Fondazione Benetton, 1994.

Claudio Azzara, *Il concilio di Mantova del 6 giugno 827*, in «Antichità Altoadriatiche», 63 (2006), pp. 61-72.

Claudio Azzara, *Il regno longobardo e i Tre Capitoli*, in *The Crisis of the* Oikoumene. *The Three Chapters and the Failed Quest for Unity in the Sixth-Century Mediterranean*, edited by Celia Chazelle and Catherine Cubitt, Turnhout, Brepols, 2007 (Studies in the Early Middle Ages, 14), pp. 209-222.

Constantin Băjenaru, *Minor Fortifications in the Balkan-Danubian Area from Diocletian to Justinian*, Cluj-Napoca, Editura Mega, 2010.

Isabella Baldini Lippolis, *La Processione dei Martiri in Sant'Apollinare Nuovo a Ravenna*, in *Martiri, santi, patroni: per una archeologia della devozione*, a cura di Adele Coscarella e Paola De Santis, Atti del X Convegno Nazionale di Archeologia Cristiana (Università della Calabria, 15-18 settembre 2010), Arcavata di Rende (CS), Università della Calabria, 2012, pp. 381-397.

Antonella Ballardini, Incensum et odor suavitatis*: l'arte aromatica nel* Liber Pontificalis, in *L'officina dello sguardo. Scritti in onore di Maria*

Andaloro, a cura di Giulia Bordi, Iole Carlettini, Maria Luigia Fobelli, Maria Raffaella Menna e Paola Pogliani, Roma, Gangemi Editore, 2014, pp. 263-270.

Antonella Ballardini, Stat Roma pristina nomine. *Nota sulla terminologia storico-artistica nel* Liber Pontificalis, in *La committenza artistica dei Papi a Roma nel Medioevo*, a cura di Mario D'Onofrio, Roma, Viella, 2016, pp. 381-439.

Ross Balzaretti, *Elites and Silver in Milan and its Region in the Ninth Century*, in *Les élites et la richesse au l'Haut Moyen Âge*, sous la direction de Jean-Pierre Devroey, Laurent Feller et Régine Le Jan, Turnhout, Brepols, 2010 (Haut Moyen Âge, 10), pp. 403-437.

Edmond Barbier, *Les images, les reliques et la face supérieure de l'autel avant le XI*[e] *siècle*, in Synthronon. *Art et archéologie de la fin de l'Antiquité e du Moyen Age*, sous la direction de André Grabar, Paris, Librairie C. Klincksieck, 1968 (Bibliothèque des Cahiers Archéologiques, 2), pp. 199-207.

Attilio Bartoli Langeli, *Il patto con Fano 1141*, Venezia, Il Poligrafo, 1993.

Franz A. Bauer, *La frammentazione liturgica nella Chiesa romana del primo medioevo*, in «Rivista di Archeologia Cristiana», 75 (1999), pp. 385-446.

Michelle Beghelli, Joan Pinar Gil, *Corredo e arredo liturgico nelle chiese tra VIII e IX secolo. Suppellettili antiche e moderne, locali e importate tra archeologia, fonti scritte e fonti iconografiche*, in «Jahrbuch des Römisch-Germanischen Zentralmuseums Mainz», 60 (2013), pp. 697-762.

Michelle Beghelli, *From the Bible to the* Liber Pontificalis. *Gems and Precious Stones in the Early Medieval Sources: Combinations, Colours and Contexts*, in *Gemstones in the First Millennium AD. Mines, Trade, Workshops and Symbolism*, edited by Alexandra Hilgner, Susanne Greiff and Dieter Quast, Proceedings of the International Conference (Mainz, 20th-22nd October 2015), Mainz, Verlag des Römisch-Germanischen Zentralmuseums, 2017 (Jahrbuch des Römisch-Germanischen Zentralmuseums Mainz – Tagungen, 30), pp. 233-275.

Robert P. Bergmann, *The Salerno Ivories:* Ars Sacra *from Medieval Salerno*, Cambridge (Mass.), Harvard University Press, 1980.

Luisa Bertacchi, *Architettura e mosaico*, in *Da Aquileia a Venezia. Una mediazione tra l'Europa e l'Oriente dal II secolo a.C. al VI secolo d.C.*, Milano, Stamperia Valdonega per il Credito Italiano, 1980, pp. 93-336.

Carlo Bertelli, *L'altare d'oro di Volvinio nella basilica milanese di Sant'Ambrogio*, in «Rivista dell'Istituto di Storia dell'Arte Lombarda», 5 (2012), pp. 41-54.

Luigi A. Berto, *La* Venetia *tra Franchi e Bizantini. Considerazioni sulle fonti*, in «Studi Veneziani», 28 (1999), pp. 189-202.

Luigi A. Berto, *Il vocabolario politico e sociale della* Istoria Veneticorum *di Giovanni Diacono*, Padova, Il Poligrafo, 2001.

Luigi A. Berto, *La guerra e la violenza nella* Istoria Veneticorum *di Giovanni Diacono*, in «Studi Veneziani», 42 (2001), pp. 15-41.

Luigi A. Berto, *In Search of the First Venetians*, Turnhout, Brepols, 2014 (Studies in the Early Middle Ages, 41).

Luigi A. Berto, *Under the 'Romans' or under the Franks? Venice between Two Empires*, in «Haskins Society Journal», 28 (2016), pp. 1-24.

Christian Beutler, *Documents sur la sculpture carolingienne*, in «Gazette des Beaux-Arts», 104 (1962), pp. 445-458.

Christian Beutler, *Documents sur la sculpture carolingienne*, in «Gazette des Beaux-Arts», 105 (1963) pp. 193-200.

Günther Binding, Architectus, magister operis*, Wercmeistere: Baumeister oder Bauverwalter im Mittelalter*, in «Mittellateinisches Jahrbuch», 34 (1999), pp. 7-28.

Günther Binding, *Wanderung von Werkmeistern und Handwerkern im frühen und hohen Mittelalter unter besonderer Berücksichtigung des Rhein-Main-Gebietes*, Stuttgart, Franz Steiner Verlag, 2005.

Ines Bogensperger, *Purple and its Various Kinds in Documentary Papyri*, in *Textile Terminologies from the Orient to the Mediterranean and Europe, 1000 BC to 1000 AD*, edited by Salvatore Gaspa, Cécile Michel and Marie-Louise Nosch, Lincoln (NE), University of Nebraska, 2017, pp. 235-249 (https://digitalcommons.unl.edu/texterm/19/?utm_source=digitalcommons.unl.edu%2Ftexterm%2F19&utm_medium=PDF&utm_campaign=PDFCoverPages).

Mara Bonfioli, *Sant'Eufemia e il suo arredo sul finire del Settecento*, in «Antichità Altoadriatiche», 17 (1980), pp. 453-483.

Francesco Borri, Francia *e* Chroatia *nel IX secolo. Storia di un rapporto diffiicile*, in «MEFR – Moyen Âge», 120 (2008), pp. 87-103.

Francesco Borri, *"Neighbors and Relatives": The Plea of Rižana as a Source for Northern Adriatic Elites*, in «Mediterranean Studies», 17 (2008), pp. 1-26.

Francesco Borri, *L'Adriatico tra Bizantini, Longobardi e Franchi. Dalla conquista di Ravenna alla pace di Aquisgrana (751-812)*, in «Bullettino dell'Istituto Storico Italiano per il Medioevo», 12 (2010), pp. 1-56.

Francesco Borri, *Gli Istriani e i loro parenti. Φράγγοι, Romani e Slavi nella periferia di Bisanzio*, in «Jahrbuch der Österreichischen Byzantinistik», 60 (2010), pp. 1-25.

Francesco Borri, *Towns and Identities in the Italian Eastland: 790-810*, in *Urban Identities in Northern Italy (800-1100 ca.)*, edited by Cristina La Rocca and Piero Majocchi, Turnhout, Brepols, 2015 (SAAME, 5), pp. 79-99.

Francesco Borri, *Alboino. Frammenti di un racconto (secoli VI-XI)*, Roma, Viella, 2016 (Altomedioevo, 8).

Francesco Borri, *The Waterfront of Istria: Sea and Identity in the post-Roman Adriatic*, in *Venice and Its Neighbors*, pp. 51-67.

Angela Borzacconi, *La riorganizzazione territoriale del patriarcato di Aquileia. Insediamenti rurali e centri urbani tra IX e XI secolo*, in «Hortus Artium Medievalium», 20 (2014), pp. 272-290.

François Bougard, *Tesori e* mobilia *italiani nell'alto medioevo*, in *Tesori. Forme di accumulazione della ricchezza nell'alto medioevo (secoli VI-XI)*, a cura di François Bougard e Cristina La Rocca, Roma, Viella, 2005 (Altomedioevo, 3), pp. 69-122.

Giuseppe Bovini, *Grado paleocristiana*, Bologna, Pàtron Editore, 1973.

Charles R. Bowlus, *Franks, Moravians, and Magyars: The Struggle for the Middle Danube, 788-907*, Philadelphia, University of Pennsylvania Press, 1995.

Susan A. Boyd, *Literary Evidence for Silver Tomb Revetments*, in *Θυμίαμα στη μνήμη της Λασκαρίνας Βούρας*, Αθήνα, Μουσείο Μπέναχη, 1994, pp. 35-37.

Wolfram Brandes, *Die Stadt Kleinasiens im 7. und 8. Jahrhundert*, Amsterdam, J.C. Gieben, 1989 (Berliner Byzantinische Arbeiten, 46).

Rajtko Bratož, *La cristianizzazione degli Slavi negli atti del convegno* "ad ripas Danubii", in *XII centenario*, pp. 145-190.

Joseph Braun, *Der christliche Altar in seiner geschichtlichen Entwicklung*, München, Alte Meister Günther Koch, 1924.

Gian Pietro Brogiolo, *L'architecture en Italie du Nord entre Lombards et Carolingiens*, in *Charlemagne: les temps, les espaces, les hommes. Construction et déconstruction d'un règne*, sous la direction de Rolf Grosse et Michel Sot, Turnhout, Brepols, 2018 (Haut Moyen Âge, 34), pp. 291-318.

Gian Pietro Brogiolo, *Dai castelli dei Venetici a Venezia. Tra fonti scritte e archeologia*, in Academica Libertas. *Essais en l'honneur du Professeur Javier Arce*, sous la direction de Dominic Moreau, Raúl González Salinero et Jean Yves Marc, Turnhout, Brepols, 2020 (Bibliothèque de l'Antiquité Tardive, 39), pp. 293-313.

Gian Pietro Brogiolo, Aurora Cagnana, *Nuove ricerche sull'origine di Grado*, in *L'Adriatico*, pp. 79-108.

Gian Pietro Brogiolo, Aurora Cagnana, *Le fortificazioni del* castrum *di Grado*, in *Ai confini dell'Impero. Insediamenti e fortificazioni bizantine nel Mediterraneo occidentale (sec. VI-VIII)*, a cura di Carlo Varaldo, Atti del Convegno di Studio (Genova – Bordighera, 14-17 maggio 2002), Bordighera, Istituto Internazionale di Studi Liguri, 2011 (Atti dei Convegni dell'Istituto Internazionale di Studi Liguri, 9), pp. 467-507.

Gian Pietro Brogiolo, Sauro Gelichi, *Nuove ricerche sui castelli altomedievali dell'Italia settentrionale*, Firenze, All'Insegna del Giglio, 1996.

Leslie Brubaker, *Textiles*, in *Byzantium in the Iconoclast Era (c. 680-850): The Sources. An Annotated Survey*, edited by Leslie Brubaker and John F. Haldon, Aldershot-Burlington USA-Singapore-Sydney, Ashgate, 2001, pp. 80-108.

Giordano Brunettin, *Il cosiddetto testamento del Patriarca Fortunato II di Grado (825)*, in «Memorie Storiche Forogiuliesi», 71 (1991), pp. 31-123.

Giovanni Brusin, Paolo Lino Zovatto, *Monumenti paleocristiani di Aquileia e di Grado*, Udine, Deputazione di Storia Patria per il Friuli, 1957.

Neven Budak, *One More Renaissance? Dalmatia and the Revival of the European Economy*, in *Imperial Spheres*, pp. 174-191.

Gudrun Bühl, *Ivories of the So-Called Grado Chair*, in *Byzantium and Islam: Age of Transition, 7th-9th Century*, edited by Helen C. Evans and Brandie Ratliff, New Haven-London, Yale University Press, 2012, pp. 45-50.

Maurizio Buora, *Ipotesi sul porto bizantino di Aquileia*, in «Studia Universitatis Hereditati», 2 (2014), pp. 10-21.

Maurizio Buora, *Fortunato II, Grado e il dono delle reliquie da Gerusalemme*, in «Ce fastu?», 93 (2017), pp. 35-47.

Maurizio Buora, *Water (and Harbors) around Roman Aquileia*, in *En ningún lugar ... Caraca y la romanización de la* Hispania interior, editado por Emilio G. Pazos, Javier F. Ortea y David Á. Jiménez, Guadalajara, Editores del Henares, 2019, pp. 563-576.

Aurora Cagnana, Tiziano Mannoni, Emanuela Sibilia, *Metodi di datazione delle opere murarie dei battisteri paleocristiani*, in *L'edificio battesimale in Italia. Aspetti e problemi*, Atti dell'VIII Congresso Nazionale di Archeologia Cristiana (Genova, Sarzana, Albenga, Finale Ligure, Ventimiglia – 21-26 settembre 1998), Bordighera, Istituto Internazionale di Studi Liguri, 2001 (Atti dei Convegni dell'Istituto Internazionale di Studi Liguri, 5), pp. 881-883.

Jean-Pierre Caillet, *L'évergétisme monumental chrétien en Italie et à ses marges d'après l'épigraphie des pavements de mosaïque (IVe-VIe s.)*, Rome, École française de Rome, 1993 (Collection de l'École française de Rome, 175).

Jean-Pierre Caillet, *L'art carolingien*, Paris, Flammarion, 2005.

Jean-Pierre Caillet, *De l'*antependium *au retable: la contribution des orfèvres et émailleurs d'Occident*, in «Cahiers de Civilisation Médiévale», 49 (2006), pp. 3-20.

Jean-Pierre Caillet, *Gli avori: circolazione, contatti, testimonianze*, in *Carlo Magno e le Alpi*, Atti del XIII Congresso Internazionale di Studi sull'Alto Medioevo (Susa, 16-20 ottobre 2006 – Novalesa, 21 ottobre 2006), Spoleto, CISAM, 2007, pp. 399-412.

Diego Calaon, Margherita Ferri, Corinna Bagato, *SS. Ilario e Benedetto (IX secolo). Un monastero del nascente dogado veneziano tra terra e laguna*, in *V Congresso Nazionale di Archeologia Medievale (Foggia-Manfredonia, 30 settembre – 3 ottobre 2009)*, a cura di Giulio Volpe e Pasquale Favia, Borgo San Lorenzo, All'Insegna del Giglio, 2009, pp. 498-504.

Nenad Cambi, *Triconch Churches on the Eastern Adriatic*, in *Actes du Xe Congres Internationale d'Archéologie Chrétienne* (Thessalonique 28 septembre – 4 octobre 1980), Cité du Vatican, Pontificio Istituto di Archeologia Cristiana, 1984 (Studi di Antichità Cristiana XXXVII), pp. 45-54.

Paolo Cammarosano, *Nobili e re. L'Italia politica dell'alto medioevo*, Roma-Bari, Laterza, 1998.

Carlo Candiani, *Antichi titoli delle chiese*, in *Culto dei santi a Venezia*, a cura di Silvio Tramontin, Antonio Niero, Giovanni Musolino e Carlo Candiani, Venezia, Edizioni Studium Cattolico Veneziano, 1965, pp. 99-131.

Gisella Cantino Wataghin, *Fra tarda antichità e medioevo*, in *Storia di Venezia*, pp. 321-363.

Gisella Cantino Wataghin, *Le "basiliche doppie" paleocristiane nell'Italia settentrionale: la documentazione archeologica*, in «Antiquité Tardive», 4 (1996), pp. 115-123.

Gisella Cantino Wataghin, *Istituzioni monastiche nel Friuli altomedievale: un'indagine archeologica*, in *Paolo Diacono*, pp. 281-319.

Gisella Cantino Wataghin, *Architecture and Power: Churches in Northern Italy from the 4th to the 6th c.*, in *Social and Political Life in Late Antiquity*, edited by Will Bowden, Adam Gutteridge and Carlos Machado, Leiden-Boston, Brill, 2006, pp. 287-309.

Gisella Cantino Wataghin, Vincenzo Fiocchi Nicolai, Giuliano Volpe, *Aspetti della cristianizzazione degli abitati secondari*, in *La cristia-*

nizzazione in Italia tra Tardoantico e Altomedioevo, a cura di Rosa Maria Bonacasa Carra e Emma Vitale, Atti del IX Congresso Nazionale di Archeologia Cristiana (Agrigento, 20-25 novembre 2004), Palermo, Carlo Saladino Editore, 2007, pp. 82-134.

Giuseppe Cappelletti, *Storia della chiesa di Venezia dalle origini ai nostri giorni*, Venezia, Monastero Armeno di S. Lazzaro, 1853.

Antonio Carile, *Produzione e usi della porpora nel mondo bizantino*, in *La porpora. Realtà e immaginario di un colore simbolico*, a cura di Oddone Longo, Atti del Convegno di Studio (Venezia, 24-25 ottobre 1996), Venezia, Istituto Veneto di Scienze, Lettere ed Arti, 1998, pp. 243-269.

Antonio Carile, *Il testamento del doge Giustiniano [Particiaco]*, in *L'indagine e la rima. Scritti per Lorenzo Braccesi*, a cura di Flavio Raviola, Andrea Debiasi, Maddalena Bassani e Elena Pastoria, Roma, L'Erma di Bretschneider, 2013 (Hesperia, 30), pp. 329-332.

Marie-Brigitte Carre, Franca Maselli Scotti, *Il porto di Aquileia: dati antichi e ritrovamenti recenti*, in «Antichità Altoadriatiche», 46 (2001), pp. 211-243.

Francesco Castellan, *La selezione dei beni culturali. Il restauro delle Basiliche di Aquileia e Grado*, Milano, Franco Angeli, 1988.

XII Centenario del concilio di Cividale (796-1996). Convegno storico-teologico, a cura di Sandro Piussi, Udine, Deputazione di Storia Patria per il Friuli, 1998.

Roberto Cessi, *Venezia ducale*, I. *Duca e popolo*, Venezia, Istituto di Studi Adriatici, 1963.

Paolo Chiesa, Passio Hermachorae et Fortunati, in *Le passioni dei martiri aquileiesi e istriani*, 1, a cura di Emanuela Colombi, Roma, Istituto Storico per il Medio Evo – Istituto Pio Paschini per la Storia della Chiesa in Friuli, 2008, pp. 133-199.

Paolo Chiesa, Passio Quirini, in *Le passioni dei martiri aquileiesi e istriani*, 2, a cura di Emanuela Colombi, Roma, Istituto Storico per il Medio Evo – Istituto Pio Paschini per la Storia della Chiesa in Friuli, 2013, pp. 499-583.

Evangelos Chrysos, *Καρλομάγνος, Βυζάντιο και Βενετία*, in *Ενθύμησις Νικολάου Μ. Παναγιωτάκη*, edited by Stefanos Kaklamanis, Nikolaos Markopoulos and Yannis Mavromatis, Ηράκλειο, Πανεπιστημιακές Εκδόσεις Κρήτης, 2000, pp. 813-842.

Enrico Cirelli, *Anfore medievali rinvenute a Ravenna e nell'area centroadriatica*, in «Archeologia Medievale», 45 (2018), pp. 35-46.

Armand O. Citarella, Henry M. Villard, *The Ninth-Century Treasure of Monte Cassino in the Context of Political and Economic Develop-*

ments in South Italy, Montecassino, Pubblicazioni Cassinesi, 1983 (Miscellanea Cassinese, 30).

Emanuela Colombi, *Storie di cronache e reliquie nella* Venetia *altomedievale*, Trieste, Editreg, 2012.

Elisa Corrò, Cecilia Moine, *Il territorio di Sant'Ilario attraverso le carte*, in *Paesaggi artificiali*, pp. 59-81.

Elisa Corrò, Cecilia Moine, Sandra Primon, *Fragili equilibri. Sant'Ilario nel contesto storico e territoriale della laguna di Venezia*, in *Paesaggi artificiali*, pp. 203-218.

Monica Cortelletti, *Santa Maria delle Grazie a Grado*, in «Antichità Altoadriatiche», 62 (2006), pp. 335-364.

Salvatore Cosentino, *Prosopografia dell'Italia bizantina (493-804), A-F*, Bologna, Lo Scarabeo, 1996.

Salvatore Cosentino, *Credito e finanza a Napoli in una lettera di papa Gregorio Magno*, in Mare et Litora. *Essays Presented to Sergei Karpov for his 60th Birthday*, edited by Rustam Shukurov, Moscow, INDRIK, 2009, pp. 149-156.

Salvatore Cosentino, *Ricchezza e investimento della chiesa di Ravenna tra la tarda antichità e l'alto medioevo*, in *From One Sea to Another: Trading Places in the European and Mediterranean Early Middle Ages*, edited by Sauro Gelichi and Richard Hodges, Proceedings of the International Conference (Comacchio, 27th-29th March 2009), Turnhout, Brepols, 2012, pp. 417-439.

Salvatore Cosentino, *Constans II, Ravenna's Autocephaly and the Panel of the Privileges of St. Apollinare in Classe: A Reappraisal*, in Aureus. *Τόμος αφιερωμένος στον Καθηγητή Ευάγγελο Κρυσό*, edited by Taxiarchis G. Kolias, Konstantinos G. Pitsakis and Katerina Synelli, Εθνικό Ίδρυμα Ερευνών, Αθήνα, 2014, pp. 153-169.

Salvatore Cosentino, *Tipologie, uomini e oggetti della mercatura ravennate tra la tarda Antichità e gli Ottoni*, in *L'héritage byzantin en Italie (VIIIe-XIIe siècle), IV. Habitat et structure agraire*, sous la direction de Jean-Marie Martin, Annick Peters-Custot et Vivien Prigent, Rome, École française de Rome, 2017 (Collection de l'École française de Rome, 531), pp. 343-362.

Salvatore Cosentino, *Insularity, Economy and Social Landscape in the Early Byzantine Period*, in «Rivista di Studi Bizantini e Neoellenici», 55 (2018), pp. 89-104.

Daniela Cottica, Marco Marchesini, Silvia Marvelli, *Novità archeologiche sull'uso dell'acqua ad Aquileia (e nel mondo romano): le vasche per la macerazione della canapa sulla sponda orientale del* Natiso cum Turro, in «Antichità Altoadriatiche», 88 (2018), pp. 153-166.

Joseph Croquison, *L'iconographie chrétienne à Rome d'après le* Liber Pontificalis, in «Byzantion», 34 (1964), pp. 535-606.

Walter E. Crum, Quadrapulus, in «Zeitschrift der deutschen morgenländischen Gesellschaft», 62 (1890), pp. 552-554.

Culto cristiano e politica imperiale carolingia, Atti del XVIII Convegno del Centro di Studi sulla Spiritualità Medievale dell'Università degli Studi di Perugia (Perugia, 9-12 ottobre 1977), Todi, Accademia Tudertina, 1979.

Walter Cupperi, *"Visibilità" e "tesaurizzazione" negli altari alla luce d'alcuni casi di reimpiego tra Roma e Milano (IX-XII secolo)*, in «Sanctorum», 2 (2005), pp. 33-54.

Florin Curta, *A Note on Trade and Trade Centers in the Eastern Adriatic Region between the Eight and the Ninth Century*, in «Hortus Artium Medievalium», 16 (2010), pp. 267-276.

Giuseppe Cuscito, *L'argenteria paleocristiana nella valle del Po*, in «Antichità Altoadriatiche», 3 (1973), pp. 295-317.

Giuseppe Cuscito, *Cristianesimo antico ad Aquileia e in Istria*, Trieste, Deputazione di Storia Patria per la Venezia Giulia, 1977 (Fonti e Studi per la Storia della Venezia Giulia, Serie 2, Studi 3).

Giuseppe Cuscito, *Prospettive ecclesiologiche nella riforma liturgica di Paolino d'Aquileia (782-802)*, in *Culto*, pp. 223-263.

Giuseppe Cuscito, *La fede calcedonese e i concili di Grado (579) e di Marano (591)*, in «Antichità Altoadriatiche», 17 (1980), pp. 207-230.

Giuseppe Cuscito, *Paolino di Aquileia nelle sinodi di Francoforte e di Cividale*, in *Atti del Convegno internazionale di studio su Paolino d'Aquileia nel XII centenario dell'episcopato*, a cura di Giuseppe Fornasir, Udine, Istituto di Storia Sociale e Religiosa, 1988, pp. 145-160.

Giuseppe Cuscito, *Aquileia e la cristianizzazione degli Slavi*, in «Atti e Memorie della Società Istriana di Storia Patria», n.s. 36 (1988), pp. 37-75.

Giuseppe Cuscito, *L'origine degli episcopati lagunari tra archeologia e cronachistica*, in «Antichità Altoadriatiche», 36 (1990), pp. 157-174.

Giuseppe Cuscito, *Le iscrizioni medievali dei patriarchi tra Aquileia e Grado*, in «Aquileia Nostra», 62 (1991), cc. 141-188.

Giuseppe Cuscito, *La Chiesa aquileiese*, in *Storia di Venezia*, pp. 367-407.

Giuseppe Cuscito, *Martiri cristiani ad Aquileia e in Istria. Documenti archeologici e questioni agiografiche*, Udine, Del Bianco Editore, 1992.

Giuseppe Cuscito, In castro Gradensi ac plebe sua*: lo sviluppo urbanistico del castrum di Grado dalla Tarda Antichità all'Alto Medioevo*, in *Paolo Diacono*, pp. 337-406.

Giuseppe Cuscito, *Origine e sviluppo del culto dei santi Cosma e Damiano. Testimonianze nella* Venetia et Histria, in *San Michele in Africisco e l'età giustinianea a Ravenna*, a cura di Claudio Spadoni e Linda Kniffitz, Cinisello Balsamo, Silvana Editoriale, 2007, pp. 99-111.

Giuseppe Cuscito, Signaculum Fidei. *L'ambiente cristiano delle origini nell'alto Adriatico. Aspetti e problemi*, Trieste, Editreg, 2009.

Giuseppe Cuscito, *Ancora sul ciborio del vescovo Maurizio a Cittanova d'Istria*, in *L'VIII secolo: un secolo inquieto*, a cura di Valentino Pace, Cividale del Friuli, Comune di Cividale del Friuli, 2010, pp. 109-113.

Anthony Cutler, *Gifts and Gift Exchange as Aspects of Byzantine, Arab, and Related Economies*, in «Dumbarton Oaks Papers», 55 (2001), pp. 247-278.

Andrea Da Mosto, *L'archivio di Stato di Venezia, 2. Indice generale, storico, descrittivo ed analitico*, Roma, Biblioteca d'Arte Editrice, 1940.

Jean Darrouzès, *Listes épiscopales du concile de Nicée (787)*, in «Revue des Études Byzantines», 33 (1975), pp. 5-76.

Jennifer R. Davis, *Charlemagne's Practice of Empire*, Cambridge, Cambridge University Press, 2015.

Sible de Blaauw, Campanae supra urbem. *Sull'uso delle campane nella Roma medievale*, in «Rivista della Storia della Chiesa in Italia», 47 (1993), pp. 367-414.

Sible de Blaauw, Cultus et Decor. *Liturgia e architettura nella Roma tardoantica e medievale.* Basilica Salvatoris, Sanctae Mariae, Sancti Petri, Città del Vaticano, Biblioteca Apostolica Vaticana, 1994 (Studi e Testi, 355-356).

Sible de Blaauw, *L'altare nelle chiese di Roma come centro di culto e della committenza papale*, in *Roma nell'alto Medioevo*, Spoleto, CISAM, 2001 (Settimane di Spoleto, 48), pp. 969-989.

Sible de Blaauw, *Altar Imagery in Italy before the Altarpiece*, in *The Altar and Its Environment, 1150-1400*, edited by Justin E.A. Kroesen and Victor M. Schmidt, Turnhout, Brepols, 2009, pp. 47-55.

Mayke de Jong, *Charlemagne's Church*, in *Charlemagne: Empire and Society*, edited by Joanna Story, Manchester-New York, Manchester University Press, 2005, pp. 103-135.

Francesca Dell'Acqua, *The* Carbunculus *(Red Garnet) and the Double Nature of Christ in the Early Medieval West*, in «Konsthistorisk tidskrift / Journal of Art History», 86 (2017), pp. 158-172.

Simone Dellagiacoma, *Fortunato da Trieste, Patriarca di Grado (803-825). Frammento della storia dei Carolingi in Italia*, in «Archeografo Triestino», 3 (1872-1875), pp. 317-397.

Paolo Delogu, *Oro e argento in Roma tra il VII ed il IX secolo*, in *Cultura e società nell'Italia medievale. Studi per Paolo Brezzi*, Roma, Istituto Storico Italiano per il Medio Evo, 1988 (Studi Storici, 184-187), pp. 273-293.

Paolo Delogu, *L'importazione di tessuti preziosi e il sistema economico romano nel IX secolo*, in *Roma medievale. Aggiornamenti*, a cura di Paolo Delogu, Firenze, All'Insegna del Giglio, 1998, pp. 123-141.

Paolo Delogu, *Rome in the Ninth Century: the Economic System*, in *Post-Roman Towns*, pp. 105-122.

Paolo Delogu, *Il mancoso è ancora un mito?*, in *774. Ipotesi*, pp. 141-159.

Paolo Delogu, *Le origini del Medioevo. Studi sul settimo secolo*, Roma, Jouvence, 2010.

Giovanni Battista de Rossi, *Le insigni capselle reliquiario scoperte in Grado*, in «Bollettino di Archeologia Cristiana», ser. 2, 4 (1872), pp. 155-158.

Johannes Diethart, *Lexikalische Rara in drei byzantinischen Mitgift- und Heiratsgut-Listen des 6.-8. Jh. aus der Wiener Papyrus-Sammlung*, in «Jahrbuch der Österreichischen Byzantinistik», 13 (1983), pp. 7-14.

Alessandro Di Muro, *Economia e mercato nel Mezzogiorno longobardo (secc. VIII-IX)*, Salerno, Laveglia & Carlone, 2009.

Alessandro Di Muro, *La terra, il mercante e il sovrano. Economia e società nell'VIII secolo longobardo*, Potenza, Basilicata University Press, 2020.

Diana Dobreva, Anna Riccato, *Aquileia e il Vicino Oriente. Il commercio di prodotti levantini in area adriatica*, in «Aquileia Nostra», 86 (2015), pp. 111-139.

Wladimiro Dorigo, *La cosiddetta "cattedra di San Marco"*, in «Venezia Arti», 3 (1989), pp. 5-13.

Wladimiro Dorigo, *L'architettura della basilica di Aquileia*, in «Antichità Altoadriatiche», 38 (1992), pp. 191-213.

Wladimiro Dorigo, In flumina et fossas. *La navigazione endolagunare tra Chioggia e Aquileia in età romana e medioevale*, in «Aquileia Nostra», 64 (1994), cc. 81-140.

Wladimiro Dorigo, *Venezie sepolte nella terra del Piave: duemila anni fra il dolce e il salso*, Roma, Viella, 1994.

Wladimiro Dorigo, *Le opere del patriarca Fortunato II in Grado*, Florilegium Artium. *Scritti in memoria di Renato Polacco*, a cura di Giordana Trovabene, Padova, Il Poligrafo, 2006, pp. 89-96.

Stephanos Efthymiadis, *Ευωδίου Μοναχού. Οι 42 Μάρτυρες του Αμορίου*, Αθήνα, Εκδόσεις Ακρίτας, 1989.

Victor H. Elbern, *Werke liturgischer Goldschmiedekunst in karolingischer Zeit*, in *Culto*, pp. 303-336.

Victor H. Elbern, s.v. *Pisside*, in *Enciclopedia dell'Arte Medievale*, IX. *Osso-Ribāṭ*, Roma, Istituto dell'Enciclopedia Italiana Treccani, 1998, pp. 433-435.

Judson J. Emerick, *Altars Personified: The Cult of the Saints and the Chapel System in Pope Paschal's I S. Prassede (817-819)*, in *Archaeology in Architecture: Studies in Honor of Cecil L. Striker*, edited by Judson J. Emerick and Deborah M. Deliyannis, Mainz am Rhein, Verlag Philipp von Zabern, 2005, pp. 43-63.

Johannes H. Emminghaus, *Brandeum*, in *Lexicon des Mittelalters* 2 (1983), pp. 563-564.

Stefan Esders, *Regionale Selbstbehauptung zwischen Byzanz und dem Frankenreich. Die* inquisitio *der Rechtsgewohnheiten Istriens durch die Sendboten Karls des Großen und Pippins von Italien*, in *Eid und Wahrheitssuche: Studien zu rechtlichen Befragungspraktiken im Mittelalter und früher Neuzeit, Gesellschaft, Kultur und Schrift*, herausgegeben von Stefan Esders und Thomas Scharff, Frankfurt am Main, Peter Lang, 1999, pp. 49-112.

Nicholas Everett, *Literacy in Lombard Italy, c. 568-774*, Cambridge, Cambridge University Press, 2003.

Nicholas Everett, *Paulinus, the Carolingians and* Famosissima Aquileia, in *Paolino d'Aquileia e il contributo italiano all'Europa carolingia*, a cura di Paolo Chiesa, Atti del Convegno internazionale di Studio (Cividale del Friuli – Premariacco, 10-13 ottobre 2002), Udine, Forum, 2003, pp. 115-154.

Eugen Ewig, Descriptio Franciae, in *Karl der Grosse. Lebenswerk und Nachleben: Persönlichkeit und Geschichte*, herausgegeben von Helmut Beumann, Düsseldorf, Schwann, 1965, pp. 143-177.

Ettore Falconi, *Il testamento del Vescovo Elbunco. Note sulla scrittura parmense nei secoli X e XI*, in «Archivio Storico per le Province Parmensi», s. 4, 9 (1957), pp. 59-63.

Raffaella Farioli Campanati, *Le tombe dei vescovi di Ravenna dal Tardoantico all'Alto Medioevo*, in *L'inhumation privilégiée du IVe au VIIIe siècle en Occident*, sous la direction de Yvette Duval et Jean-Charles Picard, Actes du colloque tenu à Créteil les 16-18 mars 1984, Paris, De Boccard, 1986, pp. 165-172.

Giorgio Fedalto, *Organizzazione ecclesiastica e vita religiosa nella* "Venetia Maritima", in *Le origini di Venezia*, a cura di Antonio Carile e Giorgio Fedalto, Bologna, Patron, 1978, pp. 215-415.

Giorgio Fedalto, *Origine, funzionamento e problemi del patriarcato (secoli V-X)*, in *Paolo Diacono*, pp. 128-152.

Jadran Ferluga, *L'Istria tra Giustiniano e Carlo Magno*, in «Arheološki Vestnik», 43 (1992), pp. 175-190.

Giovanna Ferri, *La pavimentazione musiva del battistero di Grado: schemi geometrici e motivi riempitivi*, in «Antichità Altoadriatiche», 92 (2020), pp. 205-218.

Paul-Albert Février, *Baptistères, martyrs et reliques*, in «Rivista di Archeologia Cristiana», 52 (1986), pp. 109-137.

Robin Fleming, *Writing Biography at the Edge of History*, in «American Historical Review», 114 (2009), pp. 606-614.

Fausto Franco, *La basilica di Grado, caposaldo architettonico dell'estuario veneto*, in *Atti del V Convegno Nazionale di Storia dell'Architettura (Perugia, 23 settembre 1948)*, Firenze, Noccioli Editore, 1957, pp. 263-273.

Carlo Gaberscek, *La scultura dell'alto Medioevo a Grado*, in «Antichità Altoadriatiche», 17 (1980), pp. 381-397.

Danielle Gaborit-Chopin, *L'orfèvrerie cloisonnée à l'époque carolingienne*, in «Cahiers Archéologiques», 29 (1980-1981), pp. 5-26.

Danielle Gaborit-Chopin, *Les trésors de Neustrie du VII*[e] *au IX*[e] *siècle d'après les sources écrites: orfèvrerie et sculpture en ivoire*, in *La Neustrie. Les pays au nord de la Loire de 650 è 850*, sous la direction de Hartmut Atsma, Sigmaringen, Thorbecke, 1989 (Beihefte der Francia, 16), pp. 260-293.

Dario Gaddi, *Approdi nella laguna di Grado*, in «Antichità Altoadriatiche», 46 (2001), pp. 261-275.

Germana Gandino, *Il vocabolario politico e sociale di Liutprando di Cremona*, Roma, Istituto Storico Italiano per il Medio Evo, Roma, 1995.

Francesco Gandolfo, *Cosa è giunto fino a noi. Distruzioni e perdite*, in *Arti e storia nel Medioevo*, IV. *Il Medioevo al passato e al presente*, a cura di Enrico Castelnuovo e Giuseppe Sergi, Torino, Giulio Einaudi Editore, pp. 33-76.

Stefano Gasparri, *Venezia tra i secoli VIII e IX. Una riflessione sulle fonti*, in *Studi veneti*, pp. 3-18.

Stefano Gasparri, *Venezia fra l'Italia bizantina e il regno italico: la* civitas *e l'assemblea*, in *Venezia. Itinerari per la storia della città*, a cura di Stefano Gasparri, Giovanni Levi e Pierandrea Moro, Bologna, il Mulino, 1997, pp. 61-82.

Stefano Gasparri, *Italia longobarda. Il regno, i Franchi, il papato*, Roma-Bari, Laterza, 2012.

Stefano Gasparri, *The Formation of an Early Medieval Community: Venice between Provincial and Urban Identity*, in *Three Empires, Three Cities*, pp. 35-50.

Stefano Gasparri, *I mercanti nell'Italia longobarda e carolingia*, in *La fabrique des sociétés médiévales méditerranéennes*, sous la direction de Diane Chamboduc de Saint Pulgent et Marie Dejoux, Paris, Éditions de la Sorbonne, 2018, pp. 37-47.

Stefano Gasparri, *Desiderio*, Roma, Salerno Editrice, 2019.

Simona Gavinelli, *Il gallo di Ramperto: potere, simboli e scrittura a Brescia nel secolo IX*, in Margarita amicorum. *Studi di cultura europea per Agostino Sottili*, a cura di Fabio Forner, Carla M. Monti e Paul G. Schmidt, Milano, Vita e Pensiero, 2005, pp. 401-427.

Herman Geertman, More Veterum. *Il* Liber Pontificalis *e gli edifici ecclesiastici di Roma nella tarda Antichità e nell'alto Medioevo*, Groningen, Tjeenk Willink, 1975 (Archaeologia Traiectina, 10).

Herman Geertman, *L'illuminazione della basilica paleocristiana secondo il* Liber Pontificalis, in «Rivista di Archeologia Cristiana», 64 (1988), pp. 135-160.

Sauro Gelichi, *The Eels of Venice. The Long Eight in the Emporia of the Northern Region Along the Adriatic Coast*, in *774. Ipotesi*, pp. 81-117.

Sauro Gelichi, *Local and Interregional Exchange in the Lower Po Valley, Eight-Ninth Centuries*, in *Trade and Markets in Byzantium*, edited by Cécile Morrisson, Washington D.C., Dumbarton Oaks, 2012, pp. 219-232.

Sauro Gelichi, Lupicinus presbiter. *Una breve nota sulle istituzioni ecclesiastiche comacchiesi delle origini*, in *Ricerca come incontro. Archeologi, paleografi e storici per Paolo Delogu*, a cura di Giulia Barone, Anna Esposito e Carlo Frova, Roma, Viella, 2013, pp. 41-60.

Sauro Gelichi, *Paesaggio e insediamenti nell'arco adriatico nell'alto medioevo: osservazioni su alcuni paradigmi*, in «Antichità Altoadriatiche», 62 (2013), pp. 163-179.

Sauro Gelichi, *La storia di una nuova città attraverso l'archeologia: Venezia nell'alto medioevo*, in *Three Empires, Three Cities*, pp. 51-89.

Sauro Gelichi, *Societies at the Edge: New Cities in the Adriatic Sea during the Early Middle Ages (8th-9th Centuries)*, in *New Directions in Early Medieval European Archaeology: Spain and Italy Compared. Essays for Riccardo Francovich*, edited by Sauro Gelichi and Richard Hodges, Turnhout, Brepols, 2015 (Haut Moyen Âge, 24), pp. 285-299.

Sauro Gelichi, *Castles on the Water? Defences in Venice and Comacchio in the Early Middle Ages*, in *Fortified Settlements in Early Medieval Europe: Defended Communities in the 8th-10th Centuries*, edited by Neil Christie and Hajnalk Herold, Oxford-Philadelphia, Oxbow Books, 2016, pp. 263-276.

Sauro Gelichi, *Comacchio: A Liminal Community in a Nodal Point during the Early Middle Ages*, in *Venice and Its Neighbors*, pp. 142-167.

Sauro Gelichi, *Mari chiusi, economie aperte? L'Adriatico nell'alto medioevo attraverso l'archeologia*, in *Adriatico altomedievale (VI-XI secolo). Scambi, porti, produzioni*, a cura di Sauro Gelichi e Claudio Negrelli, Venezia, Edizioni Ca' Foscari, 2017, pp. 9-14.

Sauro Gelichi, *'Les revenentes': merci, anfore e commerci in Italia e nel Mediterraneo nell'alto Medioevo*, in «Archeologia Medievale», 45 (2018), pp. 307-313.

Sauro Gelichi, *Il vescovo Stefano e Comacchio nel IX secolo*, in *I Longobardi*, pp. 293-314.

Sauro Gelichi, *The Northern Adriatic Area between the Eight and the Ninth Century. New Landscapes, New Cities*, in *Byzantium, Venice and the Medieval Adriatic. Spheres of Maritime Power and Influence, c. 700-1453*, edited by Magdalena Skoblar, Cambridge, Cambridge University Press, 2021 (British School at Athens Studies in Greek Antiquity, 2) pp. 111-132.

Sauro Gelichi, Cecilia Moine, *Isole fortunate? La storia della laguna nord di Venezia attraverso lo scavo di San Lorenzo di Ammiana*, in «Archeologia Medievale», 39 (2012), pp. 9-56.

Sauro Gelichi, Claudio Negrelli, Margherita Ferri, Silvia Cadamuro, Alessandra Cianciosi, Elena Grandi, *Importare, produrre e consumare nella laguna di Venezia dal IV al XII secolo. Anfore, vetri e ceramiche*, in *Adriatico altomedievale*, pp. 23-113.

Richard Gem, *Architecture of the Anglosaxon Church, 735 to 870. From Archbishop Ecgberth to Archbishop Ceolnoth*, in «Journal of the British Archaeological Association», 146 (1993), pp. 29-66.

Richard Gem, *Staged Timber Spires in Carolingian North-East France and Late Anglo-Saxon England*, in «Journal of the British Archaeological Association», 148 (1995), pp. 29-54.

Margarita Gleba, Auratae vestes*: Gold Textiles in the Ancient Mediterranean*, in *Vestidos, textiles y tintes. Estudios sobre la producción de bienes de consume en la Antigüedad*, editado por Carmen Alfaro Giner y Liliana Karali, Actes del II Symposium Internacional sobre Textiles y Tintes del Mediterráneo en el mundo antiguo (Atenas, 24 al 26 de noviembre, 2005), València, Universitat de València – Servei de Publicacions, 2008 (Purpurae Vestes. Textiles and Dyes in Antiquity, 2), pp. 61-77.

Henri L. Gonin, Excerpta Agnelliana. *The Ravennate* Liber Pontificalis *as A Sources for the History of Art*, Utrecht, Kemink, 1933.

Theodor Gottlob, *Die abendländische Chorepiskopat*, Bonn, Kurt Schroeder Verlag, 1928.

Michel Gravel, *Distances, rencontres, communications. Réaliser l'Empire sous Charlemagne et Louis le Pieux*, Turnhout, Brepols, 2015 (Haut Moyen Âge, 15).

Philip Grierson, *Carolingian Europe and the Arabs: The Myth of the* Mancus, in «Revue Belge de Philologie et d'Histoire», 32 (1954), pp. 1059-1074.

Stefan Groh, *Forschungen zur Urbanistik und spätantik-byzantinischen Fortifikation von Aquileia (Italien)*, in «Jahreshefte des Österreichischen Archäologischen Instituts in Wien», 81 (2012), pp. 67-97.

Federico Guidobaldi, *I* cyboria *d'altare a Roma fino al IX secolo*, in «Mededelingen van het Nederlands Instituut te Rome», 59 (2000), pp. 55-69.

Federico Guidobaldi, Sectilia pavimenta *tardoantichi e paleocristiani a piccolo modulo dell'Italia settentrionale*, in «Rivista di Archeologia Cristiana», 85 (2009), pp. 355-420.

Robert Guilland, *Sur quelques termes du Livre des Cérémonies du Constantine VII Porphyrogénète*, in «Revue des Études Grecques», 62 (1949), pp. 328-350.

André Guillou, *Régionalisme et indépendance dans l'Empire byzantin au VIIe siècle : l'exemple de l'Exarchat et de la Pentapole d'Italie*, Rome, Istituto Storico Italiano per il Medio Evo, 1969.

John F. Haldon, *The Idea of the Town in the Byzantine Empire*, in *The Idea and Ideal of the Town between Late Antiquity and the Early Middle Ages*, edited by Gian Pietro Brogiolo and Bryan Ward-Perkins, Leiden-Boston-Köln, Brill, 1999 (The Transformation of the Roman World, 9), pp. 1-23.

John F. Haldon, *Byzantium in the Seventh Century. The Transformation of a Culture*, Cambridge, Cambridge University Press, 1990.

John F. Haldon, *The Empire That Would Not Die: The Paradox of the Eastern Roman Survival, 640-740*, Cambridge (Mass.)-London, Harvard University Press, 2016.

François Halkin, *Passion inédite des quarante-deux martyrs d'*Amorium, in *Hagiologie byzantine. Textes inédits, publiés en grec et traduits en français*, sous la direction de François Halkin, Bruxelles, Société des Bollandistes, 1986 (Subsidia Hagiographica, 71), pp. 152-169.

Judith Herrin, *Constantinople and the Treatment of Hostages, Refugees and Exiles during Late Antiquity*, in *Constantinople réelle et imaginaire. Autour de l'œuvre de Gilbert Dagron*, Paris, Association des

Amis du Centre d'Histoire et Civilisation de Byzance, 2018 (Travaux et Mémoires, 22/1), pp. 739-756.

Richard Hodges, *Adriatic Sea Trade in an European Perspective*, in *774. Ipotesi*, pp. 230-234.

Richard Hodges, *Dark Age Economics. A New Audit*, London-New York, Bloomsbury, 2012.

Richard Hodges, *Trade and Culture Process at a 9th-Century Mediterranean Monastic Statelet: San Vincenzo al Volturno*, in *Migration, Integration and Connectivity*, pp. 267-286.

Melanie E. Holcomb, *The Function and Status of Carved Ivory in Carolingian Culture*, Ph.D. Dissertation, University of Michigan, 1999.

Swen Holger Brunsch, *Genesi, diffusione ed evoluzione dei documenti di ultima volontà nell'alto Medioevo italiano*, in *Sauver son âme et se perpétuer. Transmission du patrimoine au haut Moyen Âge*, sous la direction de François Bougard, Cristina La Rocca et Régine Le Jane, Rome, École française de Rome (Collection de l'École française de Rome, 350), pp. 81-95.

Sinclair Hood, *Isles of Refuge in the Early Byzantine Period*, in «The Annual of the British School at Athens", 65 (1970), pp. 37-45.

Peregrine Horden, Nicholas Purcell, *The Corrupting Sea. A Study of Mediterranean History*, Oxford, Blackwell Publishers, 2000.

Jean Hubert, Jean Porcher, Wolfgang F. Volbach, *L'impero carolingio*, Milano, Rizzoli, 1968.

Antonio Iacobini, Aurea Roma. *Le arti preziose da Costantino all'età carolingia: committenza, produzione, circolazione*, in *Roma fra Oriente e Occidente*, Spoleto, CISAM, 2013 (Settimane di Spoleto, 49), pp. 651-690.

Monica Ibsen, Magno et optimo tesauro. *Intorno a reliquie e altari in San Salvatore di Brescia*, in Inquirere Veritatem. *Studi in memoria di mons. Antonio Masetti Zannini*, Brescia, Editore Brixia Sacra, 2007, pp. 407-430.

Imperial Spheres and the Adriatic: Byzantium, the Carolingians and the Treaty of Aachen (812), edited by Mladen Ančić, Jonathan Shepard, and Trpimir Vedriš, London-New York, Routldege, 2018.

774. Ipotesi su una transizione, a cura di Stefano Gasparri, Turnhout, Brepols, 2008 (SAAME, 1).

Werner Jacobsen, *Saints' Tombs in Frankish Church Architecture*, in «Speculum», 72 (1997), pp. 1107-1043.

David Jacoby, *Silk in Western Byzantium before the Fourth Crusade*, in «Byzantinische Zeischrift», 84-85 (1992), pp. 452-500.

Nikola Jakšić, *Il caso dell'arconte Dobronà e del proconsole Gregorio*, in «Hortus Artium Medievalium», 13/2 (2007), pp. 137-145.

Dominic Janes, *God and Gold in Late Antiquity*, Cambridge, Cambridge University Press, 1998.

Miljenko Jurković, *Istria under the Carolingian Rule*, in *Migration*, pp. 123-152.

Alexander P. Kazhdan, Nancy Patterson Ševčenko, s.v. *Forty-Two Martyrs of Amorion*, in *The Oxford Dictionary of Byzantium*, edited by Alexander P. Kazhdan and Alice-Mary Talbot, Oxford-New York, Oxford University Press, 1991, pp. 800-801.

Sean Kingsley, *Shipwreck Archaeology of the Holy Land: Processes and Parameters*, London, Duckworth, 2004.

Igor Kopytoff, *The Cultural Biography of Things: Commoditization as Process*, in *The Social Life of Things: Commodities in a Cultural Perspective*, edited by Arjun Appadurai, Cambridge, Cambridge University Press, 1988, pp. 64-92

Harald Krahwinkler, *Friaul im Frühmittelalter. Geschichte einer Region vom Ende des fünften bis zum Ende des zehnten Jahrhunderts*, Wien-Köln-Weimar, Böhlau, 1992.

Harald Krahwinkler, *The Church(es) of Aquileia, Friuli and Istria at the Time of the* Riziano Placitum, in «Acta Histriae», 9 (2001), pp. 65-72.

Harald Krahwinkler, *Patriarch Fortunatus of Grado and the* Placitum *of* Riziano, in «Acta Histriae», 13 (2005), pp. 63-78.

Giovanna A. Lanzetta, *Il mausoleo di Marciano nella basilica di Sant'Eufemia a Grado. Analisi dei rilievi e nuova proposta*, in «Rivista di Archeologia Cristiana», 92 (2016), pp. 285-311.

Cristina La Rocca, Castrum vel potius civitas. *Modelli di declino urbano in Italia settentrionale durante l'alto medioevo*, in *La Storia dell'Alto Medioevo italiano (VI-X secolo) alla luce dell'archeologia*, a cura di Riccardo Francovich e Ghislaine Noyé, Atti del Convegno Internazionale (Siena, 4-6 dicembre 1992), Firenze, All'Insegna del Giglio, 1994 (Biblioteca di Archeologia Medievale, 11), pp. 545-554.

Cristina La Rocca, Luigi Provero, *The Dead and Their Gifts. The Will of Eberhard, Count of Friuli, and His Wife Gisela, Daughter of Louis the Pious (863-864)*, in *Rituals of Power from Late Antiquity to the Early Middle Ages*, edited by Janet L. Nelson and Frans Theuws, Leiden-Boston-Köln, Brill, 2000 (The Transformation of the Roman World, 8), pp. 223-280.

Cristina La Rocca, *Città scomparse in area veneta nell'alto medioevo: dati archeologici, fonti scritte e memoria storiografica*, in *L'Adriatico*, pp. 287-307.

Cristina La Rocca, *Le élites, chiese e sepolture familiari tra VIII e IX secolo in Italia settentrionale*, in *Les élites et leurs espaces: mobilité, rayonnement, domination (du VIe au XIe siècle)*, sous la direction de Philippe Depreux, François Bougard et Régine Le Jan, Turnhout, Brepols, 2007 (Haut Moyen Âge, 5), pp. 259-271.

Marina Lavers, *I cibori di Aquileia e Grado*, in «Antichità Altoadriatiche», 6 (1974), pp. 114-165.

Tiziana Lazzari, *Campagne senza città e territori senza centro. Per un riesame dell'organizzazione del territorio della Penisola italiana fra tardo-antico e alto medioevo (secoli VI-X)*, in *Città e campagna nei secoli altomedievali*, Spoleto, CISAM, 2009 (Settimane di Spoleto, 56), pp. 621-658.

Lech Leciejewicz, *Italian-Polish Researches into the origin of Venice*, in «Archaeologia Polona», 40 (2002), pp. 51-71.

Jacques Le Maho, *Les fouilles de la cathédrale de Rouen de 1985 à 1993. Esquisse d'un premier bilan*, in «Archéologie Médiévale», 24 (1994), pp. 1-52.

Thomas Lienhard, *Les combattants francs et slaves face à la paix: crise et nouvelle définition d'une élite dans l'espace oriental carolingien au début du IXe siècle*, in *Les élites au haut moyen âge: crises et renouvellements*, sous la direction de François Bougard, Laurent Feller et Régine Le Jane, Turnhout, Brepols, 2006 (Haut Moyen Âge, 1), pp. 253-266.

Stephen Ling, *The Cloister and Beyond: Regulating the Life of the Clergy, in* Francia, *from Pippin III to Louis the Pious*, Ph.D. Dissertation, University of Leicester, 2015.

Saverio Lomartire, *Riflessioni sulla diffusione del tipo* Dreiapsiden-saalkirche *nell'architettura lombarda dell'altomedioevo*, in «Hortus Artium Medievalium», 9 (2003), pp. 417-432.

I Longobardi a Venezia. Scritti per Stefano Gasparri, a cura di Irene Barbiera, Francesco Borri e Annamaria Pazienza, Turnhout, Brepols, 2020 (Haut Moyen Âge, 40).

Robert S. Lopez, *Silk Industry in the Byzantine Empire*, in «Speculum», 20 (1945), pp. 1-42.

Paola Lopreato, *Lo scavo dell'episcopio di Grado*, in «Antichità Altoadriatiche», 32 (1988), pp. 325-333.

Charlton T. Louis, Charles Short, s.v. *mesa*, in *A Latin Dicitonary*, Oxford, Clarendon, 1879, p. 1138.

Telemachos C. Lounghis, *Les ambassades byzantines en Occident depuis la fondation des états barbares jusqu'aux Croisades (407-1096)*, Athènes, Arts Graphiques Athènes, 1980.

Silvia Lusuardi Siena, *Eligio, orafo e monetiere*, in «Contributi dell'Istituto di Archeologia», 4 (1973), pp. 132-217.

Silvia Lusuardi Siena, *Il "battistero di Callisto": proposta di lettura stratigrafica del disegno prospettico di Ruggero della Torre*, in *Cividale longobarda. Materiali per una rilettura archeologica*, a cura di Silvia Lusuardi Siena, Milano, I.S.U. Università Cattolica, 2002, pp. 57-60.

Silvia Lusuardi Siena, Paolo Piva, *Scultura decorativa e arredo liturgico a Cividale e in Friuli tra VIII e IX secolo*, in *Paolo Diacono*, pp. 493-594.

Gillian Mackie, *Early Christian Chapels in the West: Decoration, Function, and Patronage*, Toronto, University of Toronto Press, 2003.

Chiara Malaguti, Pietro Riavez, Marianna Bressan, Alessandra Marcante e Serena Massa, *Grado. Cultura materiale e rotte nell'Adriatico tra Tardoantico e Altomedioevo*, in *La circolazione delle ceramiche nell'Adriatico tra tarda Antichità e Altomedioevo*, a cura di Sauro Gelichi e Claudio Negrelli, Atti del III Incontro di Studio Cer.Am.Is, Mantova, Società Archeologica Padana, 2007 (Documenti di Archeologia, 43), pp. 65-106.

Carles Mancho, *Pasquale I, Santa Prassede, Roma e Santa Prassede*, in «Arte Medievale», IV serie – anno I (2010-2011), pp. 31-48.

Cyril Mango, *On the History of the* Templon *and the* Martyrion *of St. Artemios at Constantinople*, in «Zograf», 10 (1977), pp. 40-43.

Yuri A. Marano, *Urbanesimo e storia ad Aquileia tra V e VI secolo d.C.*, in *L'architettura privata ad Aquileia in età romana*, a cura di Jacopo Bonetto e Monica Salvadori, Atti del Convegno di Studio (Padova, 21-22 febbraio 2011), Padova, Padova University Press, 2012, pp. 571-590.

Yuri A. Marano, *Genesi e sviluppo dei complessi episcopali dell'Italia settentrionale: alcuni esempi*, in «Antichità Altoadriatiche», 90 (2019), pp. 15-34.

Yuri A. Marano, *At the Crossroad of Two Empires: The Patriarch Fortunatus II of Grado and His 'Will'*, in *Der Ostalpenraum im Frühmittelalter. Herrschaftsstrukturen, Raumorganisation und historisch-archäologischer Vergleich*, herausgegeben von Maximilian Diesenberger, Katharina Winckler und Stefan Eichert, Wien, Verlag der Österreichischen Akademie der Wissenschaften, 2020 (Forschungen zur Geschichte des Mittelalters, 23), pp. 289-308.

Yuri A. Marano, *Le sete del patriarca Fortunato*, in *I Longobardi*, pp. 283-292.

Federico Marazzi, *The Early Medieval Alternative: Monasteries as Centres of non City-Based Economic Systems in Italy Between Eight and*

Ninth Centuries A.D., in *Nourrir les cites de Méditerranée. Antiquité – Temps Modernes*, sous la direction de Brigitte Marin et Catherine Virlouvet, Paris, Maisonneuve & Larose, 2004, pp. 739-767.

Federico Marazzi, Portus monasterii*: scali portuali monastici lungo il corso del Volturno (IX-X secolo)*, in «Annuario dell'Associazione Storica del Medio Volturno», 2 (2014), pp. 201-222.

Federico Marazzi, *La 'Basilica Maior' di San Vincenzo al Volturno (Scavi 2000-2007*), Cerro al Volturno, Volturnia Edizioni, 2014.

Germana Marchesan, *Problemi di archeologia cristiana nella laguna gradese*, in «Antichità Altoadriatiche», 6 (1974), pp. 93-106.

Germana Marchesan Chinese, *La basilica di Piazza della Vittoria a Grado*, in «Antichità Altoadriatiche», 17 (1980), pp. 309-323.

Ezio Marocco, *Il battistero gradese di Piazza della Corte*, in «Bollettino del Gruppo Archeologico Gradese», 8 (1998), pp. 35-81.

Ezio Marocco, Ecclesiarumque copiis decorata sanctorumque corporibus fulta. *Antichi luoghi di culto e venerazione di santi nel territorio gradese*, in *Cammina cammina. Dalla via dell'ambra alla via della fede*, a cura di Silvia Blason Scarel, Catalogo della mostra (Aquileia, 12-25 dicembre 2000), Aquileia, Gruppo Archeologico Aquileiese, 2000, pp. 228-241.

Ezio Marocco, *Oggetti rinvenuti all'interno della capsella cilindrica*, in *Bizantini, Croati, Carolingi. Alba e tramonto di regni e imperi*, a cura di Carlo Bertelli, Gian Pietro Brogiolo, Miljenko Jurković, Ivan Matejčić, Ante Milošević e Clara Stella, Catalogo della mostra (Brescia, Santa Giulia – Museo della città, 9 settembre 2001 – 6 gennaio 2002), Milano, Skira, 2001, pp. 256-257.

Ruggero Marocco, *Evoluzione tardopleistocenica – olocenica del delta del F. Tagliamento e delle lagune di Grado e di Marano (Golfo di Trieste)*, in «Il Quaternario», 4 (1991), pp. 223-232.

Ruggero Marocco, *La laguna raccontata da un geologo gradese*, in *La laguna di Grado*, Mariano del Friuli, Edizioni della Laguna, 2004, pp. 31-64.

Ruggero Marocco, Franca Maselli Scotti, Romana Melis, Ennio Vio, *Il sottosuolo del* castrum *di Grado (Adriatico settentrionale): studi preliminari per una ricostruzione paleogeografica*, in «Il Quaternario», 18 (2004), pp. 135-146.

Marielle Martiniani-Reber, *Tentures et textiles des églises romains au haut Moyen Âge d'après le* Liber Pontificalis, in «MEFR – Moyen Âge», 111 (1999), pp. 289-305.

Franca Maselli Scotti, Marina Rubinich, *I monumenti pubblici*, in Moenibus et portu, pp. 93-110.

Thomas F. Mathews, *An Early Roman Chancel Arrangement and Its Liturgical Functions*, in «Rivista di Archeologia Cristiana», 38 (1962), pp. 73-95.

Deborah Mauskopf Deliyannis, *Agnellus of Ravenna. The Books of Pontiffs of the Church of Ravenna*, Washington D.C., Catholic University of America Press, 2004.

Michael McCormick, *Origins of the European Economy. Communications and Commerce, A.D. 300-900*, Cambridge, Cambridge University Press, 2001.

Michael McCormick, *Charlemagne's Survey of the Holy Land. Wealth, Personnel, and Buildings of a Mediterranean Church between Antiquity and the Middle Ages*, Washington D.C., Dumbarton Oaks Research Library and Collection, 2011.

John M. McCulloh, *The Cult of Relics in the Letters and 'Dialogues' of Pope Gregory the Great. A Lexicographical Study*, in «Traditio», 32 (1976), pp. 145-184.

Rosamond McKitterick, *The Carolingians and the Written World*, Cambridge, Cambridge University Press, 1989.

Umberto Menicali, *I materiali dell'edilizia storica. Tecnologia e impiego dei materiali tradizionali*, Roma, Nuova Italia Scientifica, 1992.

Gian Carlo Menis, *Vita monastica in Friuli durante l'età carolingia e ottoniana*, in «Studia Patavina», 17 (1970), pp. 69-88.

Aldo Messina, *Feci venire* magistros *de Francia*, in «Ricerche Religiose del Friuli e dell'Istria», 3 (1984), pp. 145-148.

Catherine Metzger, *Tissus et culte des reliquies*, in «Antiquité Tardive», 12 (2004), pp. 183-186.

Neil Middleton, *Early Medieval Port Customs, Sales and Controls on Foreign Trade*, in «Early Medieval Europe», 13 (2005), pp. 313-358.

Migration, Integration and Connectivity on the Southern Frontier of the Carolingian Empire, edited by Danijel Dzino, Ante Milošević, and Tripimir Vedriš, Leiden-Boston, Brill, 2018 (East Central and Eastern Europe in the Middle Ages 450-1450, 50).

Maureen C. Miller, *The Bishop's Palace. Architecture and Authority in Medieval Italy*, Ithaca-London, Cornell University Press, 2001.

Ante Milošević, *Oggetti preziosi, segni distintivi carolingi della Croazia. I tesori della Croazia altomedievale*, in *L'Adriatico*, pp. 245-270.

Luciano Mingotto, *La cripta della basilica patriarcale di Aquileia: disegno e rilevamento archeologico dell'architettura storica*, in «Archeologia dell'Architettura», 4 (1999), pp. 159-179.

Enrico Miniati, *Lo sfruttamento dei boschi nel Patriarcato di Aquileia tra pianura e montagna*, in «In alto. Cronache della Società Alpina Friulana», serie IV, n. 87 (2005), pp. 62-78.

Mario Mirabella Roberti, *La più antica basilica di Grado*, in *Arte in Europa. Scritti in onore di Edoardo Arslan*, Milano, Tipografia Artipo, 1966, pp. 105-112.

Mario Mirabella Roberti, *Il* castrum *di Grado*, in «Aquileia Nostra», 45-46 (1974-1975), cc. 565-574.

Mario Mirabella Roberti, *Il battistero paleocristiano di Cividale*, in «Antichità Altoadriatiche», 7 (1975), pp. 41-51.

Mario Mirabella Roberti, *Apporti orientali nell'architettura paleocristiana della metropoli di Aquileia*, in «Antichità Altoadriatiche», 12 (1977), pp. 393-409.

Mario Mirabella Roberti, *I battisteri dell'arco adriatico*, in «Antichità Altoadriatiche», 13 (1978), pp. 489-503.

Moenibus et portu celeberrima. *Aquileia: storia di una città*, a cura di Francesca Ghedini, Michele Bueno e Marta Novello, Roma, Istituto Poligrafico e Zecca dello Stato, 2009.

Giovanni Battista Monticolo, *I manoscritti e le fonti della cronaca del Diacono Giovanni*, in «Bullettino dell'Istituto Storico Italiano per il Medioevo», 9 (1890), pp. 37-328.

Carlo Guido Mor, *S. Paolino e Carlo Magno*, in «Antichità Altoadriatiche», 32 (1988), pp. 65-81.

Simona Moretti, *Appunti di lettura dal* Liber Pontificalis*: valenza dei termini* imago*,* effigies*,* figura *ed entità dei doni dall'Impero bizantino*, in «Arte Medievale», ser. II, 11 (1997), pp. 61-73.

Marie Thérèse Morlet, *Les noms de personnes sur le territoire de l'ancienne Gaule du VIe au XIIe siècle,* I. *Les noms issus du germanique continental et les créations gallo-germaniques*, Paris, Centre National de la Recherche Scientifique, 1968.

Stanislaw Mrozek, *Le prix de la pourpre dans l'histoire romaine*, in *Les «dévaluations», à Rome. Epoque républicaine et impériale.* Actes du colloque de Gdansk (19-21 octobre 1978), Rome, École française de Rome, 1980 (Collection de l'École française de Rome, 37), pp. 235-243.

Jörg Müller, *Gedanken zum Institut der Chorbischöfe*, in *Medieval Church Law and the Origins of the Western Legal Tradition: A Tribute to Kenneth Pennington*, edited by Wolfgang P. Müller and Mary E. Sommar, Washington D.C., The Catholic University of America Press, 2006, pp. 77-94.

Marlia Mundell Mango, *The Monetary Value of Silver Revetments and Objects Belonging to Churches, A.D. 300-700*, in *Ecclesiastical Silver Plate in Sixth-Century Byzantium*, edited by Susan A. Boyd and Marlia Mundell Mango, Papers of the Symposium Held May 16-18, 1986 at the Walters Gallery, Baltimore and Dumbarton Oaks, Washington D.C., Dumbarton Oaks Library and Collection, 1992, pp. 123-136.

Anna Muthesius, *Silken Diplomacy*, in *Byzantine Diplomacy*, Papers from the Twenty-Fourth Spring Symposium of Byzantine Studies (Cambridge, March 1990), Aldershot, Variorum, 1993, pp. 237-248.

Anna Muthesius, *The Byzantine Silk Industry: Lopez and Beyond*, in «Journal of Medieval History», 19 (1993), pp. 1-67.

Anna Muthesius, *Essential Processes, Looms, and Technical Aspects of the Production of Silk Textiles*, in *The Economic History of Byzantium: from the Seventh to the Fifteenth Century*, edited by Angeliki E. Laiou, Washington D.C., Dumbarton Oaks Research Library and Collection, 2002, pp. 147-168.

Anna Muthesius, *'Being' in Constantinople (4th-15th Centuries) Witnessed through the Testimony of Precious Textiles*, in «Δελτίον της Χριστιανικής Αρχαιολογικής Εταιρείας», 38 (2017), pp. 333-354.

Claudia Nauerth, *Agnellus von Ravenna: Untersuchungen zur archäologischen Methode des ravennatischen Chronisten*, München, Arbeo-Gesellschaft, 1974 (Münchener Beitrage zur mediavistik und Renaissance-Forschung, 15).

Claudio Negrelli, *Modelli di scambio e di consumo tra VII e XII secolo: le anfore nel medio e nell'alto Adriatico*, in «Archeologia Medievale», 45 (2018), pp. 11-28.

Janet L. Nelson, *King and Emperor: A New Life of Charlemagne*, London, Allen Lane, 2019.

Janet L. Nelson, *The Setting of the Gift in the Reign of Charlemagne*, in *The Languages of the Gifts in the Early Middle Ages*, edited by Wendy Davies and Paul Fouracre, Cambridge, Cambridge University Press, 2009, pp. 116-139.

Janet L. Nelson, *Writing Early Medieval Biography*, in «History Workshop Journal», 50 (2000), pp. 129-136.

Valerio Neri, *La bellezza del corpo nella società tardoantica. Rappresentazioni visive e valutazioni estetiche tra cultura classica e cristianesimo*, Bologna, Pàtron Editore, 2004 (Studi di Storia, 10).

Pavlos A. Niavis, *The Reign of the Byzantine Emperor Nicephoros I (AD 802-813)*, Ἀθήνα, Historical Publications St. D. Basilopoulos, 1987.

Mikaël Nichanian, Vivien Prigent, *Les stratèges de Sicile. De la naissance du thème au règne de Léon V*, in «Revue des Études Byzantines», 61 (2003), pp. 97-141.

Galit Noga-Banai, *The Trophies of the Martyrs. An Art Historical Study of Early Christian Silver Reliquaries*, Oxford, Oxford University Press, 2008.

Paola Novara, *Per una archeologia degli arcivescovi di Ravenna: spigolature minime intorno al rinnovato Museo Arcivescovile di Ravenna*, in *Pagani e Cristiani. Forme e attestazioni di religiosità nel mondo antico in Emilia*, a cura di Carla Corti, Firenze, All'Insegna del Giglio, 2010, pp. 81-102.

Nicolas Oikonomidès, *Silk Trade and Production in Byzantium from the Sixth to the Ninth Century: The Seals of* Kommerkiarioi, in «Dumbarton Oaks Papers», 40 (1986), pp. 33-53.

Gherardo Ortalli, *Venezia dalle origini a Pietro II Orseolo*, in *Longobardi e Bizantini. Storia d'Italia*, I, a cura di Paolo Delogu, André Guillou e Gherardo Ortalli, Torino, UTET, 1980, pp. 339-438.

Gherardo Ortalli, *Il ducato e la* 'civitas Rivoalti'*: tra Carolingi, Bizantini e Sassoni*, in *Storia di Venezia*, pp. 725-790.

Gherardo Ortalli, *I cronisti e la determinazione di Venezia città*, in *Storia di Venezia,* II. *L'età del comune*, a cura di Giorgio Cracco e Gherardo Ortalli, Roma, Istituto dell'Enciclopedia Italiana Treccani, 1995, pp. 761-782.

Gherardo Ortalli, *Realtà veneziana e bizantinità latina*, in *L'Adriatico*, pp. 309-320.

John Osborne, *Textiles and their Painted Imitations in Early Medieval Rome*, «Papers of the British School at Rome», 60 (1992), pp. 309-351.

John Osborne, *New Evidence for the Mural Decorations in the Apse of S. Pellegrino in* Naumachia, in «Bollettino dei Monumenti, Musei e Gallerie Pontificie», 14 (1994), pp. 103-111.

John Osborne, *Politics, Diplomacy and the Cult of Relics in Venice and the Northern Adriatic in the First Half of the Ninth Century*, in «Early Medieval Europe», 8 (1999), pp. 369-389.

Paesaggi artificiali a Venezia. Archeologia e geologia nelle terre del monastero di Sant'Ilario tra alto Medioevo ed Età Moderna, a cura di Cecilia Moine, Elisa Corrò, e Sandra Primon, All'Insegna del Giglio, Sesto Fiorentino, 2017.

Anne Marie Palmer, *Prudentius on the Martyrs*, Oxford, Oxford University Press, 1989.

Gabriella Pantò, Luisella Pejrani Baricco, *Chiese nelle campagne del Piemonte in età tardolongobarda*, in *Le chiese rurali tra VII e VIII secolo*, a cura di Gian Pietro Brogiolo, Atti dell'VIII Seminario sul Tardo Antico e l'Alto Medioevo in Italia settentrionale (Garda, 8-10 aprile 2000), Mantova, Società Archeologica Padana, 2001 (Documenti di Archeologia, 26), pp. 17-54.

Paolo Diacono e il Friuli altomedievale, Atti del XIV Convegno internazionale di studi sull'alto Medioevo (Cividale del Friuli – Bottenico di Moimacco, 24-29 settembre 1999), Spoleto, CISAM, 2001.

Denise Papachryssanthou, *Un confesseur du second iconoclasme: la Vie du patrice Nicétas († 836)*, in «Travaux et Mémoires», 3 (1968), pp. 309-352.

Ioachim Papangelos, *Η σημασία του όρου "τέμπλον" κατά τους 11ον-13ον αιώνες*, in *7ο Συμπόσιο της Χριστιανικής Αρχαιολογικής Εταιρείας*, Αθήνα, Χριστιανική Αρχαιολογική Εταιρεία, 1987, pp. 65-66.

Lorenzo Passera, *La circolazione monetaria nel Friuli settentrionale in epoca altomedievale (secc. VII-X)*, in «Rivista Italiana di Numismatica», 103 (2002), pp. 93-114.

Gianfranco Pasquali, *Tecniche e impianti di lavorazione dell'olio e del vino*, in *Olio e vino nell'alto Medioevo*, Spoleto, CISAM, 2007 (Settimane di Spoleto, 54), pp. 405-456.

Annamaria Pazienza, *Venice beyond Venice. Commercial Agreements and* Pacta *from the Origins to Peter II Orseolo*, in *The Age of Affirmation*, pp. 147-176.

Patrick Périn, Thomas Calligaro, Françoise Vallet, Jean-Paul Poirot, Dominique Bagault, *Provenancing Merovingian Garnets by PIXE and μ-Raman Spectrometry*, in *Post-Roman Towns*, pp. 69-75.

Anamari Petranović, Anneliese Margetić, *Il Placito di Risano*, in «Atti del Centro di Ricerche Storiche di Rovigno», 14 (1982-1984), pp. 55-75.

Edward Phillips, *A Note on the Gifts of Leo III to the Churches of Rome:* vestes cum storiis, in «Ephemerides Liturgicae», 102 (1988), pp. 72-78.

Jean-Charles Picard, *Le souvenir des évêques. Sépultures, listes épiscopales et culte des évêques en Italie du Nord des origines au X*[e] *siècle*, Rome, École française de Rome (Bibliothèques des Écoles françaises d'Athènes et de Rome, 268), 1988.

Jean-Charles Picard, *La fonction des salles de réception dans le groupe épiscopal de Genève*, in «Rivista di Archeologia Cristiana», 65 (1989), pp. 87-106.

Luce Pietri, *La ville de Tours du IV*[e] *au VI*[e] *siècle. Naissance d'une cité chrétienne*, Rome, École française de Rome, 1983 (Collection de l'École française de Rome, 69).

Joan Pinar Gil, *L'oro del Reno. La riscoperta di un eccezionale deposito della prima età carolingia*, in «Archeologia Medievale», 47 (2020), pp. 61-91.

Post-Roman Towns, Trade and Settlement in Europe and Byzantium, 1. *The Heirs of the Roman West*, edited by Joachim Henning, Berlin-New York, Walter de Gruyter, 2007 (Millennium-Studien, 5).

Caterina Previato, *Aquileia. Materiali, forme e sistemi costruttivi dall'età repubblicana alla tarda età imperiale*, Padova, Padova University Press, 2015.

Vivien Prigent, *Les empereurs isauriens et la confiscation des patrimoines pontificaux d'Italie du Sud*, in «MEFR – Moyen Âge», 116 (2004), pp. 557-594.

Vivien Prigent, *Notes sur l'évolution de l'administration byzantine en Adriatique (VIIIe-IXe siècle)*, in «MEFR – Moyen Âge», 102 (2008), pp. 393-417.

Vivien Prigent, *Le mythe du* mancus *et les origines de l'économie européenne*, in «Revue Numismatique», 171 (2014), pp. 701-728.

Vivien Prigent, Spernentes ordinationem exarchi, sibi omnes ubique in Italia duces elegerunt. *Deux bulles de ducs italiens du Haut Moyen*, in «Annali dell'Istituto Italiano di Numismatica», 60 (2014), pp. 135-169.

Vivien Prigent, *Un confesseur de mauvaise foi. Notes sur les exactions financières de l'empereur Léon III en Italie du Sud*, in «Cahiers de recherches médiévales et humanistes», 28 (2014), pp. 279-304.

David Pringle, *The Defence of Byzantine Africa: An Account of the Military History and Archaeology of the African Provinces in the Sixth and Seventh Centuries*, Oxford, BAR Publishing, 2001[2] (BAR – International Series, 99).

Daniela Rando, *Una Chiesa di frontiera. Le istituzioni ecclesiastiche veneziane nei secoli VI-XII*, Bologna, il Mulino, 1994.

Daniela Rando, s.v. *Fortunato*, in *Dizionario Biografico degli Italiani*, 49, Roma, Istituto dell'Enciclopedia Italiana Treccani, 1997, pp. 235-238.

Anna Rapetti, *Il doge e i suoi monaci. Il monastero dei Santi Ilario e Benedetto di Venezia fra laguna e terraferma nei secoli IX-X*, in «Reti Medievali», 18 (2017), pp. 3-26 (http://www.rmojs.unina.it/index.php/rm/article/view/5321).

Giorgio Ravegnani, *Dignità bizantine dei dogi di Venezia*, in *Studi veneti*, pp. 19-29.

Francesca Riganati, '...Vestes super altare...' *ed altri tessuti di uso liturgico nella Roma carolingia*, in Ecclesiae Urbis, a cura di Federico Guidobaldi e Alessandra Guiglia Guidobaldi, Atti del Convegno Internazionale di studi sulle chiese di Roma (IV-X secolo), Città del Vaticano, Pontificio Istituto di Archeologia Cristiana, 2002 (Studi di Antichità Cristiana, 59), pp. 1605-1628.

Gisela Ripoll, *Los tejidos en la arquitectura de la Antigüedad tardía. Una primera aproximación a su uso y función*, in «Antiquité Tardive», 12 (2004), pp. 169-182.

Michael Roberts, *Poetry and the Cult of the Martyrs. The* Liber Peristephanon *of Prudentius*, Ann Arbor (MI), The University of Michigan Press, 1993.

Sébastien Rossignol, *Die Burgen der Slawen in den lateinischen Quellen des 9. bis 11. Jahrhunderts*, in *Siedlungsstrukturen und Burgen im westslawischen Raum*, herausgegeben von Felix Biermann, Thomas Kersting und Anne Klamt, Langenweißbach, Beier & Beran Ärchäologische Fachliteratur, 2009, pp. 31-38.

Andrea Saccocci, *Tra est ed ovest: circolazione monetaria nelle regioni alpine tra VIII e XI secolo*, in «Revue Numismatique», 161 (2005), pp. 103-121.

Andrea Saccocci, *Ritrovamenti di monete islamiche in Italia continentale ed in Sardegna (secc. VII-XV)*, in *Simposio Simone Assemani sulla monetazione islamica*, a cura di Bruno Callegher e Arianna D'Ottone, Atti del Convegno internazionale (Padova, 17 maggio 2003), Padova 2005, pp. 137-149.

Julius von Schlosser, *Schriftquellen zur Geschichte der Karolingische Kunst*, Wien, Graeser, 1892.

Giulio Schmiedt, *Archeologia della laguna di Grado*, in «Antichità Altoadriatiche», 17 (1980), pp. 17-40.

Hans-Martin Schwarzmaier, *Lucca und das Reich bis zum Ende des 11. Jahrhunderts: Studien zur Sozialstruktur einer Herzogstadt in der Toskana*, Tübingen, Niemeyer, 1972 (Bibliothek des Deutschen Historischen Instituts in Rom, 41).

Fabio Scirea, *Pittura ornamentale del Medioevo lombardo. Atlante (secoli VIII-XIII)*, Milano, Jaca Book, 2012.

Gemma Sena Chiesa, *Argenti d'uso liturgico fra IV e V secolo d.C.*, in «Antichità Altoadriatiche», 66 (2008), pp. 553-596.

Tomislav Šeparović, *Treaty of Aachen and Early Medieval Croatia. Numismatic Sources*, in «Starohrvatska prosvjeta», 46 (2019), pp. 23-43.

Robert J. Serjeant, *Material for a History of Islamic Textiles up to the Mongol Conquest*, in «Ars Islamica», 13 (1948), pp. 75-117.

Aldo A. Settia, Per foros Italie. *Le aree extraurbane fra Alpi e Appennini*, in *Mercati e mercanti nell'Alto Medioevo: l'area eurasiatica e l'area mediterranea*, Spoleto, CISAM, 1993 (Settimane di Spoleto, 40), pp. 187-233.

Jonathan Shepard, *Introduction. Circles Overlapping in the Upper Adriatic*, in *Imperial Spheres*, pp. 1-22.

Søren Sindbæk, *Open Access, Nodal Points, and Central Places: Maritime Communication and Locational Principles for Coastal Sites in South Scandinavia, c. 400-1200*, in «Estonian Journal of Archaeology», 13/2 (2009), pp. 96-109.

Magdalena Skoblar, *Patriarchs as Patrons: The Attribution of the Ciboria in Santa Maria delle Grazie a Grado*, in *Imperial Spheres*, pp. 121-139.

Claire Sonnefraud, *Inventaires de «trésors», et réforme carolingienne*, in *Charlemagne et les objets. Des thésaurisations carolingiennes aux constructions mémorielles*, sous la direction de Philippe Cordez, Bern-Berlin-Bruxelles-Frankfurt am Main-New York-Oxford-Wien, Peter Lang, 2014, pp. 29-55.

Michel Sot, *Historiographie épiscopale et modèle familial en Occident au IX*[e] *siècle*, in «Annales. Économies, Sociétés, Civilisations», 33 (1978), pp. 433-449.

Michel Sot, Gesta episcoporum, gesta abbatum, Turnhout, Brill, 1981 (Typologie des Sources du Moyen Âge Occidental, 37).

Claire Sotinel, *L'utilisation des ports dans l'arc adriatique à l'époque tardive (IV*[e]*-VI*[e] *siècles*), in «Antichità Altoadriatiche», 46 (2001), pp. 55-71.

Claire Sotinel, *Identité civique et christianisme. Aquilée du III*[e] *au V*[e] *siècle*, Rome, École française de Rome, 2005 (Bibliothèque des Écoles françaises d'Athènes et de Rome, 324).

Paolo Squatriti, *Personal Appearance and Physiognomics in Early Medieval Italy*, in «Journal of Medieval History», 14 (1988), pp. 191-202.

Francesca R. Stasolla, *Dal tramonto all'alba: strumenti e tecniche di illuminazione nell'alto medioevo*, in *Il fuoco nell'alto medioevo*, Spoleto, CISAM, 2013 (Settimane di Spoleto, 60), pp. 857-888.

Gerhard Steigerwald, *Die Purpursorten im Preisedikt Diokletians vom Jahre 301*, in «Byzantinische Forschungen», 15 (1990), pp. 219-276.

Peter Štih, *Istria at the Onset of the Frankish Rule, or the Impact of Global Politics on Regional and Local Conditions*, in *The Middle Ages between the Eastern Alps and the Northern Adriatic. Select Papers on Slovene Historiography and Medieval History*, edited by Peter Štih, Leiden-Boston, Brill, 2010 (East Central and Eastern Europe in the Middle Ages, 450-1450, 11), pp. 212-225.

Peter Štih, *Imperial Politics and Its Regional Consequences. Istria between Byzantium and the Franks 788-812*, in *Imperial Spheres*, pp. 57-72.

Alain J. Stoclet, *La* Descriptio Basilicae Sancti Dyonisii. *Premiers commentaires*, in «Journal des Savantes», 1-2 (1980), pp. 103-117.

Alain J. Stoclet, Immunes ab omni teloneo. *Étude diplomatique, de philologie et d'histoire sur l'exemption de tonlieux au haut Moyen Age et spécialement sur la* Praeceptio de navibus, Bruxelles-Brussels-Rome, Institut Historique Belge de Rome, 1999 (Bibliothèque de l'Institut Belge de Rome, 45).

Storia di Venezia, I. *Origini – età ducale*, a cura di Lellia Cracco Ruggini, Massimiliano Pavan (†), Giorgio Cracco e Gherardo Ortalli, Roma, Istituto dell'Enciclopedia Italiana Treccani, 1992.

Studi veneti offerti a Gaetano Cozzi, a cura di Gino Benzoni, Marino Berengo, Gherardo Ortalli e Giovanni Scarabello, Venezia, il Cardo editore, 1992.

Giovanni Tabacco, *L'avvento dei Carolingi nel regno dei Longobardi*, in *Il regno dei Longobardi. Archeologia, società e istituzioni*, a cura di Stefano Gasparri, Spoleto, CISAM, 2004, pp. 443-479.

Eleonora Tabaczyńska, *Le origini della produzione vetraria veneziana*, in *Le origini di Venezia. Problemi, esperienze, proposte*, Atti del Symposium italo-polacco (Venezia, 28-29 febbraio – 1-2 marzo 1980), Venezia, Marsilio, 1981 pp. 119-121.

Amelio Tagliaferri, *Le diocesi di Aquileia e di Grado*, Spoleto, CISAM, 1981 (Corpus della Scultura Altomedievale, 10).

Francesca Tasso, *The Grado Chair: A Review of the Historical and Documentary Sources*, in *The Salerno Ivories. Objects, Histories, Contexts*, edited by Francesca dell'Acqua, Anthony Cutler, Herbert L. Kessler, Avinoam Shalem and Gerhard Wolf, Berlin, Gebr. Mann Verlag, 2016, pp. 43-52.

Sergio Tavano, *Un monastero altomedievale a San Canzian d'Isonzo*, «Memorie Storiche Forogiuliesi», 45 (1962-1964), pp. 161-169.

Sergio Tavano, *Il culto di san Marco a Grado*, in *Scritti storici in onore di Paolo Lino Zovatto*, a cura di Amelio Tagliaferri, Milano, Giuffrè, 1972 pp. 201-219.

Sergio Tavano, *Aquileia e Grado. Storia, arte, cultura*, Trieste, LINT, 1986.

Florian Téreygeol, *Production and Circulation of Silver and Secondary Products (Lead and Glass) from Frankish Royal Silver Mines at Melles (Eight to Tenth Century)*, in *Post-Roman Towns* pp. 123-135.

Three Empires, Three Cities: Identity, Material Culture and Legitimacy in Venice, Ravenna and Rome, 750-1000, edited by Veronica West-Harling, Brepols, Turnhout, 2015 (SAAME, 6).

Andrea Tilatti, *Presenze monastiche in Friuli nell'età di san Paolino*, in «Antichità Altoadriatiche», 55 (2003), pp. 191-208.

Andrea Tilatti, *Un monastero altomedievale a San Canzian d'Isonzo?*, in «Antichità Altoadriatiche», 57 (2004), pp. 273-292.

Andrea Tilatti, *Il monachesimo nell'Italia nordorientale*, in *Il monachesimo italiano dall'età longobarda all'età ottoniana (VIII-X secolo)*, a cura di Giovanni Spinelli, Atti del VII Convegno di studi storici nell'Italia benedettina (Nonantola, 10-13 settembre 2003), Cesena, Badia di Santa Maria del Monte, 2006 (Italia Benedettina, 27), pp. 337-361.

Cristiano Tiussi, *L'impianto urbano*, in Moenibus et portu, pp. 61-81.

Valentina Toneatto, *Les Banquiers du Seigneur. Évêques et moines face à la richesse (IV*[e]*- début du IX*[e] *siècle)*, Rennes, Presses Universitaires de Rennes, 2012.

Bruno Toscano, *Vademecum per una storia dell'arte che non c'è*, in «Roma moderna e contemporanea», 6 (1998), pp. 15-33.

Gianpaolo Trevisan, *Campane e campanili nell'altomedioevo*, in *Del fondere campane. Dall'archeologia alla produzione*, a cura di Silvia Lusuardi Siena e Elisabetta Neri, Atti del Convegno (Milano, Università Cattolica del Sacro Cuore, 23-25 febbraio 2006), Firenze, All'Insegna del Giglio, 2007, pp. 135-148.

Michael Trueman, Rosemary Cramp, *Structural Lead*, in *Wearmouth and Jarrow Monastic Sites, vol. 2*, edited by Rosemary Cramp, Swindon, English Heritage, 2006, pp. 37-40.

Christos Tsatsoulis, *Some Remarks on the Date of the Creation and the Role of the Maritime Theme of Cephalonia (End of the 7*[th]*-11*[th] *Century)*, in *Studies in Byzantine Sigillography*, 11, edited by Jean-Claude Cheynet e Claudia Sode, Berlin-Boston, Brepols, 2012, pp. 153-172.

Giovanna Valenzano, *Il problema del doppio ambulacro di Santo Stefano a Verona*, in *Medioevo: arte lombarda*, a cura di Arturo C. Quintavalle, Atti del Congresso internazionale (Parma, 26-29 settembre 2001), Milano, Electa, 2004, pp. 240-246.

Trpimir Vedriš, *Martyrs, Relics, and Bishops: Representations of the City in Dalmatian Translation Legends*, in «Hortus Artium Medievalium», 12 (2006), pp. 175-186.

Myrto Veikou, *Byzantine Histories, Settlement Stories:* Kastra, *"Isles of Refuge", and "Unspecified Settlements" as In-between or Third Spaces*, in *Οι βυζαντινές πόλεις (8ος- 15ος). Προοπτικές της έρευνας και νέες ερμηνευτικές προσεγγίσεις*, edited by Tonia Kiousopoulou, Ρέθυμνο, Εκδόσεις Φιλοσοφικής Σκολής Πανεπιστιμίου Κρήτης, 2012, pp. 159-206.

Venice and Its Neighbors from the 8th *to the 11*[th] *century. Renovation and Affirmation*, edited by Stefano Gasparri and Sauro Gelichi, Brill, Leiden-Boston, 2018 (The Medieval Mediterranean, 11).

Francesco Veronese, In Venetiarum partibus reliquas adportatas. *Reichenau e la costruzione di una rappresentazione agiografica delle* Venetiae *(IX-X secolo)*, in *The Age of Affirmation*, pp. 215-261.

May Vieillard-Troiekouroff, *Les monuments religieux de la Gaule d'après les oeuvres de Grégoire de Tours*, Lille, Université de Lille, 1977.

Hayo Vierk, *Werke des Eligius*, in *Studien zur vor- und frühgeschichtlichen Archäologie. Festschrift für Joachim Werner z. 65.Geburtstag*, herausgegeben von Georg Kossack und Günter Ulbert, München, Verlag C.H. Beck, 1974 (Münchener Beiträge zur Vor- und Frühgeschichte Ergänzungsband, 1), pp. 309-380.

Luca Villa, *Edifici di culto in Friuli tra l'età paleocristiana e l'altomedioevo*, in *Frühe Kirchen im östlichen Alpengiebet von der Spätantike bis in ottonische Zeit*, herausgegeben von Hans R. Sennahauser, München, Verlag der Bayerischen Akademie Der Wissenschaften, 2003 (Abhandlungen - Bayerische Akademie Der Wissenschaften Philosophisch-Historische Klasse, 123), pp. 501-579.

Luca Villa, *Cultura architettonica e rinnovamento dei nuclei episcopali in Friuli nell'età di Paolino: aspetti archeologici e monumentali*, in «Antichità Altoadriatiche», 55 (2003), pp. 57-114.

Luca Villa, *Aquileia tra Goti, Bizantini e Longobardi. Spunti per un'analisi delle trasformazioni urbane fra Tarda Antichità e Alto Medioevo*, in «Antichità Altoadriatiche», 59 (2004), pp. 561-632.

Giorgia Vocino, *Les saints en lice: hagiographie et reliques entre Cividale et Grado à l'époque carolingienne*, in *Compétition et sacré au haut Moyen Âge*, sous la direction de Philippe Depreaux, François Bougard et Régine Le Jan, Turnhout, Brepols, 2015 (Haut Moyen Âge, 21), pp. 273-293.

Christopher Walter, *The Byzantine Sanctuary. A Word List*, in *Liturgy, Architecture and Art in the Byzantine World. Papers of the XVIII International Byzantine Congress (Moscow, 8-15 August 1991) and Other Essays Dedicated to the Memory of Fr. John Meyendorff*, edited by Constantin C. Akentiev, Saint Petersburg, Society for Byzantine and Slavic Studies, 1995, pp. 95-106.

Egon Wamers, Pyxides Imaginatae. *Zur Ikonographie und Funktion Karolingischer Silberkelcher*, in «Germania», 69 (1991), pp. 97-152.

Kurt Weitzmann, *The Ivories of the So-Called Grado Chair*, in «Dumbarton Oaks Papers», 26 (1972), pp. 43-91.

Veronica West-Harling, *The Doges and the Church of Venice. An Unusual Early Medieval Relationship*, in *I Longobardi*, pp. 315-331.

Chris Wickham, *The Mediterranean around 800: on the Brink of the Second Trade Cycle*, in «Dumbarton Oaks Papers», 58 (2004), pp. 161-174.

Chris Wickham, *Framing the Early Middle Ages. Europe and the Mediterranean, 400-800*, Oxford, Oxford University Press, 2005.

Chris Wickham, *Conclusion*, in *I Longobardi*, pp. 477-482.

Maria Xanthopoulou, *Les lampes en bronze à l'époque paléochrétienne*, Turnhout, Brepols, 2010 (Bibliothèque de l'Antiquité Tardive, 16).

Dionysios A. Zakythinos, *Le Thème de Céphalonie et la défense de l'Occident*, in «L'Hellénisme Contemporaine», 4-5 (1954), pp. 303-312.

Enrico Zanini, *Le Italie bizantine. Territorio, insediamenti ed economia nella provincia bizantina d'Italia (VI-VIII secolo)*, Bari, Edipuglia, 1998.

Paolo L. Zovatto, *Il battistero di Grado*, in «Rivista di Archeologia Cristiana», 23-24 (1947-1948), pp. 232-251.

Paolo L. Zovatto, *Il pluteo gradese con monogramma di* Provinus, in «Epigraphica», 10 (1948), pp. 59-61.

Paolo L. Zovatto, *La capsella argentea con immagini* clipeatae, in «Aquileia Nostra», 23 (1952), cc. 17-26.

Paolo L. Zovatto, *La capsella argentea con l'immagine di Maria Regina*, in «AquilNost», 24-25 (1953-1954), cc. 119-128.

Paolo L. Zovatto, *La basilica gradese di Piazza Vittoria*, in «Memorie Storiche Forogiuliesi», 42 (1956-1957), pp. 183-186.

Indice dei nomi e dei luoghi*

* Il nome del patriarca Fortunato di Grado non è indicizzato.

Finito di stampare
nel mese di maggio 2022
da The Factory s.r.l.
Roma